U0885145

爱上历史丛书

“天马”南牧

元朝的社会与文化

葛剑雄 主编

姚大力 著

SPM 南方出版传媒 广东人民出版社

·广州·

图书在版编目（CIP）数据

“天马”南牧：元朝的社会与文化 / 姚大力著；葛剑雄主编．— 广州：广东人民出版社，2021.7（2022.4 重印）

ISBN 978-7-218-14701-7

Ⅰ．①天… Ⅱ．①姚… ②葛… Ⅲ．①中国历史－研究－元代 Ⅳ．① K247.07

中国版本图书馆 CIP 数据核字（2020）第 242656 号

TIANMANANMU:YUANCHAO DE SHEHUI YU WENHUA

“天马”南牧：元朝的社会与文化

姚大力　著

版权所有　翻印必究

出 版 人：肖风华

责任编辑：李力夫
责任技编：吴彦斌　周星奎
装帧设计：安　宁

出版发行：广东人民出版社
地　　址：广州市海珠区新港西路 204 号 2 号楼（邮政编码：510300）
电　　话：（020）85716809（总编室）
传　　真：（020）85716872
网　　址：http://www.gdpph.com
印　　刷：三河市中晟雅豪印务有限公司
开　　本：880mm×1230mm　1/32
印　　张：8.25　　**字　　数：**200 千
版　　次：2021 年 7 月第 1 版
印　　次：2022 年 4 月第 2 次印刷
定　　价：58.00 元

如发现印装质量问题，影响阅读，请与出版社（020-85716849）联系调换。
售书热线：（020）85716826

再版前言

本书初版于1997年。这次再版，完全按原版排印，仅根据作者的要求，作了个别文字上的修改。一则不能让钟爱我们的读者误以为是一本新书，一则作者都认为没有重写或全面修改的必要。

为什么写在23年前的旧作不需要改写，就能直接供给读者呢？一方面这是作者的自信，二十余年来自己和读者都没有发现什么讹误不妥之处，自然保持原貌为好。另一方面，这也是历史类书籍的优势——以历史事实为基础，只要这部分正确，就有其长久的价值。所以我在本书的《总序》中说，完成于九百多年前的《资治通鉴》的价值“并没有随着北宋的覆灭而丧失，相反，随着时间的推移，越来越受到历代统治者的重视”。到了今天，你可以不赞成《资治通鉴》所传达的价值观念和它所总结的经验教训，但改变不了它们曾经受到历代统治者的高度重视，也为中国当代政治家所重视的事实。你可以不看书中“臣光曰”的大段议论，但如果要了解历史事实、特别是唐后期和五代期间的史实，就必须读《资治通鉴》。

多年前，师兄周振鹤教授提出“历史是介于科学与人文之间”的观点，我深以为然，并且经常运用演化。一切过去曾经存在的人和事都是客观存在，是事实，研究并复原它们属于科学的范畴，应该只有唯一正确的答案。如果客观条件具备，这一过程完全可以重复，而且可以得到验证。但现存的历史都是后人有意识、有选择的记录，而人的意识和选择属于人文，不必也不可能用科学的标准来衡量。至于人们的历史观念和对历史的评价纯属人文，更不必也不可能找到唯一的标准答案。

我在《总序》中说明，作为普及性的历史书，本书的目的是向尽可能多的读者提供一点历史事实、历史经验和历史智慧。对于历史事实，我们可以根据自己的研究成果，或是吸收他人已有的可靠的研究成果，作如实的叙述。如果不得不涉及至今尚未被揭示的，或存在争议的事实，一般都会加以说明，或者作出自己的判断。对这一部分，如果出现错误，即使是次要的、细节的，也要及时纠正。就在交稿前，有网友在我的微博上指出，我在《汉魏故事》一文中称曹丕为“建安七子”之一是错的。看到后，我颇感意外，曹丕是“三曹”之一，当然不属“建安七子”，但翻到那一页，我当初就是这样写着，二十多年来居然没有发现。要不是那位读者发现并指出，这次再版还会错下去。

但如果是对本书提供的“历史经验”“历史智慧”部分，那基本都属于人文，并没有标准答案，作者与读者之间完全可以有不同的见解和观点，见仁见智，何妨求同或求异！所以这部分就不必修改了。

本书初版时，我和全体作者都属中青年，最年长的我也还不满六十。如今，最年轻的两位作者都已接近我当时的年龄，而作者之一、复旦大学法学院的姚荣涛教授不幸已于2020年6月因病逝世。本书的再版也是对姚教授的纪念和安慰。

葛剑雄于庚子岁末

总序

葛剑雄

北宋元丰七年（1084年）十一月，经过近19年的努力，司马光和他的助手们终于在西京洛阳完成了294卷历史巨著——《资治通鉴》。在呈报给皇帝的表文中，司马光希望这部书能使皇帝“鉴前世之兴衰，考当今之得失，嘉善矜恶，取是舍非，足以懋稽古之盛德，跻无前之至治，俾四海群生，咸蒙其福”。可是不久，继位的哲宗和之后的徽宗辜负了司马光的一片苦心，并没有吸取这部书中所提供的历史经验和教训，更没有赢得“稽古之盛德”和“无前之至治”。就在《资治通鉴》问世后的42年，金朝的大军兵临开封，宋朝失去了半壁江山，连徽宗和他的儿子钦宗都当了俘虏，“四海群生”遭遇的不是福，而是无穷的祸。

但《资治通鉴》的价值并没有随着北宋的覆灭而丧失，相反，随着时间的推移，越来越受到历代统治者的重视。今天，包括《资治通鉴》在内的古代优秀历史著作，依然是值得我们珍视的宝贵遗产。

我们之所以重视《资治通鉴》一类历史著作，一个重要的原因，是它们不仅给人们提供了历史事实，而且明确地表达了作者对历史的看法和他所总结的历史经验。尽管由于时代不同了，我们不会完全同意他们的见解，或者只能将他们的看法作为批判的对象。但有一点是可以肯定的，他们所总结的一些具体的历史经验，具有永恒的价值。

历史发展有其基本的规律，这是不以人们的意志为转移的，是必然的。但任何一个社会发展阶段、任何一个朝代、任何一位君主、任何一个事件，都有其偶然性，不可能都按照某一种具体的规定出现或消失，兴盛或衰亡。在很大程度上，直接影响到这些人或事的，是人事，而不是天命；是偶然因素，而不是必然性；其结局往往千变万化，而不是只有一种可能性。

就拿中国的历史来说，封建社会占了目前我们所知道的历史时期的大部分。如果只研究封建社会的一般规律，只看到这个社会从产生、发展到消亡的大过程，就无法解释各个朝代的兴衰。在封建社会处在上升的阶段，在地主阶级被称为新兴的时期，照样有王朝衰落以至灭亡，而另一个勃兴的新朝并没有摆脱封建社会的特性，另一批成功的君主也不可能不代表地主阶级的利益。为什么同样是封建王朝，有的能持续三四百年，有的却只存在了一二十年，甚至胎死腹中？为什么同样是地主阶级代表，有的君主能开疆拓土，有的却只会割地赔款？有的可以清心寡欲，有的却一定要穷奢极侈呢？为什么在同一个阶级中也有忠奸贤愚，而同样是忠臣，结果却截然不同呢？

我们当然应该特别重视对历史发展总体性和规律性的研究，只有这样，才能把握住历史的大方向，才能对我们的事业有必胜的信心和执著的追求。但这并不意味着可以忽视具体的、一般性的历史经验，因为如果我们不重视这一类经验，我们的追求就未必能取得预期的结果。而且，对个人和一个部门来说，这类经验更具实用性和启发性，更易形成自己的智慧，更易转化为自己的财富。

这套书共8卷，每卷选择一个在中国历史上影响较大的朝代或时期，在该时段中选择一二十个题目，可以是人物、事件、制度、观点、阶段等等，通过具体的史实，提出作者的看法和见解。有时，通过史实的叙述道理已不言自明，作者自然就不必多说了。

我们不是写中国通史，所以只能写每本书涉及的阶段，但也不限于一朝一代，可以兼及前后左右。我们也不是作一朝一代的通史，只是从这一朝代或阶段中选取我们认为意义较大、便于表达而作者又有较好研究基础的题目。见仁见智，在所不免，读者或许会对自己认为重要的题目没有选入感到遗憾，那就只能请大家谅解了。

因为希望我们的书有更多的读者，在每一卷的开始都有一篇概述。这主要是为对该阶段的通史不太熟悉的读者准备的，也是为了使读者能对下面这些题目的相互关系和背景有一定的了解，具有这方面基础的读者完全可以不看。由于每篇都有相对的独立性，尽可以挑自己感兴趣的先看，不必照编排的顺序。我自己看书时常常如此，看了有味道的文章往往会不止看一遍，而不感兴趣或看了开头就乏味的文章从此不再看。当然，作为这套书的主编和作者之一，我还是希望书里的每一篇都能吸引尽可能多的读者。

1999年10月

目录

多元文化交相辉映的时代
元史概说

到公元12世纪，旧大陆的许多部分开始被整合到一个对彼此都颇有裨益的交换体系之中。这个过程在13世纪末、14世纪上半叶臻于极致；这时欧洲和中国之间也建立了虽仍有限、但无疑是直接的相互接触。

——J. L. 阿卜·卢迦德《欧洲称霸之前》

从大蒙古国到元王朝

元朝的历史，从后来被元政府追尊为“太祖皇帝”的成吉思汗在蒙古高原建立大蒙古国（1206年）开始，直到元顺帝于1368年在北伐明军的攻击下逃离大都为止，总共有163年。

这163年的历史习惯上被分为两个大的阶段。第一阶段从1206年到1259年。这时候大蒙古国的统治重心在蒙古高原，先后经历成吉思汗、窝阔台合罕（成吉思汗第三子）、贵由（窝阔台子）、蒙哥（成吉思汗幼子拖雷之子）共四个大汗的统治。所以它也经常被称为“前四汗时期”。第二阶段从1260年忽必烈（蒙哥弟）即位起，迄于元末。由于忽必烈的汗庭在漠南汉地，这时大蒙古国的国都从哈剌和林南移，先有开平，以后又建立大都；并且正式采纳汉式的国号“大元”。所以第二个阶段也叫“元时期”。蒙哥死后，蒙古高原上还出现过第五位大汗阿里不哥（蒙哥幼弟），据漠北与忽必烈相抗，前后四年，最终失败。阿里不哥在元代的官方历史中被宣判为“叛王”，但他的名字曾被冲制在钦察汗国发行的钱币上，表明钦察草原上的蒙古诸王其实是承认他的第五任大汗的地位的。

1206年，45岁的成吉思汗经过近20年的浴血奋战，终于统一了塞北高原上的各游牧部落，建立起庞大的草原帝国。它的蒙语国号叫“也客·忙豁勒·兀鲁思”，意即“大蒙古国”。自从9世纪中叶回鹘汗国瓦解以后，大漠南北的游牧民经历了三百六十多年的曲折和反复，才重新形成一个更为巩固的游牧人共同体。与此同时，“蒙古”作为这个游牧人共同体的认同名称也逐渐赋有地域指称的派生含义，用来称呼蒙古人兴起和长期活动的欧亚草原的东部地区。

统一蒙古各部的战争尚未完全结束，成吉思汗就已开始了对蒙古草原以外地区的军事征服活动。1206年后，对外征服更成为他全力以赴的事业。从1207年到1227年去世的21个春秋中，成吉思汗有16年在外领兵征战。他逼迫金朝把首都从燕京迁到河南，占据了黄河以北的大片金旧土。经过四征西夏、围困西夏国都中兴府，他差不多完成了对西夏的军事经略。他带领的蒙古第一次西征大军转战于花剌子模的东部各省区，偏师横扫里海、咸海以北的钦察草原。震动欧亚的武功将骇人听闻的残暴带到蒙古马蹄所至之处。汉文史料描写说："王钺一挥，伏尸万里。"这其实并不算太夸张的言辞。

对蒙古草原毗邻地区的军事征服，在成吉思汗的继任者们在位时仍继续进行。窝阔台继位后发动的"长子西征"确立了蒙古人对花剌子模的大部分领土、钦察草原乃至俄罗斯各公国的统治。在蒙古草原之南，西夏和局促于河南一隅的金朝先后灭亡。蒙哥汗在位期间的西征军摧毁了阿拔斯哈里发王朝；由他发起的对南宋的新一轮攻略，则在十多年后最终由他的皇弟忽必烈完成。蒙古语或突厥语成为从长江下游到伏尔加河、第聂伯河上游和西亚两河流域的大片领土上最权威的官方语言。

按照蒙古游牧分封制的原则，全体蒙古游牧平民都是成吉思汗的"黄金家族"的领属民。这种领属权应该像家产一样在黄金家族直系成员之间予以分配。领属民是连同供他们游牧的土地一起被分配的。于是草原帝国"大兀鲁思"内部就被分解成一系列由黄金家族各支所领有的兀鲁思（意为人众、国家）：成吉思汗诸弟的兀鲁思在蒙古高原东部，从鄂嫩河（时称斡难河）、克鲁伦河中游直到呼伦贝尔地区和大兴安岭两侧称为东道诸王或"左手诸王"（蒙古帐幕坐北面南，故以东方为左手）；诸子的兀鲁思分布在蒙古高原西部的阿尔泰山西侧，称为西道诸王或"右手诸王"；东、西道诸王兀鲁思之间，则是由大汗本人控制的黄金家族的共有家产，称为“中央兀鲁思”或“在内的兀鲁思”。

相比而言，西道诸王的兀鲁思显然比东道各兀鲁思具有更多的向外拓展的可能性。因此，术赤（成吉思汗长子）的兀鲁思西界遂越过也儿的石河（今额尔齐斯河）大幅度向西推进，将整个钦察草原囊括入内，形成疆域辽阔的钦察汗国（俄文史料称为金帐汗国）。察合台（成吉思汗次子）、窝阔台的兀鲁思向天山以南和西部天山扩张势力，直至阿姆河北岸。阿姆河以西则成为受蒙哥之命西征的皇弟旭烈兀所建立的伊利汗国的地盘。除去上述四大汗国，蒙古草原及其以南的汉地社会，乃是大汗治理下的大兀鲁思或中央兀鲁思的所在。

在整个前四汗时期，蒙古对被征服的各农耕城郭地区采取间接统治的方法。无论在汉地还是西域，凡在两军争战之际举一城、一郡之地降附者，即用为守令，得自辟僚属、世袭官职。这样的人，在汉地叫“世侯”，在西域多称为“篾力克”。他们在按时向蒙古统治者缴纳贡赋、遵照规定把子女送到大汗处作为人质、按时到汗廷入觐、奉调随蒙古军出征、接受派驻本地的蒙古“达鲁花赤”的监督等条件下，控制了地方上的行政、军事、财赋、司法等大权。这些人中有一些属于蒙古征服前的政府官员，更多的是乘社会动乱而崛起的地方豪强。所以汉文史料称他们“由鼠而虎”；波斯诗人提到西域发生的类似现象时吟咏道：“时代的面孔已翻转来……驴子的身份不再卑贱，它们被安上豹皮雕鞍，还戴上了金冠。”

蒙古游牧制下国家的最高中枢行政官是“大断事官”，蒙语称为“也客札鲁忽赤”，大断事官们的书记官叫“必阇赤”，是大断事官处理国务，尤其是掌管财政事务的最重要的助手。必阇赤班子里有汉人、波斯人、突厥人等各种被征服民族的知识分子，帮助他们的蒙古长官从各征服地区征收赋税粮食、处置其他重要的行政问题。窝阔台汗在位时，给必阇赤机构一个“中书省”的汉语称号，使其中的一些契丹人、汉人必阇赤得以称“中书右丞相”“中书相公”等官号以自娱。其实在蒙古人眼里，他们的真正身份仍然是书记官。

随着蒙古对各农业定居社会的征服越来越深入地从军事管制转变为秩序化统治，窝阔台汗前期，将蒙古本部以外的统治地区划分为中原汉地和西域两大部分，分别派驻大断事官和必阇赤署事。到他统治的末期，又以阿姆河为界，将西域分为东西两部分治。到蒙哥朝，三大被征服区的划分和派驻大断事官分治其地的体系成为定式，汉语文献称为“燕京行尚书省”“别失八里等处行尚书省”（辖有自今新疆西至锡尔河、阿姆河两河之间的“河中诸城”）和“阿姆河等处行尚书省”（辖阿姆河以西地区）。三大行政区的大断事官衙署，分别设立在燕京、别失八里和徒思城。中国古籍将燕京大断事官衙署称为“行尚书省事”“行省”，称大断事官为“丞相”“行省丞相”；穆斯林史籍则称大断事官为“大异密”。

现在我们看到，大蒙古国在将其版图扩大到毗邻的各农业社会的最初半个世纪里，实际上是把草原体制下的蒙古式行政中枢直接引入三大被征服区，辅之以遍置于地方的达鲁花赤就近弹压，借此辖制和支配专制一方的世侯或篾力克，由此实现对被征服地区的间接的军事—行政统治。这种情况，在忽必烈夺得汗位后才发生根本性的改变。

蒙古游牧国家的汗位继承问题，一直困扰于两种互相对立的原则冲突中。一方面，根据“幼子守产”的家产制原则，当儿子长大成家、离开父母独立生活时，有权带走属于父母的一部分财产（主要是牲畜）。最小的儿子不离开家庭，由他继承父母留下的大部分家产。这一原则影响到人们关于汗位继承权的观念，赋予幼子以某种优先权力。另一方面，从身为大汗所应当具备的政治—军事阅历、个人威望等资质条件考虑，往往是年长的儿子占有更多的优势；因此蒙古游牧社会在政治权力的继承问题上也有优先选择年长子嗣的传统。成吉思汗的妻子是在被敌对的游牧部落篾儿乞人俘获期间怀有长子术赤的。术赤的可疑出身更增加了当日汗位继承问题的复杂性。早在第一次西征之前，黄金家族内部就为此爆发过一场激烈的争论。明初人汉译的《蒙古秘史》用十分生动的白话记述了这次争执：

“临行时，也遂夫人（成吉思汗的诸妻之一）说：‘皇帝涉历山川，远去征战。若一日倘有不讳，四子内命谁为主？可令众人先知。’太祖（指成吉思汗）说：‘也遂说的是！这等言语，兄弟、儿子……等皆不曾提说，我也忘了。’于是问拙赤（即术赤）：‘我子内你是最长的，说什么？’拙赤未对，察阿歹（即察合台）说：‘父亲问拙赤，莫不是要委付他？他是蔑儿乞种带来的，俺如何教他管？’才说罢，拙赤起身，将察阿歹衣领揪住，说：‘父亲不曾分拣，你敢如此说？……’说了，兄弟各将衣领揪着。……太祖默坐间，有阔阔搠思说：‘察阿歹你为甚忙？皇帝见指望你。当你未生时，天下扰攘，互相攻劫，人不安生。所以你贤明的母不幸被俘。若你如此说，岂不伤着你母亲的心？’……太祖说：‘如何将拙赤那般说？我子中他最长。今后不可如此说！’”一场风波，终于以勉强推举第三子窝阔台作为大汗继承人而暂时了结。

大概是由于成吉思汗的声望，他所支持的窝阔台在他死后很顺利地登上了汗位。窝阔台死后，术赤系后王拔都（术赤子）不满窝阔台之子贵由继位，托词足疾拒绝参加推举大汗的宗亲大会。贵由为此忿懑不已，即位后就领兵西驰，想攻打拔都。只因为他在西行途中突然死去（据当时谣传，一说为拔都奸细毒死，一说与拔都弟昔班酒后斗殴致死），宗亲间的一场内讧战争才得以避免。贵由死后，拔都力主推戴拖雷之子蒙哥为大汗。窝阔台、察合台系后王先是消极抵制，后来两系部分诸王又以朝会为名，企图率军突袭蒙哥；事泄，遭到蒙哥的清算。蒙哥在位10年。1259年，他因攻宋受伤，染疾而死，由是酿成蒙古高原和中原汉地两汗对峙的汗位继承危机。

蒙哥汗有三个同母胞弟。他即位后，命忽必烈到汉地主持攻宋，旭烈兀西征穆斯林世界尚未宾服的部分。忽必烈虽然因为治理汉地“得中土心”而招致蒙哥猜忌，一度被召回漠北，但不久还是被重新遣往中原配合蒙哥汗攻宋。因此在蒙哥亲征四川以后，留守漠北大营的是他的幼弟阿里不哥。蒙哥死讯传到漠北，阿里不哥立刻调兵遣将，按图籍号令中原诸道，多方钳制忽必烈，诱逼他返归漠北。这一番动作再清楚不过地表明，他是在为夺取汗位做准备。

在当日黄金家族的成员中间，忽必烈似乎是最留心汉地治乱的一个人。中原士人和统治阶层中的许多人也都把“用汉法治中国”的希望寄托在他的身上。按往昔惯例，在接获丧报后，忽必烈应当尽快停止攻宋，回赴草原“会丧”。但是，尽管他确实采取了“断然班师”的行动，却在退到燕京附近后逗留不进将近三个月。他明白自己的优势是在漠南汉地，返回蒙古草原，他就只能受制于阿里不哥和支持阿里不哥的窝阔台、察合台系和术赤系后王。观望再三，他决意利用中原汉地的经济、人力和政治资源，与阿里不哥争夺汗位。1260 年 4 月，他抵达新筑成不久的开平城，以先发制人的手段抢先宣布即大汗位，建元中统。支持他的蒙古宗亲，主要是东道诸王。消息传到漠北，阿里不哥连忙在他驻夏的阿尔泰山麓召集大会，即位称汗。随即爆发的争位之战时断时续地打了四年多，以走投无路的阿里不哥被迫向忽必烈输诚结束。

忽必烈与阿里不哥的争位战争对蒙元历史的意义，远远超出了到底由谁来继承大汗宝座这个问题本身。一方面，忽必烈依靠汉地资源战胜阿里不哥，为蒙古贵族中主张变通祖制来解决“汉地不治”的一派把统治重心从碛北移至漠南，从而更加便利于他们采纳汉法，建立对中原的秩序化统治，提供了一次恰逢其时的契机。另一方面，蒙古统治重心的南移，必然地给予大蒙古国的政治地理结构以重大影响。如果说一个立国于蒙古高原的王朝有可能同时控制中原汉地和西域诸地，那么立国于中原的政权要同时有效地控制蒙古高原和西域就会经常显得力不从心。蒙古高原是黄金家族的“祖宗根本之地”。为了确保蒙古本部，蒙元政府不得不逐步放弃对大蒙古国建立在西域的两大行政区的直接统治。

在争位战争之初，西道诸王的立场对忽必烈十分不利。术赤、察合台和窝阔台系后王都支持阿里不哥；留守旭烈兀老营的药木忽儿（旭烈兀子）也站在阿里不哥一边。为争取西道诸王的支持，忽必烈乘西道诸王对阿里不哥渐生不满之际，明确宣布自阿姆河以西直到马木鲁克（当时统治埃及的穆斯林王朝）疆界的全部“塔吉克地面”归旭烈兀守卫，阿姆河以东直到阿尔泰山之地则归察合台后王阿鲁忽镇守。于是，除术赤后王早已分治于钦察草原之外，突厥斯坦西部及河中地区、波斯和呼罗珊也正式从大汗直接领有的国土中分离出来，成为中央汗廷的守藩之国。这样，1260 年就成为大蒙古国的行政体制和政治地理结构都发生重大改变的一年。

中统元年，忽必烈的即位诏书，在他登上皇帝宝位一个月之后才颁行天下，表明当时他筹措抢先即位，是何等忙乱仓促。这是蒙古大汗第一次依汉制发表即位诏。忽必烈在诏书里宣布：“祖述变通，正在今日。”此后十多年间，新政权大规模参用中原王朝的传统体制以改变“文治多缺”的局面。朝廷取《易经》“大哉乾元”之义，建汉制国号谓“大元”；定制以开平为上都、燕京为大都；国家的行政、军事、监察、司法、财税等制度体系也逐渐完备。

隋唐王朝的行政中枢机构采取三省六部制。以后中书、门下两省权势渐衰，金朝废二省，仅用尚书省领六部。由于大蒙古国时期借用“尚书省”作为大札鲁忽赤衙署的汉语译名，忽必烈改用“中书省”作为行政中枢的名称，以之领吏、户、礼、兵、刑、工六部。元初用重臣带中书省职衔到地方协调处理特殊事务，称为某处行中书省事，事毕撤罢。到忽必烈后期，派驻各地的行中书省（简称行省）逐渐成为常设的最高地方行政机构。依元代定制，除中书省直辖地区（含今山东、河北、山西、辽宁、内蒙古等省区的大部或一部），全国划分为岭北、辽阳、河南江北、陕西、四川、甘肃、云南、江浙、江西、湖广等十余个行省，并设宣政院兼理吐蕃（今西藏及云、贵、川、青藏地区）军政。天山南北的诸多绿洲城池，元代中后叶大都在察合台系后王的控制下。原驻畏兀儿地区的高昌王亦都护家族退居永昌。元廷在位于元西北边境的哈迷里安置了忠于元朝的一支察合台后裔，封为豳王。

中统三年（1262年），山东益都世侯李璮趁忽必烈正与北方的阿里不哥开战，降宋反元。李璮经营益都近30年，势力及于益都以东和东南的差不多整个山东半岛，南至与宋交界的淮水北岸。他长期利用自己的势力范围地处蒙宋对峙的战略要冲的便利，“恫疑虚喝，挟敌国以要朝廷”，拥兵自雄。这一次他仓促发难，声称降宋而不曾事先与宋取得确实的联络，自以为华北各地会群起响应，但大多数世侯却加入了朝廷组织的讨璮大军；在战略上他犹疑保守，坐失主动出击、扩大战果的时机。占领济南后，李璮顿兵不进达几十日，坐等元廷调度各路军队，包围济南。从这些情况看，李璮本人似乎先已陶醉在本为迷惑元廷而布设的虚张声势的烟雾中。他的失败自然不过是时间问题。

元军从中统三年夏历四月初起树栅凿堑，围困济南。五月中旬，将之完全困死。至六月中旬，城中以屋檐茅草喂马，人相食。又历一月，城破。李璮自沉于大明湖，因水浅不死，成擒后被处死于军前。

李璮称乱后，汉地世侯们虽然多站在朝廷一边，但李璮敢于盼望他们起而响应，说明他们之间一定有过某种隐秘不法的交往。忽必烈抓住这些在地方上尽专兵民之权的世侯们人人自危的时机，以“惩青徐之乱”为由，采取了一系列“潜销诸侯之横”的措施。元廷在地方上推行兵民分治的制度，许多世侯被削去军权，保留文职；接着又罢各地管民官世袭之制，立迁转法，收世侯符节，易地为官；对一家有数人居于要职者，规定兵民权不可聚于一门，诸侯总兵者，其子弟勿复任兵事。制下，史天泽子侄同日解兵符者凡 17 人。此后又制定官员俸禄，颁职分田；确定官吏员数、官职品从；省并州县，减缩地方建制二百余处。李璮之乱反而成为元廷推行地方行政制度改革的一个重要的促进因素。

忽必烈朝在行政体制的临民部分大规模采纳汉法，并不意味着这个北族政权会按照中原王朝的范式全方位地实行“汉化”。公元 10 世纪的辽政权及其以后的北族王朝（金、元和清）与它们之前的北族王朝（如“五胡十六国”时期的绝大多数非汉族政权，北魏及其继承王朝，后唐、后晋、后汉等沙陀政权等）相比，有一个重要特点，就是它们在统治人口密度远远超过其原居地的汉族社会的同时，仍然将保留着的“龙兴之地”作为种族和文化认同的重要资源。因此它们的制度体系必然会包含反映与保障这种种族和文化认同、维护支配种族至上地位的制度成分。

在建立汉语国号“大元”以后，元政权并没有放弃它原来的“大蒙古国”的蒙语国号。元代后期的蒙、汉文合璧碑铭中，汉文“大元”国号，蒙语译作“称为大元的大蒙古国”，或者“大元大蒙古国”，或者译作“大蒙古国”。与汉、蒙语国号并行使用一样，元代纪年方式也是汉、蒙两种形式并用。元代历帝的尊号，亦有汉、蒙两种名号，如忽必烈的汉式尊号为“宪天述道仁文义武大光孝皇帝”，蒙语尊号作“薛禅合罕”，意即贤明的大汗；两个名号之间不存在不同语辞之间的对译关系，而是各自出于两个本不相同的符号体系。元帝的即位仪式，也需要依汉法和蒙古法的方式分别履行。可见即使是在元时期，元王朝的皇帝其实同时担当着两种角色：对汉族臣民，他是皇帝；而对蒙古民众，他仍然是一个大汗。

所以，处在从大蒙古国到元王朝的转型时期，忽必烈为他的后代所奠定的统治体系，是一个在蒙古人、汉人、回回人（蒙古统治者主要用回回人理财）之间保持着适当张力和微妙平衡的制度和政策体系。他的汉族谋士们反复向他宣传的“用汉法治中国，则为中国之主”，不过是他们一厢情愿的臆想而已。

在中原汉地纲纪粗张、制度稍具以后，攻宋便被提上元廷的议事日程。元朝攻取宋重镇襄阳的军事行动从至元五年（1268 年）开始。至元十年，襄阳破。翌年元军揭开大举灭宋的战幕。至元十三年，宋都临安献降。又越三年，漂流在崖山海面上的宋流亡小朝廷被元军歼灭。同年，坚持抗战三十多年的四川合州宋军也被迫款附。南宋版图至此全为元有。

与征服中原期间蒙古军队大规模的杀戮相比，元军在攻灭南宋的过程中，已明确意识到尽可能避免破坏南方经济、扰动江南社会的必要性。南中国在此期间遭受的破坏，总的说来不算太严重。

统一全国以后，忽必烈仰慕汉唐“万方来朝”的声威，不断遣使到海外各国去“宣布朕意”，招谕他们入朝。由于招谕的结果不能满足忽必烈以世界霸主自诩的期望，遂使他渐生开边之心。他自称不取爪哇，“犹痒在心”，所以需要得力的战将为他“爬搔”。忽必烈朝后期，元军连续征讨日本、安南、占城、缅国、爪哇等“海外诸番”。这些远征的结果，重者全军覆灭，轻者“粮尽师老”无功而返，徒然给元朝本国和战争所在地的民众带来沉重的经济负担和生命牺牲。这时候，为筹划海外战争引起的对元代经济和社会秩序的破坏，其程度甚至远远超过征服南中国的大规模平宋战争。

至元三十一年（1294年）初，80岁的忽必烈病死于大都。他曾经册立第二子真金为皇太子，可惜真金早死。忽必烈晚年属意于真金幼子铁穆耳，授以皇太子旧印；并且将全真道士张留孙推荐给真金遗孀，说他“必能善事太子”。病危之前，他选择平宋战争的主帅伯颜为顾命大臣，代表自己在帝位继承问题上“扬命群王”。铁穆耳靠伯颜“握剑之殿陛，陈祖宗宝训，宣扬顾命”，终得继位为帝，是为成宗。事成后，伯颜表示从此只愿“与诸王饮于宫前，余非所知也”。另一位顾命大臣玉昔帖本儿也如释重负地说：“大事既定，吾死且无憾。”可见忽必烈的遗志并非是在风平浪静中实现的。

成宗即位后起用的军国重臣，差不多全是忽必烈后期政府的原班人马，这从人事方面保证了按忽必烈遗规“持盈守成”的基本国策。他虽然能够承袭忽必烈的“成宪”，却无法轻易地将乃祖在半个多世纪的文治武功中所积累的丰富经验和巨大声望据为己有。他只有到自己更熟悉的草原传统中去寻取必要的资源。因此，强调宽宥“惟和”，成为成宗时期朝政的重要特点。元廷在这时罢征安南，拒绝臣下再次用兵日本的建议，已奏准弹压广西洞寨骚乱的成命，廷议后也被追回，改为遣人招谕。虽然在西南和西北仍有过军事经略，为远征“八百媳妇”地区供应馈饷还引起荆湖全省民怨沸腾，但总的说来，经历了忽必烈治下几十年朝廷多事的时期后，本朝对内对外凡事“处之以安静”，给予整个社会以休养生息的时机。成宗的“垂拱而治”，收到了一定的成效。

1307 年初，成宗在连年衰病后死去。皇后卜鲁罕唯一的儿子已死。卜鲁罕企图以成宗堂弟、安西王阿难答辅国，临朝称制。阿难答本人因手握重兵，也有以忽必烈嫡孙（忙哥剌之子）身份夺取皇位的意图。两人互为奥援，可能与他们对伊斯兰教都颇为同情乃至信仰之诚有关，甚至还可能是因为他们之间有私通情节。而蒙古高级贵族中反对卜鲁罕的人，利用汉式官僚中枢在皇权暂时中断时对政治机构的关键性影响力，竭力阻挠卜鲁罕的计划，一面秘密遣人分别远赴漠北和怀州，邀成宗兄答剌麻八剌的儿子海山和爱育黎拔力八达母子迅速赴都。爱育黎拔力八达在汉人谋臣的反复敦劝下，为避免卜鲁罕“邪谋得成，以一纸书召还”而束手被擒的命运，勉强赴都。接着他又在随行心腹的鼓动和反皇后集团的蒙古大臣配合下，于阿难答发难前一日率卫士秘密驰入禁中，拘捕阿难答和卜鲁罕，竟然以争位斗争中实力最弱的一方“廓清宫阙”。

虽然爱育黎拔力八达对近在咫尺的皇位难免有垂涎之心，但他的兄长、真金嫡传中“次序居长”的海山这时已踌躇满怀地从阿尔泰军营返抵和林，在那里大会诸王勋戚，接着又分三道率领大军南下，与“宗亲毕会”。是年夏，海山会爱育黎拔力八达母子于上都，接受宗王勋臣“推戴”，继位为新汗，是为武宗。

武宗入都前“捍御边陲，勤劳十年”，赋予他个人性格塑造以最后的影响。他在位的三年半时间，专从对贵族官僚“溥从宽大”、滥封泛赏的角度去加倍发挥成宗的“惟和”国策。对诸王勋戚从优颁发朝会赏赐，致使给者未及半而两京府库空虚。获得“遥授”职衔而佩相印的人以百数计，甚至宫廷演员、贩肉卖酒的人、和尚道士都有授予中枢政要职衔的；称国公、司徒、丞相者相望于朝；朝廷有大事，诏告尚未脱稿，“奸民已复群然诵之”。官僚机构的膨胀和吏治的腐败，最终的受害者是广大民众。武宗像前两任大汗一样，重用回回大臣主持理财大事，虽然使长期存在的慢性财政危机获得缓解，但势家权要侵贪蔽占、征敛横出，种种负担都落在一般民众的身上。

《元史》的编者写道，武宗一朝，“至元（忽必烈年号）、大德（成宗年号）之政，于是稍有变更云”。就社会关系逐渐恶化而言，这样说似乎有一定的道理。但就元朝统治体制来说，成宗和武宗基本上是沿袭忽必烈蒙古法和汉法相参并用的格局而少有变动。恰恰是在武宗以后，元代政治中进一步汉化的趋势明显增强。它最初似乎表现出冲破前代的体制格局从而使制度一新的迹象，但随着各种政治势力之间的反复较量，最后却演变为一系列粉饰“文治”的行动。

当元武宗千里迢迢赶到漠南，登上皇弟为他预备的皇位后，就把爱育黎拔力八达立为“皇太子”，约定“兄弟叔侄，世世相承”。旧历正月似乎是对元朝诸帝很不吉利的月份。武宗在即位后的第四个年头（1311 年）正月病死，爱育黎拔力八达终于熬过刻意韬晦的“潜龙”岁月，继位为帝。他后来以“崇文右儒”而获得“仁宗”的庙号。他先后使用过“皇庆”“延祐”两个年号。皇庆、延祐时期以用汉法进一步改革元王朝体制而著称于世。

但是，仁宗的改革实际上在延祐中叶差不多就停止了。就像他的哥哥海山一样，现在轮到仁宗为推翻兄弟、叔侄相继的前约而煎心焚内了。为换取母后答己和权相铁木迭儿对他立嫡子硕德八剌为皇储的支持，仁宗后期几乎完全放弃了锐意于“安百姓以图至治”的初衷。又是一个旧历正月（延祐七年正月），被顺利传子的迫切愿望搅扰得身心疲惫的仁宗死于大都，时年 36 岁。硕德八剌继位，是为英宗。

少年英宗是元朝历帝中没有受任何困厄体验就临朝执政的唯一一人。他在聚集起足够强大又可以信赖的政治势力之前，急于推行孤家寡人式的新政来贯彻他所仰慕的儒家学说。虽然几乎处于“孑然宫中”的境地，未经磨炼的刚愎之心和偏隘的个性却促使他走向果于刑戮以实现个人意志的极端。不出三四年，由于引起全部蒙古上层的普遍怨惧，英宗最终被权臣刺杀在行帐里。

仁、英二朝推行汉法的中心，都是以加强皇权，来抑制诸王贵戚基于蒙古旧制而获得的权益；以儒术澄清吏治，来强化官僚君主制下的政治运行程序。但是蒙古宗亲和军事集团成员心目中的大汗角色，与中央集权制下中原王朝的皇帝角色有极大的差别。在当时的情形下，大汗企图仅依靠汉地的政治文化资源强行将蒙古人集团纳入中原王朝的君臣体制，这显然是十分困难的。仁宗因为别有所求而中途妥协，所以还能善终；英宗锐气过盛，结果在危机似乎已进入余波时惨遭杀身之祸。

英宗被刺后，真金长子甘麻剌的次子、镇守漠北祖宗故地的晋王也孙铁木儿，在“其余争立的哥哥、兄弟也无有”的情形下，被蒙古的宗亲勋贵拥戴为新汗，史称泰定帝。帝位异常顺利地从真金次子答剌麻八剌系转到甘麻剌系，既是因为晋王具有“宗盟之长”的地位，并且重兵在握，也因为具有蒙古本位倾向的“迤南诸王大臣”对仁宗和英宗牺牲他们既得利益来推行汉法的行为深为不满。也孙铁木儿个人历武、仁、英三朝，“不谋异心，不图位次，依本分与国家出力气行来”，在蒙古上层中口碑应当说也比较好。

也孙铁木儿在元朝最高统治集团刚刚经历了一次重大变故的情形下君临天下。他在位期间自然灾害频仍。西北连年雨雹、地震，其影响达于荆湖北部地区；东南从浙西到苏北沿海屡次发生海溢；华北则时而雨雹山崩，时而蝗旱。也孙铁木儿先建元泰定，末年又改年号为致和，表明他的国策又回到以惟和来求稳定的着重点上。在竭力弥平蒙古、色目贵族怨情的同时，泰定帝也注意笼络汉族大臣以增强元王朝的合法性。过去被冤杀和流放的御史台官员，死者获昭雪，生者召还录用。英宗朝的汉族老臣或受“三老”尊礼，或得常朝免拜跪，许乘小车至殿门下。由名儒向皇帝进讲儒术的做法，在泰定元年（1324年）正式发展成为经筵制度。南方名儒吴澄在他的文集中留下一篇为泰定帝执经进讲的白话文讲稿。其中这样写道：

“大概天地的心只要生物。古来圣人为歹人曾用刑罚来，不是心衷欢喜做来。孟子道：‘不爱杀人的心厮似。’前贤曾说这道理来。只有汉高祖省得这道理来，汉家子孙四百年做皇帝。我世祖皇帝不爱杀人的心，与天地一样广大。比似汉高祖不曾收服的国土，今都混一了。皇帝依着祖皇帝行，可万万年太平也者！”

然而，虽然有这些虚崇儒术的措施，与汉人儒臣们在仁、英两朝的高涨情绪相比，他们在泰定帝治下始终怀有一种难以言状的受挫感，大多数人的政治态度是消沉的。

致和元年（1328年）七月，泰定帝在上都度夏期间病死。他年幼的长子阿剌吉八早在五年前就已立为皇太子。但在八月初，钦察部出生的高级军事将领燕铁木儿，以迎立武宗“圣子”为号召，在大都拘捕异己，公开发难。拥护阿剌吉八的上都军和大都军队之间遂挑开战幕；翌月，阿剌吉八和武宗次子图帖睦尔分别在两都被推戴为大汗。元代汗位之争至此发展到全国性的内战和不惜采用暗杀手段骨肉相残的地步。

燕铁木儿是元武宗镇守阿尔泰山边地时最宠信的钦察战将床兀儿之子。武宗赴上都即位时，他以宿卫身份随驾南来。泰定帝朝，燕铁木儿不仅直接掌握左卫亲军和由族人组成的钦察卫侍卫亲军，而且以佥枢密院事总环卫事，有权调度保卫京畿的其他宿卫军。所以他能顺利举事，迅速左右大都局势。由武宗带来的漠北旧部子女中，不少人在仁、英两朝受到冷遇。燕铁木儿声称要把帝位夺归海山系，在当时颇有响应者。最为支持大都的河南行省首脑伯颜（与平宋主帅伯颜不是同一人），就把图帖睦尔看作“吾君（指海山）之子”，亲自勒兵护送他北上。伯颜不仅将本省财赋悉数奉上，而且截留东南诸省经河南北解的“常赋”供给大都。站在大都一边的还有湖广、江西等省。

公开支持上都的，除辽阳之外还有陕西行省。两都之战开始时，上都方面分兵四路。其中三路分别叩击居庸关、古北口和辽东迁民镇（今山海关）；另一路绕行山西，再向东回攻紫荆口，并大概带有与陕西军队互相接应的意图。这种用多头进攻撕开拱卫大都的前方防线、进而对其实施包围的战略，对一时无法从南方省份调集足够兵力的大都集团确实是一种严重的威胁。但是，把兵力分散在长城一线东西千余里的上都军队，如果各自为战，缺少配合和呼应，也很容易被集中相对优势的大都军队各个击破，从而使全线攻势陷于瓦解。

燕铁木儿似乎敏锐地看到了这一点。所以除分出一小部分兵力把守长城诸关隘以外，他将最善战的主力集中在本人直接指挥之下，在40天时间内，东西奔突、迅速转移近十次，往返转战于最需要增援的那些战略要地。到了十月中旬，上都军虽曾有不止一次逼近大都城下的战绩，四路进攻却被悉数击溃。随着形势的渐次明朗，部分持观望立场的驻牧辽东的东道诸王很快倒向大都，起兵进围几近空城的上都。上都集团首脑或遁或降，阿剌吉八去向不明。十一月中，转战于山西、河南的几支关陕军队也先后在大都招谕下罢兵撤还。

铁木迭儿踩灭了两都之战的余烬，但帝位的归属问题仍使他心烦意乱。武宗有两子。长子和世㻋依叔侄相继原则本应是仁宗的帝位继承人，却在仁宗逼迫下出京，后来流亡到西北察合台后王领地；次子图帖睦尔在泰定帝死时出居江陵，在燕铁木儿发难当月到达大都。出于“人心向背之机，间不容发”的形势，图帖睦尔立即在大都称帝，改元天历，并声称“谨俟大兄之至，以遂朕固让之心”。上都克复后，图帖睦尔迫于元仁宗在大德末年“推奉圣兄，谦居储贰”的前例，遣使往迎和世㻋。

和世㻋怀着与乃父当年同样坚定的信心飘然从察合台封地启程；抵达和林后，便经随行的察合台宗王和漠北诸王、大臣合议，匆匆宣布即大汗位，史称明宗。他忘记了自己的父亲是以阿尔泰山前线统帅身份、藉三万精兵相扈从的强大武力为后盾而取得帝位的，而他本人却只有1800名贴身卫士。和世㻋对此毫不经心，任情举措，结果被迫付出致命的代价。

天历二年（1329年）四月，携玉玺北迎和世㻋的燕铁木儿至大汗南下的行帐入觐。和世㻋对他虽然有所封授，却削去了他手中的大部分兵权；同时对与自己一起流亡草原的亲信旧人大加委任。很明显，如果和世㻋临朝，燕铁木儿很难享有君恩独厚的际遇，随和世㻋入朝的新贵必定要分享由他出生入死才争得的胜利成果，甚至将他排挤到权力集团的边缘。他不愿接受这样的前景。而对图帖睦尔来说，一经即位为帝，原来的“固让之心”也很快销蚀，处在进退两难的矛盾心情之中。于是，“武仁授受”的正剧在第二次排演时变成了一场血淋淋的闹剧。

八月初，和世㻋和图帖睦尔相会于大都与上都驿路上的旺忽察都行宫。不满五天，明宗“暴崩”。图帖睦尔“入临哭尽哀”后，立即在燕铁木儿簇拥下，拥皇帝宝玺疾驰还上都，在那里再次匆忙即位，是为文宗。

天历年间连续两次重大变故，使蒙古、色目上层人心离散。忽必烈朝以后，蒙古高层内部的躁动不安，以文宗朝为甚。文宗本人在天历之变中涉嫌太深，所以也不便像泰定帝那样通过“诛逆”来收拢人心。这就迫使他完全倒向燕铁木儿，在朝中养成以这个颇具才干的独夫为核心的同气相求的权力小集团。燕铁木儿前后娶宗室女40人，纳泰定帝妃为夫人。文宗甚至把自己的儿子寄养至他家里。天历年间也是一个气温偏低、自然灾害严重的时期。

由于政治气候和经济环境的限制，文宗临朝的几年，只好专意于追求一种振兴“文治”的表面效果。他在皇宫内收藏文物书画、图书宝玩的奎章阁设学士院，搜罗天下名士，聊备问对，入侍燕闲。奎章阁学士们不是治国平天下的君主政治智囊团，只是一批才识超诣的“文学之士”。为了“示治平之永则”，文宗朝对大量的政府档案进行了系统的整理、编排、删削润色，纂修了一部大规模的官颁政书《经世大典》。

旺忽察都事件很可能给元文宗的心理长期蒙上一层“隐亏天伦”的阴影。至顺三年（1332 年）夏他死于上都，皇后不顾燕铁木儿的坚请，“导扬末命，申固让初志”，执意要把帝位传给和世㻋的儿子。和世㻋长子妥懽帖睦尔当时出居静江；次子懿璘质班时年 7 岁，在京师。燕铁木儿利于立幼，遂拥立懿璘质班即位，史称宁宗。这个小皇帝即位后五十余天病死。燕铁木儿再次建议拥戴文宗之子燕帖古思，仍被文宗后拒绝，不得已乃迎妥懽帖睦尔到京，但迁延数月不得立。恰巧这时燕铁木儿因纵欲过度溺血而死。妥懽帖睦尔才顺利即位。36 年后，朱元璋派遣的北伐大军进逼大都，妥懽帖睦尔仓促出逃，翌年因痢疾死于应昌。元代流亡政权这时处境狼狈，所以他没有庙号；明政府以其“知顺天命，退避而去”，给予他“顺帝”的称号。此后作为蒙元王朝的继承者，“北元”政权在蒙古草原还存在了很长一个时期。

在最后几十年中，元政权的积弱之势日益凸现。元代后期蒙古、色目各族受汉文化影响的程度迅速提高。自 1340 年后，高层蒙古、色目官僚集团争论军国大事时所使用的差不多全是儒家政治的语言，但这种情势似乎反而刺激了统治阶层内种族认同和种族防范意识的强化。仁、英二朝之后，汉人、南人官僚阶层中普遍存在的被朝廷疏离的心理状态一直积重难返。顺帝初权臣伯颜要杀张、王、刘、李、赵五姓汉人的臆想虽然虚妄愚蠢至极，但它无形中极严重地销蚀了元王朝在汉族社会中的合法性。顺帝采选宫女的消息在江南民间引起待字闺女争相出嫁的社会骚动，说明一种深刻的社会焦虑和不信任感正在全国弥漫。元顺帝好玩弄权术操纵臣下，导致上层官僚集团的政治意志麻木懈怠。吏治的腐败成为整个官僚系统的通病。经历过那段艰难时世的人评论说："及元之将乱，上下诸司，其滥愈甚。"

至少在顺帝朝前半期，元政府仍然具有动员相当巨大的资源直接干预社会经济的能力，可惜它所采取的两项大规模行动，即变钞和开河，都没有取得预期的积极效果。"开河变钞祸根源"成为当时流传最广的一句民谣。至正十一年（1351年）发行新纸钞"至正交钞"和新钱币"至正通宝钱"，用新钞使在民间行用已久的至元宝钞自动贬值。大量发行新币导致"物价腾踊、价逾十倍"的通货膨胀，以至所在郡县以物货相易。变钞没有改善国家财政状况，反而使政府信誉和社会各界蒙受巨大损失。

1330年以后，合淮河入海之前的黄河河道，在今河南北部、山东西南部发生剧烈的由南向北的摆动。至正前叶的河溢造成的白茅堤决河和金堤决河，已清楚地显示出黄河干流北移的形势。河患危及元朝漕运的生命线即大运河和山东沿海的盐场，大面积的河泛地区岁饥民贫，所在盗起。至正十一年，元廷经过几年犹豫，定议用贾鲁治河，采用辟地凿沟和疏浚旧道的方法，将北摆的河道勒回南方，接入故道，由淮入海。治河共动员民夫、军队近20万，经八个多月完工。至正十七年以后，黄河干流又始而北摆，改由今渤海湾入海。所谓北河绝流、故道复通，终于落空为治河派主观上的良好愿望而已。不仅如此，开河之役正好为元末农民起义的发动者提供了动员上的便利。

即使在农民起义爆发之后，元朝的灭亡似乎仍未成为必然的结局。到至正十四年，元政府在对各地农民军的镇压中差不多取得了完全的主动。泰州盐贩出身的张士诚被脱脱统率的百万元军团团围困在高邮城内，天天讨论投降的事。正在这时，顺帝突然下诏解除脱脱的兵权和官爵，安置淮安路。在高邮城指日可克的形势下临阵易帅，使围城的百万之军不战而人心自溃。张士诚反败为胜。从这时起，元政权真正进入江河日下的颓势，而农民军中的朱元璋则逐渐由弱而强，并灭各支反元势力，北伐中原，于1368年定国号为明，成为取代蒙元统治中国的新王朝。

换一个视角看元朝

元王朝的宝府上坐着的，始终是一个蒙古皇帝。元朝历史因此而具有不少独特性。

元政权曾经被人们称为“外族”政权，甚至“异族”政权。其实，中国的历史和文化从来就不仅仅是汉族的历史和文化，而是汉族和其他许多少数民族的共同遗产。在历史上，汉族的中央王朝经常把周边的各少数民族地区纳入其统治范围，为什么到中原建立王朝的少数民族就要被视为“外族”甚至

“异族”？元人自己把当国的蒙古人称为“国人”；在需要强调族属之别的时候则名之曰“国族”，或者“北族”。使用“北族”王朝来指称辽、金、元、清等等历史上的非汉族政权，与以“外族”“异族”来对它们进行界定对比，显然要有更多的历史包容性。

13世纪后半叶，进入汉地和中国南部的蒙古人，最多不会超过70万到80万，而当时居住在宋、金旧土上的汉族人口大约有七千多万（不包括云南和吐蕃的人口数）。人数不多的蒙古人，为了统治人口稠密、疆域辽阔的国家，把全国人口划为四等，即蒙古、色目、汉人、南人。元朝中央政府的行政、军事、监察机构和各行省的首脑按制度由蒙古人担任；军机重务尤其不让汉族官僚与闻。“天下军马总数目，皇帝知道，院官（指枢密院官）里头为头儿的蒙古官人知道；外处行省里头军马数目，为头的蒙古省官每知道”。河西的党项人和从党项以西的西域各地进入华北和南中国的各族则被统称为色目人。元中叶后蒙古军队的战斗力下降，色目军队成为元朝统治最重要的军事后盾。色目人中的畏兀儿人和信仰伊斯兰教的回回人，是帮助蒙古统治者从事财政管理和商业经营的得力助手。中原的旧金臣民（包括北方汉族、女真、契丹、高丽等族）和较早被蒙古征服的四川、云南居民属于汉人。中原和南方各地一般临民官员有很多是汉人。最晚征服的南宋旧土的居民称为南人。南人在元代的地位最低。想做官的南人千里迢迢地去大都结交权贵，常常带着南方的土特产腊鸡作为馈赠的礼物，以致北方汉人将南人戏称为“腊鸡”。他们的南方口音也成为被嘲笑的对象。

四等人制并不完全是按民族来划分的，但它确实体现了元朝政治和法律中民族隔离、民族防范和民族压迫的特点。元末的农民军还用“贫极江南、富夸塞北”来概括和抗议当时的民族不平等现象。但是民族间的不平等并没有体现元代社会关系的全部内容。当汉人为蒙古贵族“富夸塞北”义愤填膺的时候，漠北也经常传来蒙古饥民倒毙于风雪的讯息；蒙古穷人的子女，同样被当作奴婢买卖。在色目军队也像蒙古军那样腐化以后，元朝最后十多年间镇压农民军的主力，其实是中原和南中国各地结寨自保、率兵“勤王”的“义军”，即汉族地主武装。可见元政权绝没有一视同仁地代表全体蒙古人的利益，而汉族地主则在他们的穷苦同胞揭竿而起时义无反顾地站到了捍卫朝廷的立场上。明初被朱元璋镇压的江南各地大地主中，很多人在元代早已富甲一方。

元朝的统治还常常被人与经济残破的黑暗时代联系在一起。自北宋以后，河北、山东、山西、关中等地经济长期衰敝，这笔账当然不能全记在蒙古人的头上。1230年以后，上述地区的农业和其他经济部门逐渐趋向于缓慢恢复乃至略见增长。四川的社会经济在蒙宋间的长期对峙中破坏惨重，当地户口十亡七八；河南在金末20年里遭到女真政权的疯狂掠夺，尔后又成为蒙金决战的场所和蒙古攻宋的前沿，长达一个半世纪的战祸使这里一片萧条；江淮之间也因宋元之战而蒙受巨大的经济损失。以上三个地区的经济在元初都已濒临崩溃境地。在元王朝统治下，江淮地区的经济获得较快的恢复，大体上回升到宋代的水平。河南的复苏也相当快，虽然它似乎未能再现北宋时代的繁荣。四川经济状况的好转最为迟缓，直到14世纪上中叶，仍然“遗墟败棘，郡县降废几半”；但是入元以后这里也一直处在逐步恢复当中。元朝平宋战争虽然造成南部中国某些地区的严重破坏，但由于元军着意贯彻忽必烈以“不杀”而取江南的意图，节制屠戮和破坏行为，因此所遭受的战争损失总的说来相对有限。在农业生产的基础本来已比较好的南方各地，社会经济得以基本维持在南宋原有水平上下，甚至还有某些增长。杭嘉湖地区的可耕田到南宋后期已大体开垦完毕。元代将农田改造的重点从过去的筑堤围田转移到疏河排水、熟化低温耕地方面，由此进一步增强对土地资源的有效利用。这一地区推行稻麦两作制的面积也比前代有所扩大。棉花种植的普遍推广、瓷器作为一般消费品进入寻常百姓的日常生活领域，对提高普通民众的社会生活质量都有十分重大的意义。

相对而言，边疆地区的经济文化发展，在元代还有长足的进步。云南的农业、水利和蚕桑业，在与内地政治经济交流显著扩大的推动之下发展很快。漠北的繁华和农业垦殖也盛况空前。不过这种“殷富”是在元廷运用政治权力调动中原和南中国巨大的经济、文化和人力资源予以支持的情形下实现的。正因为成本太高，元中叶以后漠北繁荣渐呈难以为继之势。

如果说中世纪汉文化的“天下”是一个以“夷夏之别”为原则确立的、以中原王朝为中心的等级结构的世界体系，那么古代蒙古人观念中的“天下”乃是位于“有星的天”“有草皮的地”之间的没有中心的无限空间。开放的世界观念滋育了蒙古人在文化上的开放观念。正是由于这样的背景，元朝统治时期成为中国历史上著名的多元文化交相辉映的时代。

在大都之北，燕山横亘数百里；著名的居庸关就位于燕山支脉军都山的隘谷中。山沟南北长 30 里。元在南北两端构筑大红城门，派色目宿卫军镇守，这里是来往两都之间的咽喉要道。至正二年到五年，元廷在居庸关南口红门之内建立过街塔，以汉白玉为石台（即今居庸关云台遗址）；下有券门洞穿，石台上矗立三座瓶式（圆形覆钵状）白塔。当时人吟咏这座过街塔楼的雄伟时写道："浮图压广路，元殿出层麓。""三塔跨于通衢，车骑皆过其下。"置白塔于过街城楼上，意在让往来穿行的过路人"皆得顶戴"，"普受法施"。

高耸在汉地边关的这组元代白塔，其形制和风格属于由藏地佛教传入中国内地的喜马拉雅地区的佛教系统。过街塔基座门券四周雕有四天王"金容"，壁面上镌有用梵文、藏文、八思巴文（元吐蕃高僧八思巴根据藏文字母创制的用来拼写蒙、汉、藏文等文字的字母）、畏兀儿文、西夏文和汉文共六种文字书写的陀罗尼经咒语，以及除梵文以外其余五种文字的赞诗。云台上的白塔可能毁于十四、十五世纪前后；刻在塔基上的多语种铭文存留至今，成为色彩斑斓的元代文化的重要见证之一。

居庸关的西夏文铭文尤其宝贵。西夏被蒙古灭国是在 1227 年。大德年间元廷曾下令刊印西夏文大藏经。居庸关铭文出现在元末，表明至少在西夏亡国一百多年以后，西夏语言仍保持着它的生命力。党项人在河西消失，大约是在 15 世纪和 16 世纪前期西域的回回人大批迁入西北地区前后。

元京师大都也体现了多种文化交融的特点。大都城四周共有 11 座城门，出自混通三教、精于术数并带点诡秘的刘秉忠的设计。据说南、东、西三墙各三门分别象征哪吒的三头和六臂，北二门则是象征他的两足。皇城内的殿阁池苑大多数是汉式的，也有少数非汉式的建筑，如“畏吾儿殿”“棕毛殿”等等。皇城之中还有称为“茶迭儿”的召对之所，即蒙语 chadir 的汉语译音，意思是“帐幕”。可见蒙古皇帝把草原上的“帐殿”也搬进了大都。举行各种朝仪的大明殿前种着“莎草”，据说是忽必烈为使子孙不忘祖业而特地从漠北移植的。大明殿上并设帝、后的座榻。蒙古大汗有好几位正妻，每人主持一个斡耳朵（宫帐）。大汗就在这些斡耳朵中轮番居住；他处理公务时，所在斡耳朵的当家妻子也总是坐在他身旁。元朝皇帝和皇后在举行重大典礼时，分别由仪礼官擎执“导从”（前趋护卫称导，后行护卫称从），引领升殿，同坐于“御榻”。这实际上是变相的蒙古旧制。大明殿上又有高一丈七尺的大酒瓮，可贮酒五十余石，称为“酒海”，又叫“大樽”。这也来源于大汗宫帐中设置盛马奶子酒之“古鲁额”（意为贮酒器）的草原旧制。大都的其他宫殿中也多有这样的“酒海”。万寿山顶广寒殿大玉瓮可盛酒三十余石，今日仍陈列于北京市团城公园内。

皇城以外，大都城里最醒目的周边民族建筑之一，是它西南隅“色白如银”的“释迦舍利灵通之塔”，即今北京市西城妙应寺白塔。这是因藏地密宗的影响而在汉地建造的第一座喜马拉雅风格佛教塔寺；设计者为尼波罗国（今译尼泊尔）匠人阿尼哥。塔身取净瓶（佛教徒随身携带的贮存净手之水的瓦瓶或金属瓶）之像，与上述居庸关过街楼三塔形制相同，俗称“喇嘛塔”；白塔内外的装饰陈设则由吐蕃僧人亦邻真依密教仪轨安排。

藏传密教对汉族地区的影响并不止于大都。阿尼哥在五台山上也设计建造了一座类似的白塔寺，又在涿州造护国寺并塑“摩诃葛剌”（大黑天神）像。五台山作为密宗的胜地，从元代开始在藏地民众中享有盛名。在杭州，总摄江南佛教的党项族藏传密教僧人杨琏真伽拆毁南宋的宫殿、陵寝，共建五寺。凤凰台以东的大般若寺有“西番佛塔”。尊胜寺建于宋寝宫基址之上，有“镇南塔”用以镇压宋诸帝陵墓之王气，“其形如壶，俗称一瓶塔，高200丈……垩饰如雪，故又名白塔”。尊胜寺正殿诸佛“皆西番形象，赤体侍立”。西湖东岸的宝成寺，也有至治二年官府差人雕造的大黑天神龛像。

元朝的统一打破了150年来“天限南北”的局面，使汉文化得以重新在全国范围内普遍交流。宋金对峙时，北方民间社会连《资治通鉴》都难以寻觅。金、元之际北方很少有人听说过朱熹、陆象山的学说。一个颇有名气的中原儒生辗转获得朱熹的著作，读后感叹说：“过去所教所学，实在太粗劣了。今天我才懂得使学业进步的根本所在。”宋亡以后，南方的书籍成船成车地运到北方。北方士人到南方访友问学，“考索研稽，惟恐未逮”；南方士人则终于有机会游历中原诸多的名山大川或孔孟故里等人文胜地。与理学的北传相逆，大都和山西的杂剧、小令渐次南传；杭州后来居上，逐步成为全国杂剧艺术的中心。

多语种交际的环境极大地推动了官方和民间在不同语言之间进行对译的研习和实践。元代官方汉语公文由此形成一种很特别的"硬译"公牍文体裁，就是逐个地将非汉语文本（主要是蒙古语文本）中的词汇机械地对译为汉语中的相应词汇，而不改变它们的原有语法秩序。下面这段史料就含有关于秘书监官员署名先后的奏章和圣旨的"硬译"体节文各一份：

> 延祐三年九月初七日……苫思丁奏："冯少监如今教做太监、萧同知做少监。阿的迷失、张少监他每都是先勾当来的人有。如今递升的新人来的，要他每旧勾当的之上画字有。我他每根底依例说呵，他每不听有。"么道奏呵，奉圣旨："那般体例那里有？随朝衙门有先来后到。教递升的冯僧儿，阿的迷失之下画字者；萧少监，张少监之下画字者"么道（圣旨有来）。

由于这种"硬译"公文体的语言完全不符合古汉语句法，所以翻译者干脆尽可能地避免采用古汉语语辞，而改用元代汉语中的口语词汇，以求风格的古拙质朴。元代汉语书面语中大量采纳口语词汇，是中世纪后期汉文化主流加快朝大众化趋势变迁的重要体现。

元代瑰丽多彩的文化中，有很多成分来自境外的各民族。

随着穆斯林世界的波斯人、阿拉伯人、中亚伊斯兰化突厥人大批地以被征发的战士、战败的俘虏、商人、工匠、教士等身份，被强行签发或自愿地徙居中土，伊斯兰教信徒的建寺活动从过去仅限于东南沿海及内地的几个城市扩大到华北和内地许多地方。据当年镌刻的一篇建寺碑铭，除大都、杭州、开封这样的大都会以外，“远而诸路，其寺万余，俱西向以行拜天之礼”。在蒙古旧都和林也有回回经学院。镇守唐兀之地（今陕甘宁等）的蒙古宗王阿难答甚至带领他所部蒙古军一起皈依了伊斯兰教。10 世纪以后，东部穆斯林世界逐渐通行波斯文。元代从西北进入中国的回回人大部分来自这个地区，所以北方的伊斯兰文物往往显示出波斯文化的痕迹，与元代东南沿海都市（尤其是泉州）伊斯兰教遗迹所反映的阿拉伯文化的特点有一定的区别。什叶派、苏菲派等伊斯兰教内部的不同派系，都在中国元代留下了它们的踪迹。为向境内的回回人颁布伊斯兰教历即“回回历”，元政府命司天监责成专人每年“推算写造”，经复审后印刷官售。

回回文化在中国的影响远远超出宗教的范围。元代在上都建立回回司天台，在这个阿拉伯式的天文台里有“西域仪象”七件。有“苦来亦撒麻”，《元史》译作“浑天图”，即天球仪；有“苦来亦阿儿子”，即地球仪；又有“鲁哈麻亦渺凹只”，安置在暗室中，用以观测太阳光线以求春分和秋分的精确时刻。不过回回天文学在当时和后来都未能与中国传统天文学的理论、方法、仪象器具的设计与使用充分地结合起来。

保存在回回司天监所属元秘书监图书馆里的，还有大量由穆斯林学者翻译、撰写的有关天文历算、数学、说阴阳灾福、看相、医药等方面的图书文献。欧几里得几何学最早就是由回回学者介绍到中国来的。秘书监所藏该书的汉语译名作《兀忽列的四擘算法段数十五部》，其阿拉伯文原名译作“算学”，书名直译可作“关于算学的欧几里得之书”。

很多别具风味的回回饮食和生活用品通过回回居民介绍到中国。织金锦缎“纳失失”（源于波斯语）和长毛呢“速夫”（波斯语）成为蒙古贵族和其他上层人物十分喜爱的衣料。用水果熬煮而成的果露和以药物香料煎造的医用糖浆制剂，是两种回回人擅长制作的饮料。这样制成的果汁露在中亚今天叫作“舍儿别”。舍儿别的制作方法因载入当时被广泛印刷的日常生活手册《居家必用事类全集》而为民间所熟知。上述日用百科手册还介绍了多种“回回食品”的制作方法。卷煎饼、秃秃麻食（手撇面）、糕糜（羊肉糯米粉酥羹）等恐怕已不只是回回人喜爱的面点。汉族虽然早就知道西域的葡萄美酒，但汉地开始大量酿制葡萄酒很可能始于元。回回人制作的高浓度烈酒“阿剌吉”（阿拉伯语的音译）以及蒸馏法制酒的技术也在这时传入中土。汉族从此学会酿制烈性白酒。蒙古人也依法把“马奶子酒”（即发酵而成的奶酒）再加蒸馏，提纯为无色的含酒精度较高的酒。回回医药在元代被汉族视为“西域奇术”“海上奇方”，足见一般民众对其疗效的认可。《回回药方》一书搜集西域医方近600副。全书既然有汉文译本，则应当是一本具有实用价值的处方手册，而不会是束之高阁的点缀品而已。

元代是基督教聂思脱里派再度传入内地的时期。这个教派曾以“大秦景教”之名活动于唐代长安和其他地区，后因遭唐政府取缔而在内地消失。但在辽金两朝的西北边地民族中它一直拥有大批信徒。自13世纪初叶起，信奉聂思脱里派的西北诸部相继被蒙古灭亡，部众随蒙古军散居内地各处，于是把聂思脱里信仰带到所至之地。河西党项旧地和大同分别是聂思脱里教会派往中国的主教驻节之地。大都附近房山三盆山聂思脱里派教堂“十字寺”一直存留至今。镇江和扬州则是聂思脱里派在江南的重要基地。杭州也有聂思脱里派建立的教堂。聂思脱里派甚至在蒙古黄金家族中也争取到了皈依者。忽必烈时，东道诸王中势力最大的乃颜叛乱，他曾在战旗上描画十字架。天主教和希腊正教在元代都有少数信徒，但其影响与聂思脱里派相比，都要小得多。聂思脱里派的文献，到13世纪末约有三百多种，迄今为止，还没有发现任何聂思脱里派或基督教其他宗派的文献在元代被译为汉文，这表明它们当时并不被汉族所信仰，而是西北诸部落和少数蒙古人崇奉的宗教。

多元文化在社会生活各个方面相互渗透的程度自然不相同，对不同社会阶层、等级或集团的影响力也有很大差异。在统治阶级上层，不同文化之间互相影响的现象一般比较明显。元朝文武官员的“公服”大袖、圆领、右衽，这是汉式制服的特点；同时自大蒙古国时期起，蒙古服饰变左衽为右衽，使右衽成为蒙古服饰的主流，这或许是受到了汉式制服的影响；而蒙古服饰，也渐渐被汉族穿用，并影响了汉族服饰。汉人官僚，尤其是深得蒙古贵族信任的蒙元前期的那些汉人官僚，大部分会讲流利的蒙古语。蒙古男子“髡头”，就是将头顶剃光，前额和脑门两侧留下“三塔头”，挽垂两髻于肩；有些人嫌“左右垂髻碍于回视”，乃“合辫为一，直拖垂衣背”。汉族中也有效法而髡头者。所以后来朱元璋要下令革除汉族在服制发型方面的“胡俗”。这类“胡俗”，主要流行于接近蒙古人的汉族或色目人上层中。另一方面，蒙古人、色目人在汉族社会多历年所，通汉语、识汉字的人数也越来越多，以致元代后期有人建议取消各级地方政府中设置的专职翻译人员。少数蒙古人、色目人成为能用汉文、汉字进行创作的文学家、书法家和美术家。

元代的蒙古、色目官僚大多数居住在较大的城市里；镇守内地各战略要冲的蒙古、色目军队，集中驻扎在离城不太远的野地中。政府分配给他们的免税土地，大都由汉族农民佃种；军人们到城里出卖他们多余的羊奶，买回各种日用品。此外散居内地的蒙古人、色目人户，数目是很少的。集庆路一路22万多民户中，只有14户蒙古人；镇江路民户10万，蒙古户29。住在比较偏僻地区的汉族农民，一生中也可能很少碰到蒙古人、色目人。甚至在松江这样发达的城镇，人们也并不经常看到蒙古妇女，所以对她们头上戴的圆筒型缀彩插花的“固姑冠”颇感新奇，乃至陶宗仪将“江南有眼何曾见，争卷珠帘看固姑”的诗句摘入他的笔记小说。不过平民百姓如果想在衙门里谋一个小官，就必须事先学一点“吏学”，学会读、写各种格式的公文。这时他们便无法回避那种拗口难懂的“硬译”公牍文体和蒙文常识，由此深切感受到蒙古统治的特殊氛围。另外，像“田野中处处有之”的“回回豆”（豌豆），元后期“汗漫天下”的以蒸馏加工的“烧酒”，即使对元代底层民众，大概也不会太陌生。

根据漠北流行的“搜婚制”，古代蒙古人在父亲、兄弟死后，可以将生母以外的庶母、兄嫂弟妇收为自己的妻子。这种习俗在元代也传入汉族社会。政府虽三令五申严加禁止，但依然有人照此行事。汉族家庭凡父母在世，依照《唐律》是不可以分家析产的。金代规定，入居中原的女真人许分，汉人不许分。到了元朝，不论蒙古人、汉人、南人，都可以分家了。从汉族社会内部关系的演变来看，这一变化自有其内在推动力和既定轨迹，但它同时也确实体现了蒙古社会制度对汉文化传统的刺激和影响。

为什么在元代会形成如此壮观的多元文化五彩纷呈的局面?

首先，这与蒙古人“远涉山川”的征服活动有关。元对中国的统一结束了此前500年间中国国内五六个民族的区域性政权并存，相互割据纷争、战乱频仍的时代。全国范围的和平环境和地区间的交流为经济的增长和积累提供了必要条件；文化的发展和繁荣由此成为可能。元曲，元瓷，大江南北星罗棋布的繁华城镇，北至极圈、南到占城的晷影实测，黄河河源的探测，《大元大一统志》地图的制作……这些不平凡的文化成就都是凭借大一统国家的雄厚资源取得的。

蒙古的统治并不限于今日中国的版图。四大汗国的疆域，在北方沿咸海、里海、黑海横跨整个欧亚大草原，西至伏尔加河流域，西南远至两河流域而接近小亚细亚。元与位于几乎整个中亚和西亚的各邻邦都成为同一“黄金家族”君临之下的国土。他们之间虽然也有过不睦与战争，但在大多数时期其相互关系要比一般的宗藩关系更加密切。蒙古的驿站体系从中国的大都一直通往南俄草原和波斯各地。东西陆上交通的安全和便利程度都超越前代。当时的人说，要到万里之外的地方去，就像跨出家门去访问邻里一样容易。从波斯湾东渡印度洋，经东南亚诸国抵达中国东南沿海的远洋航线，亦因阿拉伯航海技术与中国的针路（水罗盘导航）、牵星（根据恒星高度测定船舶所在位置）技术的结合而更加安全可靠。中外经济文化交流在这样的情势下自然也就愈趋活跃。

如果我们把观察问题的视野再进一步扩大，就可以发现，从1250年到1350年的100年间，正是整个旧大陆被庞大的商业网络联结为一个前现代世界体系的时期。这一体系由七个地方性商业区域构成，即西欧、地中海东南岸地区、巴格达—波斯湾地区、意大利—埃及—红海地区、阿拉伯湾沿岸地区、印度洋沿岸地区、中国；它们又组成三大次世界体系，即欧洲（由西欧和地中海地区构成）、中东（由巴格达—波斯湾地区、意大利—埃及—红海地区和阿拉伯湾地区构成）和远东（包括印度洋地区和中国）等次级体系。在这个等级结构的世界体系中，元代同时维持着陆路与海路的对外沟通，这对于一个完整的前现代世界商业圈的形成有非常重要的意义。提出上述“前现代世界体系”说的英国学者卢迦德说：

“中国在13世纪世界体系中的地理位置十分重要。因为正是中国，把北方的陆上商路与即使不是更加重要那也至少是同等重要的印度洋海上商路联结成为一体。当这两条商业交通路线同时充分地发挥效能，尤其是当中国处于统一之中因而能够作为‘毫无周折的交换中介’把它们连接起来时，世界商业的循环圈就得以完成了。确实，只有在13世纪和14世纪上半叶，亦即当上述循环圈保持完整的时期，人们才能提到‘前现代世界体系’这样的概念。”

基于上述特定的时空背景，元代的统一有力地促进了整个旧大陆经济文化的交流。多元文化在这个“世界体系”的最东端展示出它五光十色的风采，其意义甚至已超越中国文化本身，而体现了旧大陆上人类“大历史”的脉动。

微信扫码，获取资源
历史告诉你答案
权利的游戏
神器古代史
史事挖掘机

在血战中统一漠北
成吉思汗帝国的兴起

“我们厮杀吧，胜者为汗！”

——拉施特《史集·成吉思汗传》

12世纪时的草原各部

12世纪时，在今天称为蒙古高原的自然地理区域内，可以看到四类主要的自然景观：草原、戈壁、沙漠和森林。草原面积占据高原总面积的约3/4。在高原南部和北部丰美的水草地带之间，是一片植被稀疏的砾石荒原，到处裸露着黑色的石头，蒙古人称之为“戈壁”。正是这片戈壁把草原分为两大部分，分别叫作漠南草原和漠北草原，“漠”在这里指戈壁滩荒原。漠南和漠北都有一些沙漠地带。刮大风的时候，沙子遮云障日；沙丘此起彼伏，作波浪形的移动。漠南东缘是大兴安岭的山林；漠北的北部沿边有很多的桦树林。草原中还分布着大大小小的沼泽。

蒙古兴起以前，这片草原早已养育过许多闻名世界的游牧民族：匈奴、鲜卑、柔然、突厥、回鹘等等。9世纪中叶，回鹘汗国瓦解，大批回鹘人向西、向南迁出漠北草原，使这里出现了权力真空。于是，原来居住在大兴安岭山地中的室韦部落便一批接一批地向西迁入草原地区，因而从根本上改变了漠北民族地理的面貌。

自6世纪到9世纪中叶，突厥、回鹘先后称霸大漠南北，在这里游牧的主要是讲突厥语的各种部落。历史记载最早提到迁入漠北腹地的室韦部落是在8世纪初。他们的语言与鲜卑、契丹等类似，都很接近于后来的蒙古语，所以现代的历史语言学家把他们划归为蒙古语族。突厥人把这些语言、文化、族属与自己有明显差异的新来者叫作"鞑靼人"。随着回鹘的衰亡，越来越多的室韦—鞑靼人成群结队地拥入草地，他们很快就适应了草原游牧型的生产和生活方式。这个过程一方面使室韦—鞑靼人的文化在很大程度上发生了突厥化的变迁；另一方面，这个新来的文化—部族群体又像海绵吸水一样，逐渐把离散于草原上的突厥语族游牧民吸纳到自己的社会联合体中间。到12世纪，漠北高原基本上完成了蒙古化的历史过程。在它的东部和中部，分布着许多不相统属的突厥化蒙古部落；在西北部和西部，则是正在越来越快地蒙古化的突厥部族。后来的蒙古民族共同体，就是以这些部落为主体形成的。在漠南游牧民中间，突厥文化仍占优势地位。

在叙述12世纪前的漠北历史时，虽然我们总是很难避免把“蒙古”一词当作泛指的共名来使用，但实际上当时的游牧诸部并没有这样一个共名。它们各有自己的专名，蒙古只是其中一个部落的专称而已。

狭义的蒙古部最早是室韦的一个分部，两《唐书》称之为“蒙兀室韦”。它的居地应当位于大兴安岭北端，今额尔古纳河下游的东侧。十三四世纪的蒙古人还依稀记得他们祖先的古老的原居地。据拉施特写于1300年间的记载波斯蒙古人祖先历史的波斯文著作《史集》，古代蒙古部曾经生活在“一处人迹罕至的地方，那里四周唯有群山和森林。……在这些山中间，有丰美的草原。这个地方名叫额儿古涅昆。‘昆’字意为‘山坡’。”这里的“额儿古涅”显然就是额尔古纳河，唐代汉语文献叫它“望建河”。

大约在10世纪初叶，蒙古部从额尔古纳河故地迁到斡难河（今译鄂嫩河，即与额尔古纳河一起注入黑龙江的石勒喀河上源）中上游、不儿罕山（今蒙古国肯特山）地区。这时候蒙古部的势力还很弱小，曾经因为争夺牧场被别部打败，被迫北迁，去投奔今贝加尔湖沿岸的姻亲部落兀良哈部落的札儿赤兀惕分支。11世纪蒙古部开始强盛起来，才重新恢复对不儿罕山及其周围地区的控制。

蒙古部的分支氏族约有三四十个。其中多数分支氏族中的贵族成员，都把世系追溯到西迁不儿罕山的蒙古部首领朵奔篾儿干（朵奔为人名，篾儿干意谓“善射手”）的妻子阿阑豁阿在她丈夫死后生育的三个儿子。《蒙古秘史》记载阿兰豁阿自己向怀疑她的三个儿子出身的人解释道：

“您不知道，每夜有黄白色人，自（庐帐）天窗门额明处入来，将我肚皮摩挲。他的光明透入肚里去时节，（他）随日月的光，恰似黄狗般爬出去了。您休造次说。这般看来，显是天的儿子，不可比做凡人。久后他每做帝王呵，那时才知道也者！”

这就是著名的阿阑豁阿“日光感孕”的故事。这三个儿子的后裔所统领的氏族分支，构成蒙古部里互不通婚的同族集团，称为“尼鲁温蒙古人”，即出身纯洁的蒙古人；另一类叫“迭列列斤蒙古人”，即一般的蒙古人。

在尼鲁温蒙古中间，势力最大的分支氏族是泰赤乌部，其首领曾受辽朝封授的官号。《史集》说：“泰赤乌是一个人数众多的部落，一些尊贵君主的氏族出自这些部落。他们拥有无数的军队。从他们每个氏族中，都出过特殊的异密和领袖。……在每个时代，他们都从自己人中间推选出君主或汗，服从于他。”另一个较有势力的分支氏族是乞颜部。成吉思汗就是乞颜氏的贵族集团的成员。

除蒙古部以外，在当日大漠南北游牧的大部落集团还有塔塔儿、篾儿乞、克烈、乃蛮、汪古等。

塔塔儿部分布在捕鱼儿海子与阔连海子（今呼伦湖和贝尔湖）周围，即蒙古高原东部水草最丰美的呼伦贝尔草原地区。它们应当是较早迁入草原的室韦—鞑靼部落。突厥人把讲蒙古语的东邻统称为鞑靼，这个名称即来自塔塔儿。这说明它从前曾是草原上势力最大的室韦—鞑靼族游牧民族。在“蒙古”业已成为高原游牧民族共同体的统称以后，金朝和宋朝人甚至仍在沿用从突厥人嘴里听来的“鞑靼”一名作为对他们的统称，把蒙古人叫作“鞑靼”“鞑子”或“鞑人”。

篾儿乞部在蒙古部兴起时游牧于薛良格河（今译色楞格河）中下游两岸以及今鄂尔浑河下游一带。拉施特说它“有一支人数众多、非常好战的强大军队”。

从11至13世纪初，漠北势力最大、牧地最辽阔的部落集团是克烈部。它分布在漠北草原腹心地带，即土拉河、鄂尔浑河上游和杭海岭（今译杭爱山）地区，东至克鲁伦河南，南控大漠。克烈王国的统治中心位于回鹘汗国过去的都城哈剌巴剌哈孙的所在地。克烈人信仰基督教聂思脱里派。西欧基督教世界当时盛传东方有一个虔诚的基督教君主“约翰长老”，可能就是有关克烈部首领的一种讹传。他们大概是最早西迁的那部分室韦—鞑靼部的后人，所以成为突厥化程度相当高的蒙古语族的游牧部落。

在克烈以西，是另一个强大的游牧部落乃蛮部，自杭海岭以西，分布在阿尔泰山两侧，西北至也儿的石河，南至准噶尔沙漠。乃蛮部后来被成吉思汗攻灭，部落离散，加速了其成员蒙古化的进程，但总的说来它是一个突厥部落。

大漠以南势力最大的是汪古部，驻牧于阴山地区。它们先后臣属于辽、金王朝，负责为金守御边墙。《史集》说，金王朝为“保卫自己的国家以防御蒙古、克烈、乃蛮以及附近地区的游牧民族，筑了一道城墙。这道城墙在蒙古语中称为‘汪古’。……这城墙被托付给这个汪古部”。汪古部在辽代史料中被称为“白达达”（达达即鞑靼），是突厥语族的部落。他们得名“汪古”，看来与其守御的边墙有关。这道边墙，是金建造的北边界壕，并不是长城。

作为人类经济活动的一种基本类型，广义的“游牧经济”包括以下这些最重要的特征：游牧人以畜牧作为恒常的经济活动形式；终年以不用畜厩的自由放牧来维持畜群（晚上可能使用厩栏以保护牲口）；根据放牧经济的需要，在特定的放牧地段或这些地段之间进行周期性的迁徙；人口的全部或主要部分都参与移牧活动；生产的基本取向是维持游牧人的生计。纯粹游牧经济是存在于新石器时代以后直到前工业化社会的一种经济生产的方式。按照人类学家的概括，除内陆亚洲草原（包括蒙古草原、哈萨克草原和南俄草原）上“骑马民族”的游牧类型外，世界各地与特定的文化生态环境相适应的游牧类型还有：撒哈拉以南和东非地区以牛群放牧为主的游牧类型，撒哈拉和阿拉伯沙漠的骆驼游牧类型，西藏高原的高海拔牦牛游牧类型，西南亚洲（阿富汗）山地的绵羊和山羊游牧类型，以及北部欧亚大陆冻土带的驯鹿游牧类型等。

蒙古草原的古代游牧人所牧养的“五畜”是绵羊、马、山羊、牛、骆驼。绵羊一向是他们估价财产的价值尺度，它能吃的草类十分广泛，包括很多不适宜于马和其他大头匹食用的草类。在被雪覆盖 15 厘米的草场上它们仍能吃到雪下的草。草原上的马与沙漠中的骆驼同样重要，所以它与绵羊一起被蒙古游牧民看作牲畜构成中最重要的品种。在水草较贫瘠的区域和山地，山羊多于绵羊。牛在古代蒙古游牧人中间被用来作为牵引牲畜，用上百头牛来拖曳的安装着大帐篷的牛车，使进入草原的外地人都赞叹不已。骆驼似乎是在蒙古时期才对这里的游牧人变得重要起来的。在漠南干燥而满是沙砾的草场上，骆驼几乎成为与马同样重要的大头匹。

游牧人的生活节奏，几乎全部是按照保证让畜群吃到足够的草料、供给它们充足的水源并保护它们免受严寒伤害的必要性来规定的。由于草场的季节性变化十分明确，他们一般按照相当固定的线路有规律地循环移牧。每年春季草青，他们就从冬季的营盘向最合适的夏季牧场（一般是在北部的高地）进发。夏季草原的植物生长旺盛，因此夏营盘的选择以水源作为最首要的考虑。在那里驻夏直到秋初，游牧民就要赶着肉肥膘厚的羊群再度动身，边牧边行，到向阳背风的冬营地（一般在南部的山谷中）驻冬。冬季有雪，水源较充足，所以冬营盘的选择以草料为首要考虑。入冬以前，体力不好、难以熬过严寒的牲畜都被宰杀。秋末和冬季也是游牧民组织集体狩猎的季节。这是对游牧生产很重要的经济补充，也是一种常规的准军事训练。入春后，新一轮的移牧重新开始。早春是对蒙古游牧民来说最危险的时节。牲口经过一冬消耗都已极度虚弱；乍寒乍暖的气温使融雪结冰，增加牲畜饮水吃草的困难。降温一次，就会有一大批已熬过冬天的牲口倒毙。春季还是牲口瘟疫最易流行的季节。

古代蒙古游牧民的饮食结构集中在两种最基本的食品上：肉和奶，此外再加上非有不可的一点蔬食品。肉和奶的比例随季节而变化，夏季奶制品较多，冬季则以肉为主。最普通的肉是绵羊肉，还有山羊肉和牛肉；马肉一般不吃。所有的雌性牲畜都产乳。有时他们也饮动物的血。牛马粪在树木很少的草原上是主要燃料，游牧民的衣服和庐帐也取资于牲畜的皮毛。在农业经济中，人直接吃地里长出来的植物；在游牧经济中，则是由牲畜吃地里的植物，人再吃牲畜的肉和乳。消费的环节复杂了，消费本身却变得较为单调。所以游牧民更喜欢大红大绿的色彩，喜欢对着大自然放开喉咙唱歌，借以调剂单调而有点寂寞的生活。

因为处于经常迁徙的状态下，游牧民当中很难形成农耕社会里那种地域性组织，联系游牧社会的纽带只能是人与人之间的关系。在成吉思汗崛起前，古代蒙古的基本社会组织是氏族和氏族部落。在每一个氏族中间，真实的或者虚拟的血缘联系把许多个扩大的父家长大家庭结合在一起；氏族成员都承认他们都属于同出于若干世代前某一位始祖的后裔。一般只有该氏族中的贵族家族各成员才有可能清楚地追溯他们与那位始祖之间逐代传嗣的世系。氏族中的一般民众并没有这样的可以追溯的世系谱。但贵族的世系谱却被看作是全体氏族成员身份认同的象征，于是每一个氏族里都存在两种性质不同的血缘纽带。一种是属于贵族家庭的可以逐代追溯的血统联系（虽然这种血统联系在很大程度上同样带有虚拟的性质）；另一种是平民成员之间以及他们与贵族家庭之间普遍而湮远的血缘联系：他们世代属于同一氏族的事实本身就是他们之间存在血缘关系的证明。不同氏族的贵族家庭之间的同祖世系谱又进一步将这些氏族结合为更大的氏族部落。

在 12 世纪，氏族贵族和平民之间的社会关系，早已演变成为血缘外壳掩护下的统治与被统治的关系。按照当时草原社会的观念，平民都被氏族贵族所“领有”，就像古代蒙古谚语所说，“人的身子有头呵好，衣裳有领呵好”。

除贵族和平民的身份区别以外，另一种社会分层是“使主”（蒙语作额毡，ejen，“主人”）和“奴婢”（蒙语作孛斡勒，

bo'ol）间的身份区别。在民族冲突中，战败一方被俘获的人口经常被分配给战胜一方的贵族和平民，成为私人的“门户内奴婢”。“门户内奴婢”虽然可以组织家庭、与使主分家，拥有自己的个体经济，但不能摆脱与使主之间的依附与被依附关系，仍需为使主家庭服各种劳役，并在使主需要时把自己的子女送到使主家里做“门户内的奴婢”。这种世代的奴婢在当时被称为使主的“老奴婢”（斡脱古孛斡勒），在他们与使主之间也会结成特殊的亲密关系。古代蒙古社会里“孛斡勒”的身份与经典意义的奴隶有一定差别。他们与使主的社会关系更接近于领主和家臣间的封建关系。

游牧民的父家长大家庭都有各自独立的个体经济，但同一氏族或其分支同在该氏族固定的牧地上放牧。氏族或氏族部落之间常常为牧地纠纷而产生武装冲突甚至战争。在游牧状态下的突袭式战斗中，主动进攻的一方总是很容易取得优势；而失败的一方也比较容易恢复势力，再采取主动的进攻行动以复仇雪耻。战争与和平成为十一、十二世纪漠北游牧社会里快节拍变奏曲的双旋律。蒙古文的诗歌这样描写那个扰攘不安的时代：“有星的天／旋转着／众百姓反了／不进自己的卧内／互相抢掠财物”。“有草皮的地／翻转着／全部百姓反了／不卧自己被儿里／互相攻打”。

以上所述，就是成吉思汗登上历史舞台的时候漠北游牧社会的形势。

蒙古部的兴起

蒙古部的强盛，大约开始于成吉思汗的曾祖父合不勒时代的前后。合不勒是蒙古乞颜氏的始祖。他继自己的叔父、泰赤乌氏始祖之后，被推选为蒙古部的首领。“全蒙古的百姓每，合不勒汗管着来”。他是蒙古部中称汗的第一人。合不勒汗死后，汗位曾在泰赤乌、乞颜两支之间轮转。

1162年，成吉思汗出生在斡难河畔的蒙古乞颜部营盘里。这时他的父亲也速该刚刚在一次胜利的战争中俘虏了一个塔塔儿部的首领铁木真，于是就按蒙古人给婴儿取名字的习惯方式，把他叫作铁木真。铁木真9岁时，也速该带他到蒙古翁吉剌部去求亲。订亲以后，铁木真遵照当时的风俗，留在岳父特薛禅家里。也速该在返回途中被世仇塔塔儿人毒死。

也速该之死为忌恨他的势力的泰赤乌部提供了一个反目的机会。他们夺走乞颜部的部众，撇下铁木真母子而去。也速该寡妻带领几个孩子和少数忠实部民，在不儿罕山过了好几年艰难的日子，元气稍有恢复。这一家“莫不似飞禽的雏儿般毛羽长了；走兽的羔儿般大了”？泰赤乌部对此十分警惕，带人来攻，抓走了铁木真。多亏泰赤乌部的属民琐儿罕失剌的帮助，铁木真才得以从泰赤乌部逃脱。

经过这次劫难，铁木真开始通过两种手段加紧扩展他的势力。一是寻找和吸引渴望冒险、战功的年轻战士，与他们建立用个人效忠的誓约来约束的首领—那可儿（“伴当”，即伙伴、战友）关系，逐渐形成属于他个人支配的中坚力量。

二是凭依着父亲也速该与克烈部首领王汗互为安答（即契交）的关系，带了妻子“上见公姑的礼物”即黑貂鼠袄子，去主动投附王汗。他的策略很快产生了效用。不久，他遭到篾儿乞部的袭击，被迫仓促撤退；他妻子找不到坐骑，被篾儿乞人俘虏。王汗闻讯，不但自己派军队来帮助他，还促成蒙古札答阑氏的札木合出兵相救。篾儿乞人在不兀剌川（今译布拉河，在蒙古国北部）的老营被袭，铁木真夺回了妻子；他的长子术赤就出生在这次动乱之后，所以他的血统一直被认为十分可疑。

对篾儿乞部的复仇之战成为铁木真一生事业的重大转折点。以强大的克烈部和札答阑氏蒙古作为后盾，再加上他日益展露的个人魅力，他身边很快聚集了一批以渴望战功和崇拜英雄的那可儿为核心的私属部众，以及带着大大小小的部落民众来与他结盟的乞颜部旧贵族。1180 年末，铁木真被推举为蒙古乞颜氏的首领。自也速该死后被泰赤乌人拆散，乞颜部经过近 20 年波折，终于在铁木真手里重新团聚在怯绿连河上游，形成漠北一支独立政治势力。

乞颜部的复兴引起泰赤乌氏和札木合的强烈敌意，他们联合起兵 3 万偷袭铁木真。铁木真获悉后整顿军马迎战。于是在怯绿连河上游某个沼泽地区发生了著名的“十三翼之战”，因为双方兵马都组成十三个圈子。《史集》说，“在古时候，当某部落屯驻在某地时，就围成一个圈子。部落首领处于像中心点那样的圈子中央。这就称做古列延。……当敌军临近时，他们也按这种形式布阵。”交战结果很可能是铁木真处于劣势，他被迫后撤。他的第十三翼主力是从泰赤乌氏投奔他的赤那思部，于是遭到札木合的严厉报复。札木合下令“将赤那思地面有的大王每，教七十锅都煮了”。

1196年，金朝出兵进攻塔塔儿部。塔塔儿在怯绿连河被金军击败，逆斡里札河（今译乌勒吉河，在蒙古国东北）奔命。铁木真获得塔塔儿部在金军逼迫下“带着头口、茶饭”向西退却的消息，立即遣人报告王汗说：“他（指塔塔儿）正是废了我父祖的仇家。父亲可以助我夹攻。”王汗遂亲自领兵与铁木真会合，顺斡里札河东进，与金军夹攻倾巢出逃的塔塔儿人。经此一战，铁木真不仅给予他东面的劲敌以沉重的打击，而且因为主动配合金军作战被授予“札兀惕忽里”（即“乣军统领”，乣军是辽、金王朝在边疆地区组织的部族军队）的官职。金王朝在漠北部落中享有很崇高的威望，接受金朝的官职，有效地加强了铁木真号令诸部的政治权威。接着他就趁征讨塔塔儿新胜之势，回过头来引兵擒拿乞颜部内最桀骜不驯的长支贵族主儿乞氏。铁木真当众谴责他的阶下之囚背弃从前的盟誓，问他们：“你在前与我说甚么来？”两人说：“俺自说的言语不曾依。”遂伸颈就戮。主儿乞氏部众是当年合不勒汗从属民中专门挑选出来授予长子的“有胆量、有气力、刚勇能射弓的”百姓。这支“无人能敌”的游牧军队从此变成铁木真的“梯己百姓”。

随着乞颜部日渐兵强马壮和铁木真政治声望的不断提高，与泰赤乌氏一决雌雄的时机终于成熟了。1200年，铁木真与王汗会合，进攻泰赤乌部。双方在斡难河畔交锋。泰赤乌北退月良兀秃剌思之野（在今俄罗斯赤塔南鄂良古依河流域）。铁木真追至其地，再战。泰赤乌部众溃散，其首领西遁。

塔塔儿和泰赤乌相继溃败，使驻牧于呼伦贝尔地区的蒙古各部直接感受到乞颜部的威胁，于是居于草原东方的这些部落与塔塔儿残部会盟阿雷泉（在今海拉尔河下游），谋袭铁木真。铁木真闻讯与王汗东进至捕鱼儿海子，将其击败。翌年，诸部又与塔塔儿、泰赤乌等被打散的贵族一起，在犍河（额尔古纳河支流，今译根河）边聚会，共推札木合为“古儿罕”（意即普上的汗），联合对抗铁木真与王汗的联盟。尽管他们口头上指天发誓，营造出一种“举足蹋岸，挥刀斫林”的壮烈气氛，实际上却是一班心中各怀私计的苟合之众。札木合率领着拼凑的兵马才动身，他的阵营里就有人设法给铁木真报信。铁木真遂领军相逆，在海剌儿河（今译海拉尔河）畔击溃札木合所部。乞颜氏的姻亲部落蒙古翁吉剌氏（迭列列斤蒙古）投降铁木真。

1202 年秋天，早先被铁木真击溃的篾儿乞首领邀约草原西部大国乃蛮部的不亦鲁汗进击铁木真和王汗。前一年在海剌儿河之役战败后作鸟兽散的东方各部也卷土重来。这时铁木真和王汗正在呼伦贝尔草原之南、大兴安岭西麓休整人马，于是隐蔽辎重，在靠近金边墙处倚险据守，以逸待劳。乃蛮、札木合联军追踪而来，双方对峙于一个名叫阙奕坛的地方（阙奕坛为蒙语，意即“冷”。该地应在今哈拉哈河上源地区）。史称札木合令部下用巫术召唤风雪，“不意风雨逆回，天地晦暗”，反而朝自己的方向刮来。乃蛮方面军心大乱，以为“天不护祐，所以如此”，乃溃散而去。东、西部草原联合对抗蒙古乞颜氏与克烈部联盟的战线，不经一击便顷刻瓦解。

自从铁木真曲意攀结王汗以后，一直称后者“汗父”。随着他的实力越来越强，王汗开始对这个“自的孩儿”暗怀疑惧。做过几天“古儿汗”的札木合现在也去投靠王汗并竭力拉拢王汗的亲子桑昆，企图离间克烈和蒙古乞颜部的关系，从中渔利。受札木合唆使后力主与铁木真决裂的桑昆对父亲说：“你如今见存，他俺行不当数（意即他就不拿我作数）。汗父你教白的呛着、黑的噎着呵（意即若父亲你一日故去），将俺祖父辛苦着收集的百姓，如何肯教我管？”1202 年春，优柔寡断的王汗在半信半疑间勉强同意借议亲诱铁木真赴宴，把他捉获。谋泄，不得已先发制人，往攻铁木真。

铁木真来不及做充分的战争动员，被迫仓促应战。双方交锋于合兰真沙陀。铁木真苦战不支，队伍溃败，结果只带了 19 人逃窜，退至哈勒哈河。检点陆续会集的残部，也只有 4600 骑。跟着铁木真落荒奔命的一群人，在班朱泥河（班朱泥意为沼泽）边饮浑水止渴。“同饮班朱泥水”成为铁木真艰难创业的一段最有代表性的故事。

合兰真沙陀之战并没有真正摧毁铁木真的实力。但反复无常的札木合自以为已经得逞，于是又挑起王汗阵营的内讧，想夺取王汗的部众。事败投奔乃蛮。至秋，铁木真经过休整，带重兵日夜兼程，偷袭王汗。他成功地将王汗的大营秘密包围起来，然后发动进攻。战斗持续了三天三夜。克烈部被铁木真全部征服。逃入乃蛮边境的王汗，被乃蛮边将杀死。被俘虏的全部克烈百姓，都在铁木真的部众中被“各各分了”。

战胜王汗使铁木真成为中部和东部草原最强大的游牧领袖。但从辽代以来久盛不衰的乃蛮人却不把他放在眼里。乃蛮国王塔阳汗说："这东边有些达达……看来他敢要做皇帝么道。天上只有一个日月，地上如何有两个主人？如今咱去将那达达取了！"为了"要将他每的弓箭夺来"，1204年初春，塔阳汗亲自领兵东趋。札木合纠合的泰赤乌等残部也余勇再贾，参加征讨。

正在帖麦该平川（在大兴安岭中）围猎的铁木真，就围猎处与部属商量。众人说马瘦，不主张迎战。斡赤斤（铁木真幼弟）说："您如何推辞马瘦？我的马却肥！既听了这等说，如何坐得住？"别勒古台（铁木真异母弟）接着说："若生时被人将弓箭夺了呵，济甚事！男子死呵，与弓箭一处岂不好？如今乃蛮恃其国大民众，敢发大言。我可趁此夺他弓箭又何难？"铁木真遂回到哈勒哈河边点视人马，按十户、百户、千户的十进位制统一组编人马，成立由一千多亲信勇士组成的亲卫军。然后率领新整编的军队溯怯绿连河而上，在萨里平川（在克鲁伦河和土拉河二水上游之间）布设疑兵；至夜，令人各烧火五处。乃蛮前哨报告塔阳汗说："达达军马塞满了萨里平川的地面。"塔阳汗斗志已经动摇，想领兵回撤，诱敌深入，促其马瘦人乏，再找机会与之决战。但他的儿子却轻蔑地讥评道："那妇人塔阳又是怕了！"塔阳汗被儿子激怒，于是决意东渡斡儿浑河驻营。札木合眼看恶战已经难以避免，又一次临阵脱逃。乃蛮军法衰弛，交锋一天后就军心瓦解，纷纷乘夜弃营出逃。到第二天，铁木真就完全击败乃蛮人。塔阳汗死于重伤。铁木真乘胜进至阿尔泰山地区，将塔阳汗属众尽行收捕。塔阳汗的母后曾骂蒙古人是"歹气息，衣服黑暗"。铁木真得意地问她："你说达达歹气息。你却如何来？"于是将她纳为诸妻。札木合虽然又一次遁脱，但追随他的大部分东部草原氏族贵族，其中许多人与铁木真同属蒙古部，“全都在这次战争后屈服了，俯伏在铁木真脚下”。

大蒙古国的建立

乃蛮塔阳汗部败亡后，铁木真可以说已经处于漠北无对手的地位，剩下的不过是草原周边一些较弱小的部落，以及少数不止一次被他打败、但仍多少有一点部众，所以还在负隅顽抗的破落贵族。铁木真用两年多时间最终平定了蒙古草原残存的对立势力。

札木合的被擒，是在 1205 年。他是被他的五个伴当出卖，缚送到铁木真处去的。铁木真似乎对这个早年的安答仍怀有念旧之情，倒是札木合在最后的时刻表现出旧式英雄的气概。他对铁木真说：

“咱年小做安答时，不可消化的饮食曾共吃，不可忘的言语曾共说。因为将咱离间，所以分离了。想起在前说的言语，自羞面不敢与安答相见。如今安答欲教我做伴。当做伴时不得做得伴；如今你将众百姓收了，大位子定了，无可做伴。你若不杀我呵，似衣领上虱、底衿（指垫褥）内刺一般，反使安答日间心不安、夜间睡不稳。你母聪明，你又俊杰，弟每有技能，伴当每豪强，又有七十三匹骟马。我自小亡了父母，又无兄弟，妻好说长话，伴当不中倚仗。为这般所以有天命的安答胜了。如今恩赐教快死呵，安答得心安。倘又教不出血死呵，我死后于你子孙行，永远护助也者！”

于是铁木真下令，用“不出血死”的行刑方法，处死札木合。那就是把受刑人的身体整个用毡毯裹实，让马匹或者人践踏，直到毯子里的人完全死去。这是古代蒙古人处死贵族时常用的方法。当时他们还禁止用割喉管放血的办法宰羊，而是先剖开羊的胸膛，把手伸进去紧压住羊的心脏，使羊血凝结在羊肉里。可能他们认为这样做会有利于被宰杀的对象死后重生，所以蒙古贵族都宁可忍耐受刑时的剧烈痛苦，“教不出血死”。

1206年丙寅，古代蒙古人按十二生肖纪年法称作“巴儿思只勒”，即“虎儿年”，铁木真在斡难河头的祖先旧营地树起有九根旄牛尾装饰的幡帜，召集大聚会（蒙语 quriltai，汉语译音为忽里台；今蒙古国批准立法和组织、监督政府的最高权力机构称为大“呼拉尔”，即源于此），正式举行登上“大汗”宝座的仪式。

古代蒙古人信奉一种万物有灵论的原始巫教。他们崇拜的万事万物最高主宰是“长生天”（即永恒的天），同时也崇拜日月、山川、土地的神灵，崇拜火。能在活着的人与长生天、天上和冥间万神以及死去的祖先之间保持联系的巫师，当时称为“孛额”，在西方使用突厥语的蒙古人中也按突厥人的叫法称他们为“甘”。孛额“骑白马，着白衣，坐在众人上面”，是草原上到处受人敬重的角色。当孛额与上天、各种自然神灵或死去的人们沟通的时候，经常会发生全身的痉挛、颤抖和狂乱的动作。人们通过他们向上天祈求保护，消除各种灾祸，增进幸福。因此传说中法力无边的男、女巫师本身也成了蒙古人崇拜的对象。他们用毛毡、丝绸制作成模拟他们的小偶像，放在帐幕里作为家庭的保护神。现在一般都把这种原始巫教叫作“萨满教”。其实“萨满”最初是女真—满洲人给予同类巫师的名称，13 至 14 世纪的蒙古语中还没有这个词汇。

铁木真想称霸草原，当然需要神权的支持。尼伦蒙古部的巴邻氏贵族世代有孛额的身份，所以在铁木真的部众中有很高的地位。铁木真又选择迭列列斤蒙古部晃忽坛氏的蒙力克作自己的继父。蒙力克的诸子中有一人名阔阔出，也是一个有名的孛额，有“帖卜腾格里”的名号，意思是“真正天上的”。人们相信他经常在隆冬时裸坐在斡难—怯绿连最寒冷一处地方的冰上，用体温融化凝冰，然后乘升腾的蒸气，骑着白马上天去。阔阔出不断地向铁木真传达长生天的意志说：“神命你为普世的君主！”又说：“天神跟我谈过话，他说，‘我已把整个地面赐给铁木真及其子孙，名他为成吉思汗’。”

如今，按照长生天的意志作“普世的君主”的时机终于成熟了。就在 1206 年的大聚会上，铁木真称“成吉思汗”，登上了统治全体草原游牧民的“大位”。“成吉思”的字义，有人说是“伟大”的意思，有人说是来自他即位前五色吉祥鸟鸣叫的声音“青吉斯”，有人说是蒙语“坚强”“有力”的意思。现代的学者则倾向于认为它是突厥语 tengiz（译言“海洋”）一词的变音，是“海内的”（亦即普天下的）之意。

历史文献没有记载铁木真称汗那一次大聚会的详细情景，而他的孙子贵由汗的即位仪式，却被当时正在漠北访问的教皇使节、圣方济各会修士约翰·普兰诺·迦尔毕尼很具体地记录在他取名为《蒙古史》的著名游记里。让我们借用迦尔毕尼的游记，去体会一下推选大汗的忽里台上庄重、粗犷而热烈的气氛吧。

推选大汗的会议场所，是一座足可容纳两千多人的白色毛毡的大帐幕。帐幕四周树起木栅，上面画满了各式各样的图案。所有的首领都聚集在那里，骑着马在各处走来走去，身后跟着全副武装的随从。这些人都驻扎在帐幕周围的小山和平地上，围成一个圆圈。在同一天里，所有的人都穿同一种颜色的彩袍，第二天换为另一种统一的颜色，如是者凡三四日。帐幕周围的木栅有两个大门。一个门只有大汗才能进入。虽然开着门，却没有卫兵看守；因为当时大汗尚未产生，所以没有人从这个门出入。其他所有的人都从另一个由手执弓箭和刀剑的卫兵看守的门进出。当人们进帐的时候，他们的坐骑都停在距帐幕大约二箭射程之处。木栅外面很远的地方，守候着从各邻国来的王公、使节、商人和各地的长官，为他们预备了饮料。直到中午前后，帐幕里的人开始喝马奶，一直喝到傍晚。他们喝得如此之多，着实令人吃惊。公推大汗的会议就这样持续了几星期。

然后大家都来到正式举行即位典礼的地方。它位于群山之间一条河附近的一片美丽的平原之上。那里已经树立起另一座帐幕，他们称为“金斡耳朵”。帐幕的柱子上贴着金箔，帐柱与其他木梁连结处则施以金钉；帐幕里面，穹顶和四壁都覆以织锦。即位那一天，人们都在帐幕之外朝南站立，一列一列队伍之间相隔一掷石之远。他们一边集体诵读祷词，一边朝前走去，再向南跪拜。这样跪拜了很长时间，他们才回到帐幕里。贵由在宗亲中的年长者扶持下登上宝座。首领们在他面前跪下；所有在场的民众也在首领们后面跪下。然后他们开始喝起马奶来，并按风俗一直不停地喝到傍晚。这时候用车子运来了没有放盐的熟肉，每四五人分给一大块。大帐内的人除了分肉以外，还分发放了盐的肉汤作调味。他们就这样聚会了好多天。

成吉思汗建立的国家，叫“也客·忙豁勒·兀鲁思”，即大蒙古国。大蒙古国的制度，最重要的有分封制、千户百户制、怯薛制、大断事官制，此外蒙古文字的创制也有十分重大的意义。

草原上原来分别属于这支或那支氏族贵族的游牧部众，现在连同旧日的贵族一起，全都成为成吉思汗一家的领属民。“蒙古乞颜氏”中间这一支贵族的胜利，一方面把“蒙古”的名称变作被他们征服的漠北游牧民族共同体的共称；另一方面则使乞颜氏几乎完全丧失了作为一种高贵的社会身份的认同功能。而今只有成吉思汗及其兄弟的直系子女们才能有“可兀迭”（“大王每”）的身份。“黄金家族”凌驾于其他所有蒙古人之上，包括与他们同属于尼伦蒙古的贵族宗亲们在内，并且像划分家产一样将后者在本家族成员中分配。每人分得的部分，称为他的“忽必”（“分子”）。草场牧地好像是游牧人口的天然附着物。分配游牧人口同时意味着分配附着于游牧人口的草地资源。草地也构成“忽必”的一个组成部分。这就是分民分地的分封制。成吉思汗建国后不久，就在诸弟、诸子中间实施分封制。各人的封地后来不断有所调整。在他的晚年，东、西道诸王的牧地分布范围已大体确定。

作为忽必分授给黄金家族成员的游牧人口，事先已按十户、百户、千户的编制组织起来了。出征乃蛮前，铁木真就整编过一次部众，当时大概划分了 65 个千户。1206 年该编制扩大到 95 个千户。成吉思汗死时，草原上的“基本千户”共有 129 个。千户的组编方式，主要有以下三种。一是对主动投附的氏族或氏族分支，基本上不再拆散，即按其原有划分改编为若干千户或百户。漠南汪古部，因此被改编为五个千户。二是将已离散的各部落人众合并混编。三是命令出自某部的功臣将原已分散的部落成员重新收聚，编为千户。

自匈奴以来，漠北游牧社会用十进位制组织军队，在蒙古之前早已有一千多年断断续续的历史。但直到大蒙古国建立，千户百户制始终是游牧人以原有的氏族部落为单位调集和编制军队的形式，它与氏族、部落组织并存，而且相对于后者处于补充和附属的地位。成吉思汗却用千户百户制取代原来的氏族、部落组织。尽管还有相当数量的旧日的氏族贵族担任着千户长、百户长等角色，但他们与其部众之间再也没有领属与被领属的关系，而变成了替黄金家族管理领属民的“官人”(蒙语作“那颜”)，连自身也成为黄金家族的领属民。领属权的转移像釜底抽薪一样破坏了旧日氏族的血缘联系的外壳。一个半世纪之后，成吉思汗的千户百户组织不再存在于蒙古高原，但明代蒙古社会里的“部族”组织，与 13 世纪之前以血缘为外壳的旧氏族组织相比，已发生了性质上的根本变化。

1206 年，成吉思汗把征乃蛮前组建的小规模亲卫军扩大到 1 万人，形成一支庞大的直属于大汗的中央常备军。因为它们分成四班，每班执勤三天，轮番护卫大汗，所以被称为“怯薛”，就是“番值”的意思。怯薛成员来源于千户长、百户长和较富裕的“白身人”（即平民）的子弟。在游牧条件下，一支万人常备军有力地强化了大汗的政治权威；而怯薛的质子军性质也有利于大汗与统治精英阶层始终保持一种特殊的个人联系。怯薛还是大蒙古国军事、行政官僚的预备学校和资源库。整个蒙元时期，中央高级官僚绝大多数是从“大根脚”的怯薛出身的。

怯薛制带有明显的家臣制度的特点，集执役于内庭和治理国事于一体。在大汗帐幕中值夜时，怯薛“杂妃嫔候侍，休寝榻下”。有一次，大汗中夜有需，招呼在脚后假寐的值夜卫士。这个怯薛因为太劳累，没有及时醒来，大汗遂命睡在一旁的妃子用脚把他踢醒。这个例子虽然不是发生在成吉思汗时代，却生动地反映出大汗与怯薛之间亲密的个人关系。怯薛成员夜入宿值，朝出治事的体例在元代始终维持不坠。

成吉思汗建国后任命的第一个大断事官（札鲁忽赤），是婴儿时被他从塔塔儿营盘拣来收养的失吉忽秃忽。当时成吉思汗对他说：“如今初定了普百姓。你与我做耳目。但凡你的言语，任谁不许违了。如有盗贼诈伪的事，你惩戒着。可杀的杀，可罚的罚。百姓每分家财的事，你科断着。凡断了的事，写在青册上，以后不许诸人更改。”怯薛在白天与失吉忽秃忽“一同断事”。札鲁忽赤制后来演变为大蒙古国中央行政制度的主要部分。

命失吉忽秃忽掌管户口青册，似乎说明这时已经有了蒙古文字。蒙古文字的创制，与畏兀儿人有密切的关系。所谓蒙古文字，实际上就是采用畏兀儿字母来拼写蒙古语，由此形成畏兀儿字蒙文。忽必烈朝又命八思巴据藏文字母创制八思巴字母，用以拼写各种语言。此后畏兀儿字蒙文和八思巴字蒙文并行于世。16 世纪以后，伊斯兰化的畏兀儿人放弃传统字母，改用阿拉伯字母拼写本族语言。而蒙古人原来从畏兀儿人那里借用的字母仍沿用不衰，于是人们就把它称作“蒙古字母”了。

建国后不久，成吉思汗与孛额阔阔出之间渐生敌意。阔阔出拥有传达“长生天的圣旨”的特权，逐步构成对汗权的威胁与侵犯。在他那里，聚集了“九等语言的人……多如成吉思汗处聚的人”。连成吉思汗幼弟斡赤斤的百姓也跑去投靠他。斡赤斤派人去索回自己的部众，却被阔阔出打了一顿。斡赤斤亲自前去说理，结果受到阔阔出兄弟的围攻，在帐后被罚跪。

次日清晨，成吉思汗的妻子，在床上听说此事后，“欠伸用被遮了胸，垂泪着说：‘他是如何的晃豁坛？在前将合撒儿（成吉思汗弟）打了，如今又要斡赤斤跪，是何道理？你今健在，他尚将你桧柏般长成的弟每残害。久后你老了，如乱麻群鸟般的百姓，如何肯服你小的、歹的儿子每管？’说罢哭了”。受到这件事的刺激，成吉思汗决定召见阔阔出兄弟，指示斡赤斤设法处置阔阔出。

“于是斡赤斤起身去，准备了三个力士。少顷，蒙力克领着七子来。帖卜腾格理（即阔阔出）至酒局（大帐内盛酒的坛子）西边。才坐，斡赤斤将衣领揪住，说：‘你昨日教我服罪，我如今与你比试。’斡赤斤揪向外去中间，帖卜腾格理帽落于火盆边。其父拾起嗅了，置于怀中。成吉思汗说：‘您出去斗气力。'揪着出时，门限外原准备的三个力士，迎着拿了，将他脊骨折断，弃于左边车稍头。……自帖卜腾格理死后，蒙力克父子每的气势遂消减了。"

"王钺一挥，伏尸万里"
大蒙古国的三次西征

"天！我们活在残暴的年代：

倘若我们在梦中看见他们，

我们要给吓坏。

百姓处在水深火热之中，

死者倒值得庆幸。"

——志费尼《世界征服者史》

"长生天之鞭"

1210年，亚洲东西方同时出现两个急速扩张的世界强国。东面是大蒙古国。这时候，它已在西夏都城中兴府外用重兵胁迫夏政权由联金抗蒙转为依附蒙古攻金，继而逼金从中都迁都河南，夺得中原大部。大体同时，它在西线先后扫荡吉利吉思，不战而收复畏兀儿、哈剌鲁（时驻牧于今巴尔喀什湖东南的伊犁河、楚河等地区），稍后又击杀篡夺了西辽政权（都虎思斡儿朵，在今吹河畔）的乃蛮王子屈出律，拓地至锡尔河以北不远的地带。

蒙古国之西，花剌子模恰恰也是在这个时期达到它的全盛阶段。当时的花剌子模沙摩诃末（沙即王的意思）是塞尔柱突厥人的奴隶后裔，他的家族受塞尔柱王朝的支持，遂以突厥人承袭古老的花剌子模沙的统治地位已历数世。12世纪上半叶，这个家族乘塞尔柱朝的衰落，以阿姆河下游古花剌子模故地（都城离阿姆河下游注入咸海处不远）为基础，不失时机地扩张地盘。它先后从塞尔柱朝手中夺得西呼罗珊和伊拉克阿只迷（即今扎格罗斯山以北的伊朗西部地区），从古儿王朝手里夺得巴里黑、也里，并最终消灭古儿朝，从西辽手中夺得锡尔河北部的讹答剌、讹迹邗等重镇，又讨灭河中的撒马尔罕汗而据其地，并以撒马尔罕为新都。在短短的1/4世纪之中，花剌子模膨胀成为囊括了自阿拉伯的阿拔斯哈里发王朝以东直至锡尔河之地的一个雄霸一时的大国。摩诃末自称算端（今译苏丹），因得不到哈里发的承认，竟引兵西攻报达（今译巴格达，哈里发王朝首都）。虽然兵败而归，但仅稍挫其锐气而已。

两大强国都正处于全面拓地的亢进状态，而今在锡尔河一线正面遭遇。一场恶战势必不可避免了！

当日中亚的回回商人，从事草原与西域城邦间的东西贸易早已是轻车熟路了。在遣返来自花剌子模的三个富商的商队时，成吉思汗派出一个使团随行。使团成员都是已经服务于蒙古的西域人；首领之一花剌子模人马哈木，后来以牙剌瓦赤（突厥语，意即“使者”）著名，他和他的儿子日后都成为帮蒙古人治理西域和中原的亲信大臣。1218 年初，使团在花剌子模新都撒马尔罕晋见摩诃末。成吉思汗一方面通过使团表达了互通贸易、和睦相处的愿望，另一方面又称摩诃末为“爱子”。正像他本人从前称王汗为“汗父”，现在把畏兀儿统治者变成自己的“第五子”一样，父子关系的比拟意味着成吉思汗把“天下”全都视作自己臣属之地的政治观念。这未免使同样沉浸在做世界霸主的狂热之中的摩诃末感到不快。他曾在夜里单独召见原籍花剌子模的马哈木，向他打探蒙古虚实。马哈木只以媚语相奉承，更增强了摩诃末自大轻敌的心理。

大约与派遣使团同时，成吉思汗在蒙古贵族中筹集资金，组成 450 人的回回商队，委托他们去花剌子模贸易。这支用 500 头骆驼驮运货物的庞大商队要迟于使团抵达花剌子模。边境城市讹答剌的花剌子模守将觊觎这笔巨大的财富，于是向摩诃末诬告商队从事间谍活动，谎称蒙古人对当地居民肆行骚扰已引起普遍恐慌。摩诃末遂漫不经心地下令处死商队成员，没收全部货物。成吉思汗接着派去问罪的使臣又遭到这位不可一世的“算端”的屠戮和侮辱。

“取了天下呵，各分地土、共享富贵”，本来就是黄金家族心目中天经地义的信条，或者和平收附，或者用武力夺取。摩诃末轻起战衅，终于促成成吉思汗发动大规模的“西征”。

1219 年秋，蒙古大军由成吉思汗亲自统率，从驻夏的也儿的石河向西进发。西征蒙古军的兵力，大约有十多万。

当日花剌子模幅员辽阔，总兵力达四十多万，主力由土库曼人（指波斯化程度很高的突厥人）和康里人（游牧在咸海以北的突厥语部落）构成。摩诃末的母后出身康里氏，她培植和纠结起来的康里军事贵族集团与摩诃末之间有很多摩擦。摩诃末拓地虽广，却来不及充分消化短期内军事征服的成果；国内伊斯兰教宗派繁多，互相仇视。花剌子模王朝的政治统治，并没有赢得稳固的民心作为后盾与基础。但摩诃末本人却昧于形势，采取分兵拒守河中各城池的下策。人力上的优势既被他自己瓦解，指望各地居民出力死战的算盘落空，摩诃末的失败差不多已经注定。

蒙古军在花剌子模境内分为四支行动。其中三支分别进攻锡尔河上、下游北岸的军事要地，成吉思汗本人和幼子拖雷则领军择便利处径渡锡尔河，穿越河中沙漠地区，进围不花剌城。经略锡尔河北岸的诸军大都遭到顽强的抵抗。讹答剌拒守五阅月，方被窝阔台和察合台完全攻破。忽毡守军的卫城之战也异常激烈，以至其统帅骄傲地声称，他的勇敢“有群星为证”。三路军事行动在1220年春夏之交全部结束。

不花剌是东部穆斯林世界最繁荣的学术中心。1220年初春，成吉思汗兵临不花剌。他的“人马一支接一支抵达，就像大海起伏，绕城扎营”。围城刚刚开始，不花剌城内部分守军和大多数居民就趁夜离城逃命。这批花剌子模军队大概想从阿姆河渡河南奔，但遭到蒙古军尾随追击，几乎全军覆没。第二天清晨，不花剌开城门迎降（内堡仍有花剌子模军固守）。耳闻这一系列事件的同时代波斯历史学家志费尼，在他的名著中用故作平淡的语调这样描写成吉思汗进入不花剌的情状：

“他纵马入礼拜五清真寺……其子拖雷下马登上祭坛。成吉思汗问那些在场者，这是否是算端的宫殿；他们回答说，这是真主的邸宅。于是，他也下马，踏上祭坛的两三级，喊道：‘乡下没有刍秣，把我们的马喂饱！’于是他们打开城内的所有粮仓，动手搬出谷物。他们又把装《古兰经》的箱子抬到清真寺院子里，把《古兰经》左右乱扔，拿箱子当马槽用。然后，他们传杯递盏，召城内的歌姬来给他们歌舞；蒙古人放声用他们的调子歌唱。……《古兰经》的书页在他们自己的足下和马蹄下被踩成烂泥。”

全体居民都被驱赶到城外举行祈祷的空地上。“他（指成吉思汗）开始讲话。话中谈到算端的背信弃义。然后他对他们（指不花剌百姓）说出如下一番话：‘人们啊，须知你们犯了大罪，而且是你们当中的大人物犯下了这些罪行。如果你们问我：我说这话有何证明？那我说：这因我就是上天之罚的缘故。你们如不曾犯下大罪，上天就不会把我作为惩罚施降给你们。’……尽管没有让他们丢脸出丑，蒙古人却从这些人身上勒索金钱。……每天，当太阳升起时，卫士就要把一群名绅带到世界皇帝的朝见殿。”

成吉思汗自称的“上天之罚”，志费尼书中的原文是“安拉的惩罚”；译成欧洲文字时，它变成“上帝之鞭”。实际上成吉思汗这句话的原意，只可能是指他代表了“长生天的惩罚”。

不花剌城区被成吉思汗下令焚毁。除了砖墙结构的大清真寺和几座宫殿，市内房舍都化为灰烬。接着，蒙古军驱迫不花剌人一起去进攻内堡。这是他们惯用的行动方式，即征用当地的人力从事运输、造作等辅助性的准军事活动，在攻坚时又把他们用作蒙古军人的掩护。内堡的康里守军一直抵抗到该堡被完全攻陷，成年男子被屠三万多人，家属和幼小子女全数沦为奴婢。接着，成吉思汗领军，带着从不花剌居民中强行签发的从征队伍，往攻撒马尔罕。

作为花剌子模的新都，撒马尔罕的防御工事被当时的人们认为起码能经受几年的进攻。摩诃末在这里屯聚了五六万的守军。但他本人怯于和蒙古人交锋，这时已退至阿姆河以南。成吉思汗与攻克讹答剌后西驰的窝阔台、察合台会师于此。他用了两天时间观察地形，选择攻击的突破口。布阵围攻从抵达后第三天开始。经过两个白天的激烈交战，城中民心已经涣散，遂于第三日献出城区与外堡。蒙古人在拆毁内堡以外的全部城防工事之后，集中兵力猛攻内堡，当天克陷之。三万突厥和康里士兵被赶到城外，按十人、百人分组后分配给蒙古军人看管。至夜，他们遭到集体屠杀，“为死亡的火焰所焚化”。河中的两座绿洲名城，就这样成为“市井半邱坟”的废墟。

在撒马尔罕城陷之前，成吉思汗获悉摩诃末已渡阿姆河南逃。因此他抽调精锐，命哲别和速不台率领偏师远征，去追击摩诃末，务必得之而后已。

经过 1220 年夏季的休整，蒙古主力在入秋后继续采取军事行动。窝阔台、察合台军奉命沿阿姆河向西北行进，与术赤会师于玉龙杰赤城下，去攻克这个花剌子模的旧都。成吉思汗与拖雷则由河中西进，逾阿姆河扫荡呼罗珊地区。

成吉思汗三个儿子率领的军队，在玉龙杰赤城下围攻数月不能得手。术赤和察合台互相不服调遣，纠纷日深，只好“差人来说：‘如今俺三人内听谁调遣？’太祖（指成吉思汗）教听窝阔台调遣”。翌年夏，城克。术赤因为早已将此地视作自己的势力范围，不愿意过分破坏它。但在他两个弟弟的坚持下，蒙古军还是把全城居民赶出城外，从其中挑选出数万名工匠，把余下的人口全数分配给手下将士，对成年男子实行集体屠杀。妇女儿童则被掳为奴婢。蒙古军又决阿姆河堤，灌水入城中，藏匿在城中欲躲避兵祸的居民尽溺死水中，玉龙杰赤亦从此成为废城。三兄弟把军前掳掠所得全部瓜分，连给父亲的“份子”也没有留出，恼得成吉思汗后来“三日不许三子入见”。

强渡阿姆河的战役由拖雷指挥。花剌子模军队在对岸“筑十余垒，陈船河中”。蒙古军采纳汉人将领郭宝玉建议，待风涛暴起，发火箭延烧河中船，乘大火抢渡，击败5万守河敌军。拖雷由此率先进入呼罗珊。成吉思汗本人则趋兵东南，去攻拔阿姆河北岸的战略要塞忒耳迷。经过11天强攻，忒耳迷城陷。全城居民按例在城外被“有比例地分给军士”，遭受灭绝性屠杀。

在屠城过程中，有一妇人以献出一颗大珠子为条件，乞求免于一死。“但当他们索取珠子时，她说：‘我吞下肚了。’因此，他们剖开她的肚子，找到好几颗珠子。由于这个缘故，成吉思汗教把所有死者的肚子都剖开。”

这时已临近冬季，成吉思汗在阿姆河北岸驻冬。待1221春初，乃由忒耳迷渡阿姆河，趋巴里黑。巴里黑人早在将近一年以前哲别、速不台领兵经过时就已献礼纳款。现在他们又奉重币馈饷出城相迎。成吉思汗借口清点人户，将巴里黑全城居民驱赶至郊外，用老办法全部屠杀。那个地区在此后很长时期内尸横遍野，豺狼出没，一片凄惨的景象。接着，他麾兵去进攻险塞塔里寒。这次攻坚战耗去他整整 7 个月的时间。

扫荡呼罗珊的战略行动，主要是由拖雷完成的。那时，呼罗珊分为四个大区，分别以巴里黑、马鲁、也里、你沙不儿为中心城市。除巴里黑由成吉思汗本人摧毁之外，其他各城所在地区，包括数十座大小城镇，都由拖雷指挥，分兵予以征服。在短短几个月内，"一个遍地富庶的世界变得荒芜，土地成为一片不毛之地。活人多已死亡，他们的皮骨化为黄土；俊杰被贱视，身罹毁灭之灾"。最后遭殃的是也里。从那里，拖雷奉召去与他的汗父会师。他回军至塔里寒。在他的援助下，这个要塞才被攻克。

拖雷和成吉思汗对呼罗珊的烧杀抢掠，只是该地与更西面的伊拉克阿只迷地区屡遭洗劫与屠杀的开始。此后几十年里，这里的人口长期及不上繁荣时期的 1/10。相比之下，河中地区只经受了一次毁灭性的残酷破坏。它的命运，还应当算是十分幸运的。

在花剌子模算端摩诃末的诸子中，札兰丁较有气概。但摩诃末的母后喜欢出自与她同族的康里氏儿媳的孙子，所以札兰丁一直受排挤。1221 年初，他从被围困的玉龙杰赤突围，驰越位于咸海西南与西呼罗珊之间的阿拉库姆大沙碛，南至奈撒，寻机击败在附近游弋的一小队蒙古骑兵。这虽然是一次微不足道的小胜，但依其同时代传记作者的见解，却是“穆斯林信徒对蒙古军的第一次胜利”。随着蒙古军步步紧逼，札兰丁不久退至你沙不儿、也里，从那里趋赴他原来的封地哥疾宁。这时聚集到他手下的花剌子模旧部近 10 万人；于是他进屯八鲁湾，先击败一支蒙古的小部队，继而与闻讯进剿的失吉忽秃忽数万大军交战，竟然又将之击溃。是为蒙古入侵花剌子模以来遭到的最大一次败仗。呼罗珊已降诸城受这次胜利鼓舞，纷纷发动反抗蒙古的起事。

是年秋，成吉思汗和拖雷攻陷塔里寒；察合台和窝阔台军摧毁玉龙杰赤后也回师与汗父会合。蒙古主力遂自塔里寒南攻哥疾宁。札兰丁部已因内讧势力大损，被迫退至申河边。蒙古军尾追至其地，击溃札兰丁部。札兰丁几次试图突围失败，最后跃马入申河。成吉思汗很敬重札兰丁的刚勇不屈，所以阻止部下向他射箭，眼看着他带领余部逃入印度。

于是成吉思汗再次遣军，分别镇压已降复叛的西域各城市。1222 年春夏，他的大营一直在大雪山南。入秋后，循旧道班师。沿途走走停停，于 1223 年东渡锡尔河，翌年夏至也儿的石河。应当就是在此前后，从撒马尔罕城下奉命去追击摩诃末的哲别、速不台军取道草原路与成吉思汗会师。1225 年春，成吉思汗回到他在斡难河头的大斡耳朵。术赤没有随大军东归，留在也儿的石河以西自己的营地里。他死于 1227 年初，由次子拔都继承他的兀鲁思。

尾追摩诃末的哲别、速不台军，遵照成吉思汗的指令，遇坚不攻，遇降不杀，唯以紧追摩诃末不舍为务。拉施特这样描写这两万人马的行动：他们“每到一地，不停歇地用暴力掠夺粮食、衣服，然后开进”；“他们日夜进军，得到算端的消息就追上去”。就这样长驱直入，忽分忽合，哲别和速不台抄掠呼罗珊半年多。“不管在什么地方，摩诃末还没住够一天，蒙古军就追上来了”。摩诃末最终被逼到宽田吉思海南岸的一个岛上。1220 年末，他因肋膜炎死在那里。

摩诃末逃入宽田吉思海后，哲别和速不台调转兵锋，逼降阿哲儿拜占；复挥戈北去，到里海西南岸边的木干草原驻冬。1221 年至 1222 年，他们往返驰突于木干草原邻近各地区，并曾南下哈马丹，最后循宽田吉思海西岸北行，在位于今高加索山和里海间的隘口打耳班逾岭，进入信奉基督教、属于伊朗语族的阿速部和属于突厥语族、游牧于今南俄草原的钦察部境域。蒙古军用离间计对两部各个击破，于 1222 年末驻冬于南俄草原。被击败的钦察人向斡罗思王公求援。

自乞瓦大公国瓦解以后，在斡罗思形成诸多各自独立的小公国。在伽里赤公国王公密赤思老的力主下，部分斡罗思王公出兵钦察草原，援救钦察部。1223 年 5 月，斡罗思王公与钦察部的联军在阿里吉河会战。斡罗思王公各怀异计，号令不一，战败求降。蒙古军遂深入南俄草原，转战克里米亚半岛，恣意抄掠。1223 年底，哲别、速不台挥军东归，取道里海、咸海以北草原与成吉思汗会师。他们单独作战的时间，已远远超过了成吉思汗当初相约的三年之期。

长子出征

1229年，窝阔台在漠北即位，继前年死去的成吉思汗称大汗。他需要靠建立战功来树立新汗的个人威望。所以他对察合台表示："汗父的见成大位子我坐，有甚技能？今有金国未平，我欲自去征他，以为如何？"察合台深为赞同，提议窝阔台"老营内委付下好人着"，然后出兵。次年大汗就率军"南伐"。从发动大规模征服的次第来看，中原汉地在蒙古贵族心目中的地位，似乎从一开始就要比西域更重要一些。

1234年夏天，窝阔台在灭金之后，召集诸王大会，决定再次西征。《蒙古秘史》这样记述窝阔台与诸王商议西征事宜时发表的训谕："再有康里、乞卜察（即钦察）等十一种城池百姓，曾命速别额台（即速不台）征进去了。为那里城池难攻拔的上头，如今再命各王长子巴秃（即拔都）、不里（察合台孙）、古余克（即窝阔台长子贵由）、蒙格（即拖雷长子蒙哥）等，做后援征去。其诸王内教巴秃为长，在内（指中央兀鲁思）出去的叫古余克为长。凡征进的诸王、驸马、万、千、百户，也都教长子出征。这都教长子出征的缘故，因兄察阿歹（即察合台）说将来，长子出征呵，则人马众多，威势盛大。闻说那敌人好刚硬。我兄察阿歹谨慎的上头，所以教长子出征。其缘故是这般。"

会议之后，拔都回到也儿的石河以西自己的营地，可能于翌年即1235年即先行西进，漠北诸王的军队则还要晚一年即1236年的春季才整军出发。拔都虽然是术赤次子，却是术赤兀鲁思后王，即王位继承人，乃以长支宗王的地位据有统率全军的名义，以前锋身份实际指挥作战的主要将领，则是上一次统领偏师深入南俄、驰骋整个亚洲内陆的速不台（这时候哲别已死）。蒙古第二次西征所投入的人力，总数大约有15万。1236年秋天，拔都与从中央兀鲁思出发的诸王军队在亦的勒河中游的不里阿耳境外会合。

不里阿耳部落的核心成分，大概是西迁匈奴（在西方称为“匈人”）的余部。5世纪末，当我们最早听说这个部落的名称时，他们活动在今里海以北的草原上。7世纪时，一个信奉基督教的不里阿耳王建立了由七部构成的稳固的部落集团。这时他们中的大多数部众讲突厥语，但其中可能也包括讲芬—乌戈尔语的匈牙利人的祖先。7世纪末，这个部落集团中的一支向西迁徙，占据了今天的保加利亚。这支不里阿耳人在新居地逐渐丧失自己的语言，改操斯拉夫语。差不多与此同时，别支不里阿耳部落向北迁徙，进入今伏尔加河流域的山林、草原地区居住。他们的统治中心在伏尔加、卡玛两河交汇处。依靠渔猎，也依靠沟通北部林木中人和不里阿耳南邻的中介贸易为生，定居的不里阿耳人在这里创造了相当繁荣的经济。

蒙古大军会齐后，以速不台为先锋，协同进攻不里阿耳，破其都城不里阿耳城。不里阿耳人先降，又起而反抗。于是蒙古军再兴兵征讨。不里阿耳城被焚毁。其废址存留至今。

1236年冬，蒙古从不里阿耳移师亦的勒河下游的钦察诸部。钦察人中一部分迎降，一部分西迁，以八赤蛮为首领的一支遁入附近密林中，以不时偷袭的作战方式沮泥蒙古人的军事行动。1237年春，蒙哥率部包围森林，进剿八赤蛮。八赤蛮逃至亦的勒河汇注宽田吉思海处的一个岛屿上。蒙古军接踵而至，见海滩水浅，乃涉浅滩追到岛上。八赤蛮被擒。蒙哥命他下跪。他回答："我身为一国之主，怎能苟且求生？况且人不像骆驼，为什么要向人拜跪？"他还劝蒙哥说："今水回期且至，军宜早还。"蒙哥即腰斩八赤蛮，从岛上退回。滩水回升，走在后面的部队终以"漂渡"方得登陆。

蒙古远征军用1237年春季所剩不多的时日，分兵讨略分布于太和岭以北的钦察旁近诸部，驻夏休整。至秋，他们约集出征军队中各支宗王召开大会，决定继续向西北挺进，侵入斡罗思诸公国领地。

征服斡罗思的军事行动，大体上分两个阶段实施。1237年冬，蒙古军由钦察部向北进入弗拉基米尔大公国，主力进围也烈赞城，令其献纳城内居民财产的1/10。也烈赞人守城拒降。蒙古军攻城凡五日，城破，尽屠城中军民，焚掠其地。1238年2月，至公国首府弗拉基米尔城。攻城数日后克之。弗拉基米尔大公的二子死于卫城之战，大公家眷、城中显贵及主教人等避匿于教堂乐室，都被大火烧死。蒙古军从这里分兵四出，一个月内连下十多城。3月，往攻移兵在外等待援军的大公军营。大公战死，士卒多被歼灭。蒙古军乘胜北进，进入诺夫哥罗德公国。

在距离诺夫哥罗德首府不远处，他们突然停止推进，择道南撤；一面沿途抄掠，一面向顿河左岸的钦察草原西部行进。蒙古军改变作战方向的原因，可能是阴冷潮湿的北欧平原湖沼地区成为阻挡其骑兵的天然屏障；这时已经入夏，在那里没有可供马匹士卒休养的合适驻夏地点。

从1238年夏天蒙古军主力回到钦察草原，他们似乎有一年之久没有再采取什么重要的军事行动。这时候在拔都和察合台、窝阔台系宗王之间很可能发生过某些争执。拔都后来禀告窝阔台说："靠长生天气力、皇帝叔叔的福荫，将十一种国土（指钦察、阿速等部）百姓都收捕了。因大军将回，各人分离，会诸王做筵席。于内我年长些，先吃了一二盏。不里、古余克两个恼了，不曾筵会成，上马去了。不里说：'巴秃与我一般，如何先饮？他是有髯的妇人。我脚后跟推倒踏他。'古余克说：'他是带弓箭的妇人。胸前教柴打他。'额勒只吉歹（成吉思汗同母弟合赤温之子）子合儿合孙说：'他后头接与他个木尾子。'如此说了。为俺每征了这异种的百姓，恐事有合宜、不合宜处。说间，被不里、古余克两个这般说着，不商量散了。皇帝叔叔知也者。"诸兄弟在宴会上不欢而散的事情虽然发生在后来，但互相的怨毒一定是已郁积很久了。

1239年入秋后，又重起战火。蒙哥、贵由进围在钦察草原西部的阿速王国首府蔑怯思，经三阅月始克其功。阿速国王杭忽思投降。蒙哥从杭忽思所部签军从征，由杭忽思子阿塔赤指挥。1240年春，他们仍转战于钦察草原；驻夏以后，奉窝阔台之诏先行东归。阿塔赤指挥的阿速军被蒙哥带回东方。它后来成为元代著名的一支色目部队。

差不多与出兵蔑怯思同时，蒙古军从亦的勒河畔再入斡罗思，开始征服斡罗思的第二次强大攻势。这支军队的主力很可能是拔都所部。它西逾今乌克兰平原，先后进攻契尔尼果夫和别列雅思老勒两公国。斡罗思王公不顾大敌当前，正忙于争权夺利。乞瓦王公见弗拉基米尔大公父子俱亡，乃以大公之弟入据弗拉基米尔，继承大公位；契尔尼果夫王公又乘机进据乞瓦。

在攻克契尔尼果夫和别列雅思老勒后，蒙古遣使至乞瓦谕降，被乞瓦拒绝。1240年秋，蒙古军由拔都亲自指挥，围攻乞瓦。入主乞瓦的新王公此前已逃亡孛烈儿，乞瓦首府由伽里赤王公派遣大将守御。8月，城破。这个斡罗思的古都惨遭大劫。几年后经过该城的目击者说，他们看到的只是“无数死人的骷髅和骨头，狼藉满野。乞瓦过去是一座很大的、人口稠密的城市，但是现在它几乎什么也没有了，因为在那里目前剩下的房子还不到200所，而居民们则完全被置于奴隶状态”。

蒙古军从乞瓦进入伽里赤公国。伽里赤王公出奔马札儿。在劫掠伽里赤首府及境内诸城后，他们继续西进。在斡罗思范围内的战事遂告一段落。

从征服斡罗思及其以东地区的军事行动中得益最多的，是拔都及其后人。因为这片地域后来全成了拔都的领地。术赤后王的营地从也儿的石河西迁到亦的勒河畔。作为斡罗思的宗主，他和他的继承者被斡罗思人称为“金帐汗”。斡罗思本部到处有蒙古人派去的“达鲁花赤”，斡罗思民户也被按万户、千户的名目划分，由划入一个万户或千户的居民负责对相应的蒙古军事单位承当饷馈的供应。在西方蒙古人当中十分通行的突厥语，成为斡罗思地方上层人物争相学习的时髦语言。大量的突厥语词汇，在金帐汗国统治时期进入俄语。

从斡罗思向西推进的蒙古军分为两支。北路由察合台子拜答儿、速不台子兀良合台统帅，指向孛烈儿；南路由拔都和速不台率领，兵分三道，进入马札儿。两路人马同时于1241年春开始行动。

在这次大举入侵之前，蒙古军队已有两次由伽里赤突入孛烈儿的试探性进攻，因此这年3月他们很顺利地由原路渡维斯杜拉河进至克剌可夫。等待他们的是一座空城。于是焚毁全城，向西进入西里西亚。西里西亚王亨利二世当时屯兵里格尼茨，纠集了西利西亚、孛烈儿、日耳曼战士及条顿骑士团凡3万人。蒙古军闻讯，急趋里格尼茨，寻求与之决战。4月，亨利率军出里格尼茨城，与蒙古军交锋，一战即溃。亨利战死阵前。传说蒙古军割取战死敌军之右耳，共盛满9大皮囊。蒙古军由该城南下莫拉维亚，受到强硬阻击，遂改道驱驰马札儿。

拔都所统帅部队于1241年3月逼近马札儿首都佩斯城。驻节城中的大主教不堪蒙古人百般挑战，擅自率兵出战，大败。当时马札儿国王为别剌四世（《元史》称他“马札儿部主怯怜”，怯怜实为匈牙利语音译，意为“国王”）。4月，征集的援兵渐至，别剌遂出城反攻。蒙古军先稍却，将别剌引至城郊远地，再合而围之。别剌军苦战不得突围，终至溃散。佩斯城陷落。这年夏秋，蒙古军在多瑙河东岸驻营，其游骑曾至维也纳城附近。蒙古追击别剌的偏师远至亚德里亚海岸，取道塞尔维亚北返。1242年，窝阔台汗死讯传来，拔都遂经今罗马尼亚班师。

蒙古人西侵欧洲的残暴行为，引起基督教世界的极大恐惧。他们沿用突厥人的叫法，称蒙古人为“鞑靼”；这个字正好与 tartarus（人死后由于生前的邪恶而受惩罚的地方）的拼法十分接近，更加强了他们把“鞑靼”当作“来自地狱世界的人”的印象。所以当时有一句很流行的话：“把鞑靼人赶回地狱去。”

话是这样说，处在中世纪晚期的欧洲是一个小国林立的世界，宗教势力和世俗势力之间、各种世俗势力之间都矛盾重重。即使面对强敌入侵的严重威胁，欧洲仍很难组织起真正坚强有力的抵抗联盟。蒙古军队在欧洲战场上屡屡占据优势，这也是一个重要原因。

长子出征表面上是由于窝阔台之死而中止的。实际上，西征中军事行动的节奏后来似乎越来越缓慢，很可能与蒙古马匹由于不适应长期进食欧亚草原西部地区的草料而引起的体力衰竭有关。在蒙古本部，游牧战士靠轮换乘骑备用从马来保证战骑体力的恢复；但是到了欧洲，马力衰竭的加快使这种从马制度难以获得原有的效应。随着时间的推迟，蒙古骑兵在欧洲战场上的战斗力渐成强弩之末。如果窝阔台不死，西征要是继续进行下去，他们亦将很难避免陷入日益被动的局面。

灭阿拔斯哈里发王朝

1251 年蒙哥汗即位。蒙古掀起新一轮对外征服的浪潮。两个皇弟，忽必烈和旭列兀，分别被委任为进攻南宋和西域未降势力的军事统帅。蒙古军对南宋的经略屡经波折，蒙哥汗本人最后也死在征宋前线；西征却在他在位期间大体完成。作为第三次西征的成果，蒙古在波斯、阿拉伯地区留下了一个伊利汗国。

成吉思汗和拖雷对阿姆河以南的狂飙式扫荡，虽然摧毁了花剌子模统治该地的基础，也把少量蒙古军队和官员散布在那里，但总的说来，他们留下来的行政和军事设施都极其薄弱。哲别和速不台更是得地不守。因此，一旦蒙古主力东归，札兰丁立即从印度返回波斯，曾在那里动员了一场短暂的复国运动。窝阔台即位后，又派出3万军队追讨札兰丁。1231年，札兰丁在东躲西藏的流亡过程中被杀，花剌子模亡。蒙哥汗即位时，在阿姆河以南方向，蒙古人的未竟之业主要有四个方面。一是要把蒙古先后设立在徒思城的呼罗珊总督府、阿哲儿拜占军政府和怯失迷儿军政府进一步协调起来，在这一地区确立稳固统治；二是摧毁盘踞在今里海西南厄尔布儿士山脉中的“山老”暗杀团；三是迫降定都于报达的阿拔斯哈里发朝，如其抵抗则攻灭之；四是从报达继续西进，征服今小亚细亚地区，完全打通从西亚进入东地中海的道路。实现上述后三个目标，就是旭烈兀在西亚军事行动的基本内容。

山老暗杀团虽然将自己的渊源追溯到伊斯兰教什叶派中的神秘主义分支伊斯玛因教派，但它真正在厄尔布儿士山和忽希斯坦山地中许多险隘处构筑堡寨，从而形成纪律严明的独立宗教王国，却是在12世纪晚期。这个王国的世袭教主宣传一种“革新”的教义，废除了伊斯兰教的传统戒条，让信徒吸食一种含少量麻醉成分的植物“哈西希亚”，借以获得进入“天国”的片刻幻想，并且大批训练刺客，用暗杀来扩大其影响。山老暗杀团被其他伊斯兰教派别称为“木剌夷”（阿拉伯语“迷途者”的意思）；又称为“哈西夏辛”，即吸食哈西希亚的人。欧洲基督教世界则称他们“暗杀者”。

木剌夷王国曾受塞尔柱王朝和花剌子模王朝的镇压。花剌子模覆灭后，他们的势力再度扩大。尽管他们与大蒙古国维持着一定程度的政府关系，但双方心里都很清楚，双方在西亚的利益正在发生越来越深刻的冲突。1238 年，木剌夷甚至遣使英、法两国，希望与它们结盟，共同对付蒙古。

按照蒙哥的命令，旭烈兀除了有权征调指挥原来已在阿姆河以西的全部蒙古军队外，还从漠北的全体游牧军人中，每 10 人抽出两人，由所属的各支宗王子弟带领，随同他出征。中原汉地还有一支专门制造和使用火药的部队参加这次西征；火药的制作技术大概就是由他们传入西亚，并且又通过穆斯林世界而传至欧洲的。

1252 年，西征前锋 1.2 万人由怯的不花统领，先行出发。旭烈兀本人于次年秋踏上征途，1255 年秋至撒马尔罕，在那里宣谕大汗对他的各项委命。1256 年初，他渡过阿姆河西进，在 5 月间攻灭了忽希斯坦山区的木剌夷堡塞，遂移兵厄儿布儿士山地。

1256 年 8 月至 9 月间，旭烈兀进至山老暗杀团的大本营。木剌夷原教主适在上一年底被人暗杀于大醉之中。他的儿子忽儿沙继位后，颇欲舍弃伊斯玛因教义而改从伊斯兰法。面对蒙古的军事威胁，他一面停止直接对抗，表示愿意归降；一面仍凭险据守，试图以实力促成和平交涉。10 月中，旭烈兀调四路人马包围忽儿沙所在山堡，实施强攻。忽儿沙原来指望拖到冬季，待雪封山，自可不战而退蒙古军。但这一年严寒未至，忽儿沙遂被迫于11月中旬出降。木剌夷平。

旭烈兀的下一个目标是阿拉伯帝国。从750年起，阿拔斯家族一直控制着帝国最高统治者哈里发的王座。到蒙古兵侵西亚时，在位的是该家族第三十六代哈里发谟斯塔辛，但这时阿拔斯哈里发帝国的强盛早已成为“光荣的昨天”。9世纪中叶后，阿拉伯帝国的各省区逐渐演变为一系列半独立的地方王朝，甚至出现了像塞尔柱、花剌子模这样的突厥政权，将阿拔斯哈里发王朝的大部分疆域纳入自己的统治范围。蒙古兴起时，哈里发的实际领地只剩下报达及其以南今幼发拉底和底格里斯两河流域之地；他虽仍保有富贵，但其伊斯兰教和穆斯林世界最高领袖和宗主的身份早已变成一种虚名。

1257年春天，旭烈兀移师哈马丹。经过一个夏季的休整，完成进攻报达的战前准备。9月，旭烈兀遣使至哈里发处谕降。妄自尊大的哈里发无视蒙古已经占有他的“帝国”的绝大部分疆域的事实，骄傲地对来使说：“你从我这里得不到你所要找的任何东西。”这无疑是一道战表。同年11月，蒙古军开始实施包围报达的军事行动。至1258年1月，“多如蚁蝗的蒙古人从四面八方和附近地区逼近，在报达周围形成密集的包围圈，并筑起壁垒”。出城迎战的报达军被击溃。哈里发企图依旭烈兀从前提出的条件议和，被旭烈兀拒绝。2月初，报达无条件投降。城内军队出降后被分配给蒙古军士全部杀死。“留在城里的人跑散了，躲藏在地窖和澡堂的炉子里。”

阿拔斯哈里发被处死。有的史书说，他是被饿死的。据说旭烈兀在哈里发面前摆满金银珠宝，却不给他饮食，意思是讽刺他只知贪图金宝，终至亡国。也有记载说他被装入皮囊，由马驰践而死。不懂得蒙古传统的西亚人推测说，这样做是因为旭烈兀相信了一些伊斯兰教长者的威胁。他们说，如果哈里发之血溅地，那么这个世界就将被伴随着狂风的地震所毁灭。

摧毁阿拔斯哈里发王朝的次年秋天，旭烈兀西进叙利亚。当时叙利亚大部分疆土为著名的库尔德族将军萨拉丁之孙统治，称阿尤布王朝。1260 年 1 月，蒙古军强攻阿勒坡城，历一周城破。叙利亚军队从此丧失斗志。4 月，大马士革陷落。这时蒙哥汗的死讯传到西亚前线。旭烈兀留怯的不花统 2 万人继续经略未服诸城，自己从前线东返，预备回到蒙古，参加推选大汗的斗争。1260 年 9 月，埃及马木鲁克王朝出兵小亚细亚，怯的不花所部全军败亡。马木鲁克军队连克大马士革、阿勒坡等城，奄有自幼发拉底河西至叙利亚全境。

旭烈兀在赶赴蒙古本部途中接到忽必烈和阿里不哥两汗相争的消息。于是他停止前进，作壁上观。忽必烈为争取西道诸王的支持，宣布把阿姆河以南全部交给旭烈兀。本来蒙哥在委命旭烈兀西征时曾对他说："你完成这些大事后，就返回本土来吧。"这就是说，阿姆河以南是属于黄金家族共有的财产，旭烈兀不过是统领黄金家族的各支人马去完成征服的代表而已。蒙哥死后的汗位危机，迫使忽必烈承认了旭烈兀在西域的既得权益。从此这片土地变成旭烈兀及其后人的"梯己分子"。

旭烈兀对大汗自称 il-khan，意思是"附属的汗""藩王"。

il-khan 的称号应当表示，他自己的地位要略低于成吉思汗时代所封的各兀鲁思汗。这个词过去都译作“伊儿汗”。其实元代从不用“儿”“尔”等汉字来做 -l 的译音。按照当时译写非汉语词汇的体例，旭烈兀的王朝，应当译作伊利汗国。

微信扫码，获取资源
历史告诉你答案
权利的游戏
神器古代史
史事挖掘机

"销金锅儿"的倾覆
平灭南宋

"古之善取江南者，唯曹彬一人。汝能不杀，是吾曹彬也。"

——《元史·世祖本纪》

襄樊之役前后

1220年，蒙古在攻金过程中，就已开始与南宋有军事接触。不过，当时其形式主要还是游弋抄掠而已。1234年年初，蒙古灭金，不久便撤师北归，把一个"寂无烟火，骨殖横道"的河南留在他们的身后。南宋朝廷轻信邀功之臣，以为找到了一个"绍复"的机会，于是派军队去接收"三京"（指东京开封、西京洛阳、南京归德）。他们没有想到会被重行南返的蒙古军设伏击溃。是年为宋端平元年。"端平入洛"之役遂以近乎笑话的悲壮色彩载于史册。翌年，蒙古便以南宋"开衅"为由，组织大规模的侵宋攻势。蒙宋间自此在两淮和四川战场上长时期胶着。

蒙哥汗即位以后，以忽必烈负责经略南宋。忽必烈奏准先攻大理国，期以大范围迂回的方式包抄南宋。1255 年大理平；忽必烈在此前一年已先行北还。不久，蒙哥汗发动对宋新攻势。他命令左翼军趋兵河南，征大理蒙古军由西南回师荆湖，他自率右翼军主力南下川东；三路大军相约会师长江中游，再挥戈东向。这一战略计划，因为蒙哥战死四川而中止实施。

在接到蒙哥汗死讯时，忽必烈正在指挥左翼军南下的途中。他仍坚持渡淮南行，进围鄂州。蒙古军围鄂近两个月，粮尽疾作；由西南北驰的蒙军又被阻隔在潭州，不克增援；再加上担心幼弟阿里不哥在漠北先发制人、夺取汗位，忽必烈这才决定退兵，返回北方。

在称帝后的最初七八年内，忽必烈先要集中力量对付阿里不哥，接着是趁平息李璮之乱解决华北世侯擅权的问题，所以在对宋关系方面保持十分克制的态度。他虽然在蒙宋交界线置江淮、山东两大都督，与宋朝的京西湖北、淮东淮西两制置使犄角相峙，但其意图只在镇边，而不急于攻宋。国信使郝经被宋朝拘留在边镇，他不过遣官诘问；宋私商违禁越境买卖，他下令宽赦，发还其货物。甚至当戍边将士求战心切，“皆以举兵南伐为请”时，他也只是下一纸诏文，虚称当待“秋高马肥，水陆分道而进，以为问罪之举”，借以慰抚军心而已。两方的军事对抗在这个时期稍见缓和。

至元四年以后，忽必烈在中原汉地的统治渐趋稳固，元对南宋的战火随之重燃。

这时候，元朝的攻宋战略，与前两任大汗相比，发生了一个重大的改变。虽然由于南宋的泸州守帅刘整叛宋投元，蒙古当时得据有泸州辖境内的部分土地（但因为泸州城难以守卫，蒙古军遂将刘整从宋兵包围中接出，弃城而去），宋元在四川的对峙态势与此前相比，并没有太多的变化。尽管如此，忽必烈却决意暂缓用兵四川，集中力量从中路突破宋荆湖防线，然后向东、南两线推进，克定大业。

早在忽必烈奉蒙哥汗命令南下指挥左翼军讨宋时，汉地就有人向他建议过“据有上游（这里的‘上游’实指长江中游的江汉流域），戈船东下”的平宋方略。至元初年向他力主此议的正是从泸州降元的刘整。他在陛见忽必烈时鼓动说：“自古帝王，非四海一家，不为正统。圣朝有天下十七八，何置一隅（指偏安一隅的南宋）不问，而自弃正统邪！”他提出的“先攻襄阳，撤其扞蔽”的战略方针显然大合忽必烈的心意。召见刘整的第二年即至元五年（1268 年），元廷命刘整率汉军驰赴河南前线，与屯驻在那里的阿术“同议军事”，规划进攻宋荆湖重镇襄樊事宜。同年又派姚枢至河南经理屯田，“张平宋本”。

把主攻目标从长江上游转移到长江中游，是一项非常明智的决策。蜀地险厄，易守难攻，又因长期战争而凋敝不堪；在当时条件下，即使花费巨大的代价强攻而得之，对改变宋元对抗的总体战略态势未必会有多少益处。而争夺荆襄，兵临大江，再顺流而东，是中国中世纪历史上一再重演过的战争伟剧。自蒙古南下以后，六盘山一直是他们驻牧休养的一个大本营。对他们来说，从那里途经汉中，进入川地，甚为近便。于是攻蜀似乎变成了蒙古侵宋战略中的一种思维定式。在后人看来，数经挫折后改弦易辙乃势所必至，但对当事人而言，这仍然是了不起的战略转移。

1268年秋，元军开始实施包围襄樊的军事行动。樊城在汉水之北，较易为元军控制，所以围城重点在襄阳。元军很快夺得襄阳周围诸要隘，筑寨戍守，包围圈长达数十里。1269年春又围樊城。但这时襄阳犹可与其以南诸宋地相通；另外，襄、樊两城隔汉水相望，有植木江中、贯以铁索的浮桥相连。所以襄、樊之间及其与外界的联系，并没有完全中断。1269年初，元廷还派北方汉人官僚中资望最高的史天泽带枢密副使衔，偕驸马、枢密副使忽剌出至前线督师。史天泽视察形势后，又在襄阳外围地区加筑一道围城工事，“筑万山以断其西，立栅灌子滩以绝其东”，南包城南三十余里的百丈山。翌年再筑实心台于汉水中流，上置弩炮，以扼敌船。次年即1271年，加筑“一字城”于襄阳城南的岘山、虎头山一线。襄阳通往外界的陆路基本上被断绝。在这之前，一心想建灭宋头功的刘整已开始制船舰，训练水军。即使逢雨天不能出至水面，也“画地为船”坚持操习不懈。

从元兵对襄樊实施围城战的次年早春起，宋军就不断地由水、陆两路增援襄樊。战事之初，宋水师大概还有一定的优势，所以攻击元军和运送衣粮进襄阳，更多地使用舟师取道汉水行动。张世杰、范文虎、夏贵等名将都曾参与援襄之战。1270年秋、1271年夏，范文虎先后两次统舟师大举应援，兵力都在10万上下，但均被蒙古军击退。甚至当1271年秋，元军在汉水中流放置了7枚巨大的圆石以阻塞河道之后，宋军仍然在翌年春末趁江水暴涨，以轻舟强行突破水上障碍，将馈饷送入襄阳城中。这时樊城的外城已被元兵攻破。

宋军应援襄樊最悲烈的一幕，是由李庭芝招募的3000民兵在张顺、张贵率领下护饷突入襄阳城的壮举。1272年夏，二张率装满军需的船队，从襄阳上流乘夜浮水而下。他们以“此行有死而已”的气概，冲入元军布防于汉水中的水阵，与敌船水手短兵相接，奋力搏杀，遂杀开一条血路，冲过防线，于天明时分驶至襄阳城下。这时张顺已战死。张贵留在襄阳历数月，乃于秋天驾船舰出城，顺流下走，与围城的元水师激战数十里，杀出重围。后因接应的宋军失期不至，被元军袭败擒获，不屈而死。

1272年秋，元军因襄阳久围未下，决定先取樊城，以夺宋师军心。至冬，元军断木沉索，焚毁汉水上的浮桥，对樊城实施攻坚战。他们用巨型的西域抛石机“回回炮”猛击樊城，在樊城四周同时发起进攻，先后从三面攻破内城。1273年2月初，樊城守军巷战失败。城南尚未战死的军民，被元兵悉数屠戮。

从军事上讲，樊城失守并未对襄阳的存亡造成什么重大的影响，但它却极大地强化了襄阳守军因孤立而产生的绝望感。襄阳现在真正是危在旦夕了。

元军克樊城后，立即移攻城回回炮于襄阳城下。这时城内粮食尚可支撑，衣装、薪柴则都已断绝。时值冬末，军民被迫拆屋居作柴烧。襄阳守将吕文焕每次上城楼巡视，总是忍不住“南望恸哭”。

2月，元军用回回炮轰击襄阳，打中城内谯楼，军心大惊。

吕文焕困守襄阳首尾六年，战至兵尽力竭，被迫降元。这时距离樊城之破不足 20 日。当时人作诗曰：“吕将军在守襄阳，襄阳十年铁脊梁。望断援兵无消息，声声骂杀贾平章（指贾似道）。”诗歌批评宋朝当局坐视襄阳孤军苦守，这一点不尽符合事实，但它表明舆论对吕文焕不得已而献城出降，颇抱同情之心。

襄樊之役再一次集中地暴露出宋军的虚弱。在前沿有过作战经验的元朝高级将领，纷纷建议忽必烈乘这个机会全面攻宋。襄樊前线统帅阿术说：“臣略地江淮，备见宋兵弱于往昔。今不取之，时不能再。”阿里海牙说：“荆襄自古用武之地。汉水上游已为我有，顺流长驱，宋必可平。”忽必烈让相臣们讨论，却久议未决。阿术于是再谏道：“如今是明主君临天下，却放过这个衰乱的小朝廷不去征讨。臣恐怕今后再想攻宋，只会比今日更难了。”根据夸扬阿术功德的其庙碑碑文记载，忽必烈听到这番议论后大喜，他说：“你的话正好符合我意。”元廷乃决意大举灭宋。

实际上，还有两个人应当对忽必烈的决策起到了更关键的促进作用。一个就是襄阳降将吕文焕。他的哥哥吕文德生前曾是宋朝“声望、知略高出流辈”的名帅；沿江一线将领，很多人是吕氏旧部。吕文焕本人长期在前线带兵，对南宋江防也了如指掌。他虽然以李陵自比，表白自己力屈而降，心中犹不忘报宋，但时迁势转，终于身不由己。当时人作诗嘲讽他说，“须知李陵生，何若张巡死”。廷议之前，忽必烈驿召吕文焕至大都面谈，显然使他对灭宋信心大增。元朝人乃至把宋的败亡归因于刘整、吕文焕之降，说若无刘整，元朝无由知宋之虚实；若无吕文焕，则元军“无以周知渡江之谋”。另一个人是德高望重的史天泽。他显然也赞成灭宋，对忽必烈说，只要命一蒙古重臣都督诸军，“则四海混同，可计日而待矣”。他虽已年老，仍主动请命，自谓作一个副帅，“犹足为之”。一个多世纪前，在金朝做官的北方汉人，大多数都强烈地反对金军进一步渡淮灭宋。因为金朝从北宋手里抢得中原，逼宋南迁，华北汉人尽管可以心安理得地“各事其主”，但对南宋多少总还有一点“父母之邦”的认同感。元朝在中原取金而代之，北方汉人完全将南宋看作是“使介交通”的“与国”。所以只要力所能及，对“席卷三吴”再没有什么其他犹疑之心了。

襄樊之役结束的次年，即至元十一年（1274年）三月，元廷调兵数十万，以伯颜、史天泽（不久因老疾召还）、阿术、吕文焕行省荆湖（后改为河南行省），由江汉图宋；以合答、刘整、董文炳行省淮西（后改为行枢密院，由河南行省节制），驻扎淮水之上的正阳，南逼大江，截断宋在沿江设置的东、西两大布防区之间的联系；淮东元军则由察罕统率。这样就形成以伯颜为主力的三路灭宋态势。七月，伯颜等将领到陛前向忽必烈面辞。忽必烈以本章开头的那段话训谕诸将，要他们取法北宋攻灭南唐时的主将曹彬，以“不杀”取江南。九月，伯颜从襄阳前线沿汉水趋郢。元王朝大举灭宋的战幕掀开了。

“太后传宣许降国”

恰恰是在元廷发表建荆湖、淮西二行省伐宋的前一个月，南宋权相贾似道的母亲胡氏去世。贾似道居丧的三个月，本应当是宋政府加紧备战部署的关键时刻，但这位皇帝的“师臣”要尽孝道，不理军国重事，朝廷竟在束手观望中任时光白白流逝。七月宋帝度宗死去。在大都，伯颜正为离朝南征陛辞；在南宋的“行在”临安，将相们却弃国是于不顾，忙于举朝缟素，表白各人的忠君之忱。

对国难置若罔闻、“从容如常时”的惊人麻木，似乎是南宋一朝权相专制、党派间互相攻伐和虚伪的道德化政治共同培育的产品。小朝廷苟安于一隅，“直把杭州作汴州（指北宋首都开封）”。国用不敷，甚至向民间“预借”赋税达十多年。民间骂他们把西湖当成了糟蹋民脂民膏的“销金锅儿”；还有人作诗，讽喻气量狭小、没有远见和长久之计的政府是“小小人家短短桥”。

这个“小小人家”在最后十多年中，差不多完全被操纵在贾似道的手里。1259 年忽必烈从鄂州前线退兵，主持荆湖防务的贾似道以“诸路大捷”“江汉肃清”上奏，名声大震，入朝为左丞相。他很快步入权势的巅峰，在集百官议事时，居然能厉声斥责他们：“诸君若不是似道提拔，怎么会有今天这样的地位？”以至时人有“辇毂谁知有赵皇，宫廷也只说平章”的诗句。临安有 1.6 万名太学生，以道学相标榜，经常用匿名诽谤、散发“揭贴”（即传单）等手段制造政治风潮。他们虽然难逃“空谈误国”之咎，却对权臣多少有一点制约的作用。但在贾似道当政期间，竟然能有本领笼牢一时名士，以虚崇道学而使太学生沉默不言。高压和利诱严重地腐蚀了南宋政府回应各种刺激的必要弹性。“楼台突兀妓成围，正是襄樊失援时。”整个朝廷就这样在文恬武嬉中坐待灭亡。南宋虽未亡国，国内却早已弥漫亡国气象。甚至当襄阳失陷，元军朝暮伐木造船，整兵练众，预备渡江时，宋朝的沿边守帅中仍有人认定“渔舟如叶，江涛浩渺”，北兵必定攻不破“长江天堑”。朝政掌握在这样一班君臣手中，虽然兵力并不弱小，虽有军民一城一池的英勇抵抗，终于不可能挽回亡国的可悲命运。

伯颜舟师由襄阳浮汉而下，进趋郢州。时宋军聚重兵10万于郢州，分屯于汉水东、西岸的郢城和新郢，以炮弩夹江而列；两城之间连以铁索，又在江面水中密植桩木，用以阻挡船舰南行。伯颜在郢城北20里扎营，决定“耀兵不攻”，暗遣人马袭克郢城下游的黄家湾堡，乃挽舟上陆，至黄家湾堡，由堡西河汊驾舟入藤湖达汉，如是绕过郢州而南。在汉水沿岸的沙洋、新城、复州等要塞，元军都曾遇到顽强的抵抗，或以强攻克城；或先经苦战，再以谕降得之。

元军原欲夺取汉口，由此渡江。因宋水师严阵以待，乃开坝引船，由沦河出沙芜口达于长江北岸。至元十一年（1274年）十二月，伯颜在进攻沙芜口以东十余里的长江南岸要塞阳逻堡的同时，命阿术分水军溯江，“为捣虚之计”，袭攻沙芜口对岸的青山矶。元军乘雪夜实施强攻，攀岸步斗，经反复搏杀，遂得南岸。次日，伯颜得阿术报，挥诸将急攻阳逻堡，下之。宋军伤亡惨重，“流尸蔽江而下”。元军历数昼夜方才陆续过江。

渡江后议兵所向，阿术建议先取鄂州、汉阳，“虽迟旬日，可为万全计”。元军遂回师西向。鄂州与汉阳隔江对峙，所恃为汉阳水师。元军先焚汉阳军船舰3000艘。“火照城中，两城大恐”，未久皆不战而降。伯颜遂以渡江大捷驰驿入奏。

岁末，伯颜分兵4万，命阿里海牙规取荆湖，以绝东进之师的后顾之忧。至元十二年三月，阿里海牙在洞庭湖口与宋将高世杰的水师交锋，败溃宋舰船数千艘，乘胜攻占荆湖南部的要地岳州。元军从这里向西北行进，移攻江陵。四月，江陵门户沙市被元军围攻，破其栅，纵火焚之，沙市款降。江陵守将斗志瓦解，接受招降。阿里海牙既占有荆湖南、北的制胜之地，遂“分道遣使招谕未下州郡”。长江中游全体动摇，谕降诏书所至，“无不降者”。除死守的潭州而外，元军在洞庭湖南北几乎没有遇到过大的抵抗。

自从命伯颜出师灭宋以后，忽必烈一直以忐忑不安的心情等待前方的战报。他对元军能否一举平宋，并没有充分的把握。他派到南宋境内的间谍，曾潜往信州龙虎山，替他问天命于张天师，得到肯定的答复，而且还带回来张天师的符箓以为凭信。尽管如此，真刀真枪地打起来结果会怎么样，终究不是一纸符箓就足以担保得了的。伯颜南征后“使久不至”，忽必烈“方念之深”，靠卜卦排遣忧虑。算命的人“待诏公车，百十为辈”（在宫廷等待召见的卜者，要用数十成百辆车来接送）。大军渡江、克鄂州的捷报传来，他依然不敢完全释怀，深夜把姚枢召往内廷，对他说：“过去我才渡江，家里就发生内乱（指 1259 年末从鄂州城下撤兵，与阿里不哥争位之事），上天不肯终结对宋的护佑而让我北归。现在伯颜虽然已经渡江，天到底是否会终止宋朝运命，还不知道！赵官家有天下三百年。天命没有赐降到我家，而先在他们那里。所以千万不要轻视宋朝！”直到阿里海牙攻下江陵，切断四川与长江中下游的联系，完全排除了伯颜“上流一动，则鄂非我有”的隐患，忽必烈这才可以放心舒气，声称“东南之势定矣”，于是兴致勃勃地在京师排宴三日志庆。

至元十一年末，元军从鄂州出发，顺流而东。前锋是吕文焕，伯颜自领水陆大军随后征进。长江中游一线的宋将，许多人是吕氏旧部门人，所以临江诸城往往“望风降附”，传檄而定。十二年（1275 年）二月，元师已到达池州。

自从鄂州失陷的消息传到临安，宋廷合朝震动。贾似道这时葬母已近两阅月。代 4 岁的小皇帝赵㬎主持朝政的谢太后诏命贾似道都督诸路兵马抗拒元军。1275 年刚过旧历元宵节，贾似道便领兵 13 万、舰船 2500 艘西行，溯长江师次芜湖。他虽然嘴上说“决于一行以求必胜”，实际上却已有退却的安排。行前，他与亲信约定，如出师失利，让他们将赵氏宗室迁至庆元，与他在海上合会；他幻想袭用南宋初年的“蹈海之危”，避过蒙古讨宋大军的兵锋，坐待其退军，再图光复。

出师芜湖后，贾似道仍在幻想避免同元军作战。先与新近降元的吕师夔（吕文焕侄辈）拉关系，想通过二吕求和；继而以遣返被俘的元朝军官为由，直接试探伯颜对议和的态度。两招都未生效，乃于二月初正式以称臣纳贡为条件遣使求和。伯颜坚持要贾似道到元军帐下“面议”，才肯举行和谈，实际上是拒绝与宋和议。贾似道的一厢情愿全部落空，于是“阴备快船”，随时准备从前线逃走。

二月中旬，元军从池州移师，进至宋前锋孙虎臣所驻之丁家洲。元军以步骑举炮弩夹岸推进，用巨炮轰击宋水师；数千艘战船“蔽江而下”，突击宋水营。宋先头部队将领姜才奋起迎战，甫交锋，孙虎臣却跳上随军小妾所乘舟。宋军见主将换船，都大叫“步帅遁矣”！前锋军水营乱作一团，被元军反复冲杀，尸流江面，江水殷红。

元军乘胜追杀，逼近夏贵部勒的水阵。夏贵也不战而走，以扁舟驶掠位于他下游的后军指挥舰，对贾似道喊叫：“彼众我寡，势不支矣！”贾似道“错愕失措”，鸣钲令诸军逃散；他自己撤至扬州，预备漂海。13万宋军顿时不战自溃。实际上，元兵直到次日，才进抵贾似道主力驻扎的鲁港。二月末，不战而取建康。三月初进据镇江。周围数十城望风披靡。元军遵旨在这里休整。五月，伯颜奉召赴阙议事，东南地区的攻宋战争稍歇。

入秋，宋将赵晋、张世杰陈舟师于镇江水面，邀元军会战。宋水师“舳舻连接，旌旗蔽江”，每十船为一舫，连以铁索，展现示死而后生的决心。这时候伯颜北觐未归，元军由阿术指挥，分兵逆战。元军以火延烧宋师篷樯，宋军大溃，张世杰一直被元军追至大海。经鲁港师溃和镇江水战后，宋朝几乎已没有可供调遣的机动作战部队。除江北的扬、泰等州及江南常州等地婴城固拒长达数月外，宋人已基本上没有力量再与元军进行大规模的正面交锋的阵地战了。元军在东南方向上的推进遂成破竹之势。

至元十二年八月，伯颜还至军前。十一月，命阿术驻瓜洲以绝扬州之援，余部分三路发动对宋总攻。右路以步骑自建康趋广德军四安镇，由独松关包抄临安。左路以董文炳和南宋降将范文虎率水军从镇江循江蹈海，绕行入杭州湾。伯颜自率中路主力万人，水陆并进，沿运河，历常州、无锡、平江、嘉兴，而趋临安。常州举城抵抗，元军强克后屠城。“城内外积骸万数，至不可计。井池沟堑，无不充满。仅余妇女婴儿四百而已。”

自鲁港师溃，宋廷“举朝相顾失色”，“台谏哭声震天”。但除了痛哭之外，他们拿不出什么像样的救国之策。贾似道的办法是请三宫移驾庆元，出海漂流。谢太后不许。同党陈宜中眼见舆情翻转过来，连忙反戈一击，上书要诛杀贾似道以谢天下。谢太后把贾似道贬职远谪。路上，贾似道被解送人员擅杀。他罢相以后，陈宜中主持朝政，力斥文天祥、张世杰以勤王之师与元军决战的建议，一心向蒙古求和。宋廷在灭亡的最后岁月里向敌军乞讨和平的行为，使自己永远蒙受洗不清的历史耻辱：

1275年夏，太皇太后谢氏发诏书，向“叛将”吕文焕、范文虎“招谕”，要求他们从中斡旋，促使元廷罢兵许和。

1276年初，又遣柳岳往伯颜军营求和，这时元军已至无锡。柳岳垂泪哀求说：“现在太皇太后年事已高，嗣位的君主幼小，而且还在为先帝服丧期间。兵不伐丧是自古以来的礼制。恳望大丞相可怜、宽恕我们，退兵北归，免得引起敝朝三宫不安、陵寝动摇。我们怎么敢不年年进奉，岁岁修好！今日之事，确实是奸臣贾似道失信于贵方，因而贻害了我们的国家呵！”虽然忽必烈当时或许还有许和之意，伯颜却已抱定宗旨要灭宋，所以他斩钉截铁地回答：“当初我朝圣天子即位之初，曾遣使奉国书来与你们交好。你们国家无赖，拘留我朝使臣十六年（指郝经被宋拘禁之事），所以要来兴师问罪。去年又把我朝派来的廉希贤等使节无故杀害。这到底是谁的过失啊！如果你们的太皇太后要我停止进军，为什么不学习吴越钱王献出国土，或者像南唐李后主那样投降？你们宋朝过去从后周柴氏的小儿手里夺得天下，今天也失于小儿之手。天意如此，你何必再多说？”

20天后，宋使再见伯颜，声称除纳岁币外，愿尊元帝为伯，世修子侄之礼。如不许，称侄孙也可以。再不许，只求封一小国保存赵家的宗庙。这次求和，终因伯颜大军兵临临安城下而流产。

在这之前还发生了一桩诈骗案。当时传说有一个当涂人的妻子叫赵孟桂，被伯颜纳为小妾。谢太皇太后异想天开，派人备厚礼去寻访她，想通过她打动伯颜。使臣回来说，赵氏担保将达成和约。宋廷为此颇感兴奋，后来却什么也没有发生。几年后，人们才发现赵氏从来没有收到过宫廷的赏赐，她也没有做过伯颜的妾室。大概是有人借宋室求和心切骗攫财产吧。

移驾也不是，求和也不成，朝臣们开始弃职出逃。其实这种现象还远非始于宋朝临终的最后时刻。谢太后为此出过一份朝堂榜，措辞差不多到了破口大骂的地步。她说：“像这样避难偷生，你们还要做什么人？死了又怎么去见地下的列祖列宗？”德祐二年（1276年）正月，元军逼近临安城。高级官员不辞而别更达到“接踵宵遁”的程度。正月五日临朝，文官只有六人。到十三日，“朝中为之一空”，连当初“哭声震天”的热闹情景也看不到了。

这一年的正月十七日晚，赵氏的孤儿寡母们大概通宵未睡。他们决定向元军献传国玉玺求降，宋朝的求降表也在那天夜里准备就绪。时距贾似道出师抵拒灭宋元军刚刚一年多一天。同时代的一个诗人描写那天晚上宫内的景象说：“乱点连声杀六更，荧荧庭燎待天明。侍臣已写归降表，臣妾签名谢道清。”

十八日，宋奉传国玺和降表至临安城外元军大营。寻以降表“不称臣、仍书宋号”被退还。

二十五日，修改过的降表送达伯颜。

二十六日，元军进入临安城。

余波的平息

至元十三年（1276年）正月，尚处于南宋控制下的领土大面积地为元所有。在荆湖方面的战场上，阿里海牙所部经过三个月的围城，攻破荆湖南部的重镇潭州。守帅李芾令家人登楼醉饮，固命帐下亲信把全家杀死，他本人也从容引颈受刃，实践了自己“以家许国”的誓言。阿里海牙入城，禁止杀戮，发仓廪赈饥，湖南诸郡纷纷降附。元廷又诏阿术所部李恒从逊都台立都元帅府于江州，经略江西。元军从荆湖到浙西，遂完全连成一片。临安投降后，太皇太后谢氏奉元之命颁诏，令江南未下诸郡停止抵抗。诏文称："现在元兵攻克杭都，国家根本已被拔除。各地城市虽然还想拒守，但是百姓又有什么罪过而要再遭战祸呢？自奉接诏书之日，切望你们各自降附蒙古，或许还可以让生民免受荼毒之苦。"东南诸多州郡守令乃得以心安理得地望风出降。严州守臣方回一向以"死于封疆之所"相标榜，元军逼近时，方回忽然不知去向。人们都以为他一定已实践自己的诺言自杀了，到处找寻他的尸体而不得，后来才知道他已到三十里外拜降。不久"鞑帽毡裘，跨马而还，有自得之色"。

至元十三年二月，南宋文武官员出临安城，各以宋朝所授职衔行谒见礼于元军大营。他们"谒见"的，乃是攻灭他们父母之邦的元军统帅伯颜。当月，伯颜以元廷的授权，任命元"浙西都督府"进驻杭州。三月，伯颜入杭州城。南方大国昔日的都城，现在成为元"行中书省"的治地。江南"新主"开始收宋百官诰命符印，罢废宋官府，"阅实"宋国库，"检括"所藏各种珍异宝玩，籍没宋室礼器、祭器、仪仗、户籍档案和大量图书。宋王室收藏的历代名画、法帖等也悉数北运，使北方宫廷中的儒臣们大开眼界。元廷召伯颜偕宋君臣入朝。三月十二日，伯颜遣人向宋皇室宣诏。当宣诏人读到元廷对宋幼主、太后免于系绳于颈、牵羊于手表示亡国之臣向征服者献诚的时候，幼帝的母后全氏涕泪沾襟，对儿子说："蒙圣天子慈仁，留你一条活路，应当朝京阙礼拜致谢。"幼帝拜毕，母子一起乘轿，"即日俱出宫"。只有谢后生病，留杭未行，但不久后还是被驱北上。临行之际，赵氏母子求见伯颜。伯颜以"未入朝，无相见之礼”回绝。

南宋朝廷降元不久，江淮西部尚未被元军攻克的诸城，很快因防区统帅夏贵出降而尽为元有。江淮东部则在戍守扬州的防区统帅李庭芝指挥下固守。谢太后、幼主先后遣使至城下命李庭芝投降，他回答：“奉诏守城，未闻有诏谕降也。”宋皇室北觐途中，谢太后又写信劝降说：“如今我和少主都已经臣服，你还在为谁守城呢？”李庭芝命弓箭手从城上射退信使，出兵劫持“圣驾”，失败。不久，元军围攻扬州。元将阿术遣使持忽必烈诏书谕降。李庭芝斩使焚诏，誓以必死。

1276年盛夏，扬州附近诸城多力竭纳款，扬州城里也很快粮尽。士兵至有烹子而食的现象。正在这时，出逃到南方的宋流亡小朝廷召李庭芝南下。李庭芝乃与姜才出城，想经泰州入海南航，结果被元追兵包围在泰州城中。留守扬州的朱焕早已萌生降意，李庭芝和姜才一走，即以孤城投元。李庭芝、姜才被泰州降将出卖，在元营不屈死节。扬州一失，淮东宋军残部人心动摇，元军乘势尽得其地。

临安城被元军占领以前，宋廷匆匆封幼帝的两个庶弟赵昰、赵昺为益王、广王，分镇福州、泉州。两王在宋廷奉表请降的次日逃离杭州，稍后取海道进入福建。于前一天晚间出走的丞相陈宜中，也往投二王谋复国之举。1276年6月中，益王赵昰在福州即帝位，后来被称为端宗。弟赵昺益封为卫王。南宋流亡小朝廷建立。临安投降前出使元营，被伯颜羁留军中的文天祥，在北解途中逃脱，这时也辗转来投赵昰。这个流亡政权力图凭借福建，规复两浙和赣南。江西、两浙地区闻闽廷颁诏，也“在在起应，蜂屯蚁附”。东南地区南宋残部的抗元斗争，由此形成两次声势较大的短暂高潮。

闽廷建立之初，即分遣诸军，企图收复两浙已陷各城。不少降元州城重新起兵，而且连军攻元，“民多应之”，一时造成云从景附的振奋局面。宋军势力，曾经到达江西东南部。但是不出两个月，抗元宋军先后失败。元军反而渡过钱塘江，完全克灭两浙的残余势力，又在秋末分三路进攻闽广。流亡政权遂从福州取海道南逃。元军全线向南推进，到1277年初，宋在福建的势力几乎陷于崩溃。正在这时，元廷为集中精力应付西北诸王之乱，撤回征宋军队戍守中原。于是宋军绝处逢生，乘机在福建和江西展开第二次规模较大的抗元攻势。如果说前一次攻势是据闽攻浙，那么这一次是退据广东而攻闽、赣。流亡政府已差不多是在作困兽之斗了。

在江西的攻势，主要是由文天祥指挥的。他自从参加流亡政府以后，一直在前线督师。先开府南剑，复移治汀州，执行据汀攻赣的战略任务。1276年秋末，他分军进宁都、雩都，联络赣州城里的抗元力量，准备“结约取赣”。江西各地义军起而响应。但是由于元军大举进攻福建，文天祥不得不抽回兵力以抵御元兵东来。江西的宋军失去应援，阵脚大乱，纷纷溃败。1277年6月，乘元军主力北归，文天祥从梅州北逾梅岭，再次进入江西。宋军连下会昌、雩都、兴国，收复赣州、吉州大部。江西其他地区也多有呼应的行动。荆湖、闽广甚至江淮都有抗元力量与文天祥联络，愿意受其节制。这时候，南宋流亡小朝廷的政治影响迅速扩大。

然而二次入赣的声势持续不过两个月，便被元军挫败。至元十四年（1277 年）七月，元廷立行中书省于江西，专事进讨。八月，元军袭攻文天祥设在兴国的指挥部，“又击走之，追四百里，及之空坑。降其众廿余万”。文天祥差不多是只身脱走，妻妾儿子都被元军俘虏。江西战局至此骤然逆转。其他地区的义兵亦都被击灭。

江西绥靖后，元军一路逾梅岭进击广东；另一路扫荡福建，从那里进入广东。这段时间，益王政权由潮州移驻广州浅湾内的秀山，再奔井澳，遇风舟败，军士死伤过半。继而又避追兵入海至七洲洋。次年春，还广州，又移硇洲岛。四月，赵昰受惊吓死于硇洲。张世杰、陆秀夫等拥立 8 岁的卫王赵昺为帝。六月，张世杰率军欲收复雷州，失败；于是奉帝昺移师崖山。这时他还有舟船八百余艘，士卒万人。

即使到大难临头的时刻，这个小朝廷仍不肯放弃内斗。文天祥在外曾要求带兵入朝护驾，被陈宜中拒绝。益王死前不久，他在硇洲东南海滨的乾溪山上表，自劾兵败江西之罪，再次请入朝，仍不许。他只好在潮州、惠州一带领残军坚持抗元。

就在广王政权移驻崖山的同一个月，即至元十五年（1278年）六月，元廷召汉地最著名的世侯之一张柔的儿子张弘范，委以蒙古、汉军都元帅，命他歼灭广王政权。张弘范荐李恒为副帅，率水陆军 2 万，灭宋残部。十二月张弘范至潮阳，前军击溃自潮阳走海丰的文天祥，擒之。至元十六年（1279 年）正月，元军从潮阳循海路往崖山，途中命囚系随军的文天祥修书招降张世杰。文天祥乃书《过零丁洋》诗授之，留下了“人生自古谁无死，留取丹心照汗青”的名句。

至元十六年二月初，张弘范、李恒两军会合后，对宋崖山水师发起总攻。激战经日，宋兵全军溃败。陆秀夫仗剑驱妻子入海，自己背广王赵昺跳入水中自沉。张世杰率十余艘船舰连夜突出重围趋交趾而去，途中遇飓风船坏，溺死。南宋流亡小朝廷灭亡。

崖山之役的前一个月，宋合州钓鱼城守帅王立出降。至此，南宋的疆域，基本上全为元王朝据有。

南宋的历史就这样结束了。不过它却因为文天祥的慷慨殉国而拥有了一个悲壮的尾声。这个尾声，至少让那些目睹耳闻宋室君臣北觐耻辱的人们对这个堂堂大朝不至于完全蔑视。

亡宋的少帝、太后和宋室官僚于至元十三年四月到达忽必烈的驻夏地上都。五月初一，就是赵㬎的庶弟益王在福州宣布登基的同一天，赵㬎和他的太后母亲及由从前的宰相等高级官僚充任的“祈请使”，奉命到上都城西的元王朝太庙礼拜。五月二日，忽必烈正式接见被他打败的亡国君臣。接见的地方在上都城南的草地帐殿里。赵㬎被封为“瀛国公”。然后举行国宴庆祝平宋。宋朝的君臣也奉命参加，实际上是把侮辱作为荣耀赐给他们。忽必烈对南宋的降将一向很看不起。他曾问他们：“你们为什么投降得如此容易？”诸将回答：“宋有权臣贾似道擅断权柄，总是优容礼待文士，轻视武官。臣等早已有不平之心，心离体解，所以都望风而款降啊！”忽必烈大概是用蒙语作答，让董文忠译成汉语说：“如果贾似道真的轻视你们这班人，那也仅只是贾似道一人的过错而已。而你们的君主又有什么对不起你们的呢？即使事实如你们所说，那么贾似道轻视你们也确实是有道理的。”不过，在那天宴会上，忽必烈还不至于这样奚落他们。他只是好奇地问以宋宰相身份担任“祈请使”的吴坚：“你年纪已很大，为什么还要当丞相治理朝政？”吴坚回答，因为朝中之人都逃走了，所以他才当上丞相。随后，他连忙请求忽必烈准许他归老。

蒙古人参加宴会自然“众皆欢甚”，但也有人体味出其中的辛酸，聪睿的察必皇后就心中不乐。忽必烈问：“我现在平定江南，从此天下没有战争。大家都喜欢，只有你不高兴，这是为什么？”察必跪下来说：“我听说自古无千年之国。但愿不要让我的子孙也落到今天赵官家母子的地步，那就是最大的幸运了！”忽必烈把宋国库中的宝物都摆放在殿庭上，叫察必来看。察必看一眼就走了。忽必烈叫人追问她想要什么，她说：“宋人贮蓄这些宝物传给子孙，子孙守不住它们，现在归于我家。我不忍心拿走其中任何一件东西！”

与宋皇室不一样，文天祥却在屈辱的处境中庄敬自重，以四年被囚禁的苦难谱写了一首“正气歌”。

被元军俘获不久，他就被押到元军前线统帅张弘范处。张弘范一心想劝他投降，文天祥的回答就是反复“请死”。崖山战后，张弘范问他：“国家已经灭亡。现在杀身成仁，谁来替你记录？”文天祥回答：“人臣以死来表达自己的心迹，哪管记录不记录。”

至元十六年十月，文天祥被押至大都。与文天祥同样是状元宰相的留梦炎先去劝降，受到一顿痛斥。然后是亡国之君“瀛国公”来劝，文天祥一见即“北面拜号”，乞求“圣驾”回驭，不让赵㬎开口。于是轮到元朝当国的权臣阿合马（回回人）视狱。文天祥长揖不拜，径自就座。阿合马当时正气焰冲天，问他：“你把我当作什么人？”文天祥答：“刚刚听人说，宰相要来。”阿合马问：“既然知道我是宰相，为什么不下跪？”答曰：“南朝宰相见北朝宰相，为什么要跪？”阿合马不高兴，对左右随行人说：“这个人的生死还在我手中。”文天祥说：“亡国之人，要杀便杀，说什么在你手中不在你手中？”阿合马悻悻而归。

于是元朝将文天祥长期关押起来，想借此逐渐消磨他的意志。但过了两三年，文天祥不改初衷。至元十九年十二月，忽必烈亲自召见文天祥，以元朝宰相或枢密使之位为饵劝他投效元朝。文天祥仍长揖不肯跪拜，声言“天祥为宋状元宰相。宋亡，惟可死，不可生”。同月，忽必烈决定杀之。文天祥得到消息，镇定地说：“吾事了矣！”神态高扬而不稍变。至刑场，又写下两首诗。其二曰：“衣冠七载混毡裘，憔悴形容似楚囚。龙驭两宫崖岭月，貔貅万灶海门秋。天荒地老英雄散，国破家亡事业休。惟有一灵忠烈气，碧空长共暮云愁。”乃从容受刑，死时仅47岁。

马可·波罗在中国：虚构，还是事实？蒙元时代的中外关系

"如果……我们写了你们所不知道的任何事物，你们不应该因此就称我们为说谎者。"

——普兰·迦尔毕尼《蒙古史》

传奇人物和传奇事迹

"700 年前的一天，有三个男子汉从一艘不大的带桨帆船上走了下来，在威尼斯的石砌码头登岸。他们刚度过一段漫长的海上生活，两腿还不适应坚硬的地面，走起路来摇摇晃晃。没有人到码头上迎接；要不是他们衣着褴褛，引人注目，这次归国可能湮灭无闻。他们'从神态到口音都说不出来地带有鞑靼味，几乎把自己的威尼斯方言忘光了'。他们脚穿高至膝盖的脏皮靴，身穿绸面皮袍，另有缎带紧系腰间；绸面的质地很考究，但已露出一些碗大的裂口，从里面漏出了粗裘毛衬料。这

些破烂不堪的大袍是蒙古式的，下摆只长及膝，前胸用一排圆形钢钮扣扣住。

“他们到家后一下子就脱去破烂不堪的皮袍，换上长可拖地的绯红色威尼斯式绸面大袍。接着他们拾起又脏又破的蒙古袍，撕开衬里。那些原来藏在衣缝里的翡翠、红宝石、石榴石和钻石纷纷掉落在地上”。

以上是弗朗西丝·伍德在《马可·波罗到过中国吗？》一书中转述的马可·波罗回到威尼斯200年后人们对当时情景的追记。保存到今天的一份1305年的威尼斯城葡萄酒走私案卷宗提到了马可·波罗，因为他是此案中葡萄酒走私商的保证人之一。这份文件称他为“马可斯·波罗·米利恩”，意即“百万先生马可·波罗”。今天，人们都相信，他之所以会有这样的别号，是因为他是一个非常善于讲故事，甚至经常言过其实的人；他“每次谈起蒙古大汗的巨大财富，都说他们拥有数以百万计的金币”。不过，如果没有那本著名的《世界记》(或译《环宇志》)，几百年后人们就很难了解，这个在威尼斯历史档案里偶然露过两三次面的“马可斯·波罗”，究竟是怎么样的人。

大约13世纪末叶，马可·波罗在一次战争或商船间的武装冲突中被热那亚人俘虏监禁。他与一个至少写过几种关于亚瑟王和他的圆桌骑士传奇故事的通俗小说作家鲁思梯切诺关在一起。《世界记》序言说：“在我们的主耶稣基督纪元1298年，他（指马可·波罗）因被囚禁在热那亚的监狱之中，很想打发空闲时间并向读者提供消遣读物，于是让囚于同狱的比萨人鲁思梯切诺先生将他所述的这些内容全部笔录下来。”这部书在欧洲被广为传抄、译介，因此使马可·波罗成为一个声名远扬的传奇式英雄，当然也因此使各种写本或译本的内容和文字之间发生极大的差异。这就让近代最著名的东方学家伯希和绞尽脑汁，“为了译出一部条理清楚、又引人入胜的文本而引用了令人分辨不清的多种抄本，以致有些页引用各种文本达四十二处之多”。

马可·波罗的父亲和伯父都是威尼斯商人，所从事的，是西部欧亚草原、西亚以及西南欧之间的居间贸易活动。所以他们可能经常要去里海北岸的商业城市。根据《世界记》的介绍，1260 年初，他们在那里经商时，正遇到钦察汗国与伊利汗国间的战争。由于担心归途受阻，他们就继续东行，盘桓于锡尔、阿姆两河间的不花剌等地，后来随旭烈兀派到元朝的使臣一起到达上都。这时应当是 1265 年中叶前后。据说在回国的时候马可·波罗的父亲和伯父把元朝的一封国书带到了罗马教廷。1271 年，他们又谒见新上任的教皇格利高里十世，最终携带教皇写给忽必烈汗的信函重访中国。这一次，他们还带上了年轻的马可·波罗同行。1275 年，他们到达上都。从这时候起，直到 1291 年春与远嫁伊利汗的阔阔真公主和伊利汗的奉迎使一起从泉州坐船西行，马可·波罗一行在中国留居长达 17 年之久。

根据马可·波罗在《世界记》里的自述，在中国的 17 年中，他先留在大汗的朝廷里学习有关礼俗、语言文字等，其后奉忽必烈之命出使哈剌章（指前大理国所在地，当时，也用作对云南的泛称）。“离开汗八里（蒙语‘大汗之城’，指大都），西行整整四个月”。这趟西南之行的时间，据专家推算，大约是在至元十七年或稍后。以后他又奉使各地，包括在扬州任职三年（不一定是做那里的行政长官），多次到杭州城办事；往返行程，大多是经由从大都南行到扬州，再到杭州，南至福州、泉州一线的元朝驿站主干线。大体是在至元二十四至二十六年（1287—1289 年）左右，马可·波罗可能曾远行印度，行迹所至主要应是马八儿地区（即印度半岛南端的东岸地区）。1290 年春夏之际，他因为熟悉航海西行的情况，被选定陪同伊利汗国的使臣护送阔阔真公主远嫁西域，然后归国。

正像几乎所有的回忆录一样，马可·波罗对自己中国之行的回忆，在具体年代、事实（尤其是数目）、地理状况等方面有不少不准确的和前后不一致的地方，很多的地名、人名更因文本被辗转传抄变得难以释读。但是其中有很多描述，不是曾经身历其境，或者亲身得之于当时统治阶层内的口耳相传，是很难讲得像《世界记》中那样翔实、具体而准确的。例如，马可·波罗这样描写西湖上的游艇：“在湖上还有许多游艇和画舫，长十五至二十步，可乘坐十人、十五人或二十人。船底宽阔平坦，船行时不会左右倾斜摇晃。那些爱好泛舟游览的人，或携家带眷，或邀请一些朋友，雇上一条画舫，荡漾在水平如镜的湖面上。画舫上桌椅板凳、宴客的设备，无不布置得整齐清洁，舒适雅观。船舱上铺一块平板或者说甲板。船夫站在上面，用长竹竿撑船前进。湖水不过三四米深。他们长篙轻点，直达目的地……船身两侧均有窗户，可以随意开关，便于游人坐在桌边，倚窗眺望，饱览沿途绮丽的湖光山色……因为湖面宽阔广大，相当于全城的长度。假如伫立在离岸一定距离的船上，不仅是整个宏伟、瑰丽的城市，它的宫殿、庙宇、寺院、花园，以及长在小道上的参天大树，都可以尽收眼底，同时又可以观赏其他画舫载着游湖行乐的男女，轻轻地在湖上穿梭似地来来往往。”

在讲述位于大运河流入长江处的瓜州镇时，马可·波罗提到，“在瓜州城对面的大江中心，屹立着一座岩石构成的岛屿，岛上有一个大寺院，住着两百名和尚，敬奉偶像”。这里说的“岩石构成的岛屿”和岛上的大寺院，就是镇江的金山和金山寺。

马可·波罗对中国北方的熟悉程度，显然还要远远超过中国南部。他很详细地叙述了发生在至元十九年的王著刺杀当朝宰相阿合马的事件，他说：“当上述这一切事件发生的时候，马可·波罗正在那里（指大都）。”他还有声有色地讲述了元朝平定东北叛王乃颜的战争经过。他说到，忽必烈亲征乃颜时乘坐的是象轿。这一点与汉文史料的记载相符合。他又说，乃颜是一个基督教徒（应是基督教聂思脱里派信徒），他把十字架画上了自己的战旗。这是一条非常有价值的史料。因为汉语文献虽然讲到乃颜“离佛正法”（就是信奉一种有异于佛教的宗教）、“惑于妖言”，却没有留下关于他究竟信奉什么宗教的明确记载。从聂思脱里派当时的传播情况来看，乃颜皈依这一教派是完全可能的。马可·波罗还提到乃颜是按照“不出血死”的方法被处死的。而根据汉语文献，我们只知道乃颜死后被扔进了附近一条名叫失列的河里。他被按照处死蒙古贵族的传统方式执行死刑，也完全符合当时的情势。马可·波罗的这些讯息，无疑是从元朝官场知情人的口中获得的。乃颜之乱发生在至元二十四年。马可·波罗大概要从马八儿回到中国以后才能听说这件事。这时候离他南赴泉州、航海西归已经没有多久了。

在汉语史籍中没有留下任何有关马可·波罗的直接记载。汉文文献中先后提到过好几个“孛罗”或者“孛罗丞相”。但他们都是蒙古人，其名称乃是蒙古语的音译，与马可·波罗的欧洲姓氏 Polo 也不相干。那么，这个在威尼斯以“百万”先生著称的人，真的到过中国吗？很久以来，总是有人在不断地提出这个问题。

怀疑马可·波罗来过中国的人们，提出以下这些理由来支持自己的看法：

首先，虽然马可·波罗讲述的旅程大体上是自西向东，再回到西方，但他的路线时常中断，突然跳跃到另一个端点重新开始，顺序颠三倒四。所以“虽然现在还有人‘沿着马可·波罗的足迹’继续进行考察，但一些卓越的旅行家在有人向他们详细询问时承认，在波斯以远地区一步不差地沿着马可·波罗的足迹旅行实际上是不可能做到的事”。

其次，他在书里谈到的若干情节明显属于自我吹嘘和作假的性质，例如他说自己是元军攻占襄樊时在前线制造回回炮的人，又说自己曾做过三年扬州城的长官，等等。

再次，他在中国生活长达 17 年，为什么一句也没有提起关于中国的许多最独特的事物，例如女人的小脚、茶、长城、筷子，还有汉字，而这些本来应当是最能吸引一个外国人的好奇心的。

最后，就如前面已经提到的，中国的汉语文献汗牛充栋，但居然没有一件直接提到过这个传奇人物。“不见经传，耐人寻味”，因而使人生疑。

于是，怀疑马可·波罗到过中国的人，把他的《世界记》看作是由一个讲故事的能手和一个三流的通俗传奇作家合作，根据一本通商指南或导游手册之类的读物编写而成的世界地理概述，而不是真正的具有行程日记风格的个人游记。在他们看来，马可·波罗关于中国的知识与他所宣称的 17 年在华体验是根本不相称的。

中国学术传统历来强调“说有容易道无难”的原则。怀疑马可·波罗来过中国的人们，也许有一定的道理。但是，这些理由全部叠加起来，似乎仍不足以排除他本人的说词。要一个人在事隔十多年后“一步不差地”把过去的复杂旅程回忆出来，这差不多是一种苛求。马可·波罗的旅行路线，除了几次明显的中断和插叙，基本上是可以按元朝政府所设驿站的走向予以复原的。他确实在有些地方自我放大，浮夸吹嘘（如在襄阳造炮），不过难道我们可以据此而将他的全部叙述视为不可信吗？

在中国生活了 17 年的马可·波罗，对于这个国家占据人口大多数的汉族居民的文化和习俗，了解得确实很少。不过，它发生在元朝这样的时代背景中，就又不是完全不可理解的事情了。尤其是在元代早期，统治上层中间蒙古人、色目人的影响仍具有压倒性的优势。真正受信任的汉人大多会说蒙古语，可以不资“舌人”而与蒙古君臣对话。有的汉人对蒙古语的掌握甚至能精深细微到连蒙古皇帝也深为吃惊的程度。从西域到中国来的“回回人”，有些人的母语是与蒙古语十分相近的突厥语，有些人的母语虽然是波斯语，但因为长期被伊斯兰化的突厥人所统治，也都会说突厥语。所以元初在上层社会里最重要的交际语言并不是汉语。一个生活在这样的圈子里的外国人，对汉语和汉族的文化几乎漠然无知，并不见得完全不可思议。

尽管汉文材料中没有直接出现马可·波罗的名字，但至少有一件史料直接与马可·波罗的在华事迹相关。这就是元朝向伊利汗出嫁阔阔真公主之事。据马可·波罗说，伊利汗阿鲁浑在他的王妃死后，派遣三名使臣到元朝，要求娶一个与已死去的王妃同族属的女人。忽必烈选择了一位公主让三名使臣带回去。公主和三名使臣的名字，分别是 Cocacin（阔阔真），Oulatai（比较下文中的“兀鲁䚟”）、Apusca（比较下文中的“阿必失呵”）和 Coja（比较下文中的“火者”）。在《永乐大典》摘抄的关于元代“站赤”（即驿站管理系统）的公文中，有一条材料说：

> 至元二十七年八月十七日，尚书阿难答、都事别不花等奏：平章沙不丁上言：“今年三月奉旨，遣兀鲁䚟、阿必失呵、火者取道马八儿，往阿鲁浑大王位下。同行一百六十人。内九十人已支分例（按，指支发沿途的食宿津贴），余七十人，闻是诸王所赠遗及买得者，乞不给分例口粮。”奉旨：勿与之。

这一则材料所说“往阿鲁浑大王位下”的三使臣，就是护送阔阔真西行的奉迎使。三人的名字，与马可·波罗所说完全符合。更重要的是，使团回到波斯时，三人中除火者外已死去两人。所以波斯语文献中就只有火者一人的名字。除非马可·波罗能在西域某地抄到上引汉语文献（这在当时的条件下是不可能的），他怎么可能遥在千万里之外知道包括已死去的两位在内的三名使臣的名字？这一点足以证明他确实与三使臣从中国同行西航。

此外，《世界记》中有关当时事件的若干翔实叙述，包括新近发生的平息乃颜之乱的情况，显然不会出现在导游书中。如果不是在中国当地，而远在西亚却打听得这么细微准确，其实也都是很困难的。

马可·波罗来华的怀疑论者对现实存在的《世界记》一书充满根本的怀疑，却很愿意假定曾经存在过某种详细记载中国种种事情的“导游手册”，并断定它是《世界记》关于中国知识的来源。虽然关于这本“导游手册”我们现在还一无所知，但它却对怀疑论者至关重要。因为如果没有它，他们就无法回答下面的问题：从来没有到过中国的马可·波罗，是从哪里获得这么多有关中国的详细情报的？

不过相信马可·波罗来过中国的人也面临一个颇具有挑战性的问题：这个自称具有很高地位，但又“不见经传”的外国人，在元朝到底担任何等的角色？

他自然没有像他所吹嘘的那样做过扬州路的总管，或类似的高级行政官僚。很多学者都不约而同地指出，马可·波罗主要是用一副敏锐的“商人的眼光”观察他所经历的世界。在他描述各地情况时最经常提到的一项内容，就是那里的特产，尤其是欧洲人感兴趣的宝石、香料、纺织品、瓷器等等商品。他对中国的盐税似乎很注意，北方的盐场经常是他的行经之处。

他甚至能相当准确地说出至元中期杭州所管地面盐税收入的总额。所以曾经有人怀疑他是元朝地方政府中管理盐政的小官员。还有人推测他出使马八儿，其实是到那里去买红宝石。当然也有人认为他不断地在各地跑来跑去，执行的是做皇帝“听底耳、见底眼”，到处刺探民情的职务。

关于马可·波罗在华身份的一种较新颖、也较有趣的推想，认为他是为元朝政府或皇室成员做买卖、替为他提供资本的主人生息的“斡脱”。蒙古人进入汉地以后相当长的一个时期，不懂得管理财政，“只是撒花，无一人理会得贾贩”。“撒花”即强行敲诈勒索“人事”（即礼物）的意思。靠掠夺、搜刮得来的财产，却不知道怎样经营，怎样利用它生利增值。所以他们特别仰仗从西域来的回回人，向他们提供资本，让他们贸易生息，称为“斡脱”（突厥语伙伴、合伙人的意思）。回回斡脱依靠蒙古贵族的势力做生意，为蒙古贵族、也为自己图利。他们的经营活动中利润最高的是高利贷，利率达到100%，利上滚利，如羊羔下仔，所以称为羊羔儿息，又称斡脱钱。很多斡脱商人不但经营国内贸易，也从事巨额的国际贸易，有的还向政府“扑买”各种赋税（即承包某个地区的某种赋税）。马可·波罗比较熟悉的，不是汉语，也不是蒙古语，而可能是突厥语，甚至是波斯语。这说明他所接近的人有很多是回回人。他又经常奔波于国内外各地。因此，他成为皇室斡脱商人的可能性是很大的。

从西欧世界直接地、而不是通过很多中介环节间接了解中国的角度来观察，马可·波罗是一个具有象征性的传奇人物。不过无论他是否真的来过中国，他都不是西欧与元朝之间直接沟通的唯一见证人。这是一个中国和西方基督教世界直接建立外交联系和互相了解的时代，虽然双方都是带着错位的期望而这样做的。

种豆得瓜

自从11世纪初以来，西亚的聂思脱里基督教圈子里，逐渐传出一则关于蒙古草原上的克烈部首领如何带领他的“二十万众”皈依聂思脱里派的故事。故事大意说，这个首领在草原上迷路，得到一位基督圣徒显灵指引，方才脱险，从此崇拜基督。在后来的游牧各部聂思脱里信徒中，上述圣徒的名字薛里吉思成为最常见的教名之一。

尽管聂思脱里派很早就被东罗马教廷判为异端，远东草原之王率部皈依天主的消息传到欧洲，仍然使中世纪的西欧深感振奋。在那里流行的东方一个叫作约翰长老的国王曾打败了穆斯林的传闻，很可能与上述故事相互附益，以至于马可·波罗把与成吉思汗同时代的克烈部首领王汗迳称为约翰长老。

蒙古的扩张打通了亚洲东部世界与西欧基督教社会之间的阻隔。罗马教廷和西欧君主们对实现约翰长老的神话现在备感迫切，他们希望借助基督上帝的威严和感化力，来阻遏蒙古人对西方的入侵；希望基督教在富庶的东方广泛传播；甚至仍然希望与蒙古人联手攻击伊斯兰世界，夺回穆斯林控制下的基督教圣地耶路撒冷。一批批穿黑袍的教士，怀揣教皇或国王谕书，不畏艰险地踏上东来旅程。

1245年，在里昂宗教大会之后，教皇英诺森四世向蒙古派出了两个使团。关于前往驻扎在波斯地区的蒙古军事长官辖地的使团，我们所知甚少。还有一个使团被派往蒙古，由葡萄牙人劳伦斯和意大利人约翰·普兰诺·迦尔毕尼组成。这两个人都是圣方济各会的修士，各持教皇的谕书一封。前者所持，很像是一篇布道词，内容主要是劝谕鞑靼国王、人民“成为基督教徒，信仰我主耶稣基督，因为他们除此之外别无获得拯救之路”。后者所持则像一封外交国书，内容是“劝告、请求并真诚地恳求你们全体人民：从今以后，完全停止这种袭击（指蒙古的侵略），特别是停止迫害基督教徒”，要求蒙古大汗与派去的修士诚实商谈，说明“究竟是什么东西驱使你去毁灭其他民族，你未来的意图是什么”。劳伦斯后来是否真正成行不详；迦尔华尼则于1245年复活节前一个多月进入里海北部草原。他先被蒙古兵护送到伏尔河下游的拔都萨莱城去见这位“金帐汗”。这时贵由汗的即位典礼很快就要在蒙古本部举行了，所以拔都汗强迫这个65岁的老头马不停蹄地向东驱驰，路上经常“一大早就动身，一直奔跑到夜里，一顿饭也不吃”。7月下旬，迦尔毕尼一行终于赶到漠北大汗的营帐，出席了贵由即位的大忽里台（“大聚会”）。

贵由汗本人倾向于基督教聂思脱里派，但是他并不因此而接受教皇代表上帝对他和他的人民的“拯救”。迦尔毕尼得到了一封用蒙古文写成并附有“萨拉森文”（指波斯文）译本的贵由汗复教皇书，上面盖有一个畏兀儿字蒙文的红色玺印，印文作“长生天气力里，大蒙古国大汗圣旨：已服未服百姓根底，圣旨所至，敬之惧之”。他的复信说：“你在来信中称，我等应该领洗，成为基督徒。我们对此仅给以简单之回答：我们不解，为何我们必须如此。”“你等如若希望与我们讲和，为缔结和平事，你教皇及诸王公显贵应毫不迟疑地前来朝见我。”贵由汗这份复信的波斯文复本1920年已在梵蒂冈教廷的档案中被发现。1247年秋，迦尔毕尼返抵里昂向教廷复命。他留下一部《蒙古史》，讲述出使经过和所见所闻，是有关同时代蒙古人情况的珍贵记录。

教廷于1247年还向西亚蒙古驻军派遣过一次使节，同样不得要领。但是在这一方向上的联络，不久便由于贵由指派的西域新统帅野里只吉歹的莅临而似乎变得有了一线希望：因为这位将军是一名聂思脱里派的信徒。1248年，率领十字军出征埃及途中的法国国王路易九世在塞浦路斯遇到野里只吉歹的信使，称“普天下之王合汗”（指贵由）愿与基督教各派和睦相处，并支持他们“战胜那些蔑视十字架的敌人”。尽管这种表态大概更可能是出于野里只吉歹本人的意愿，它却使路易九世深感兴奋。他立即派出一个高规格的使团回报大汗，由多明俄会教士安德鲁·龙如美率领，携带的礼物中包括一座深红色的帐幕教堂，帐中悬有刺绣的镶板，上绘基督耶稣的一生经历。1249年初，使团出发。这时贵由汗早已死去半年多了。安德鲁在叶密立河畔的六皇后大帐见到摄政的乃马真氏，但是获得的答复仍是责令西欧各国纳贡称降的老话。他失望而归。

1253年，法王路易九世再度遣使东驰。这次受命的圣方济各会修士鲁不鲁克不再以国信使身份，而是以传教士的身份，请求在金帐汗国的部众中传教。结果他却被金帐汗派人护送到和林去觐见蒙哥汗。1253年冬，鲁不鲁克抵达和林地区，在那里住到1254年的夏天方才西归。他在和林遇到各色各样被掳掠来的欧洲人，有再嫁给一个年轻斡罗思人的洛林寡妇，有名叫威廉的巴黎金首饰匠；也有来自阿儿美尼亚的基督教修士，等等。他回国后撰写的《东游记》是我们今天了解和林城内社会生活的最重要的资料。他带回法国的由蒙哥汗口授的信件，仍然是以蒙古人一如既往的风格写成的，即要求法王按长生天的意志向蒙古投诚。

入元之后，罗马教廷的修士到中国传教仍史不绝书。1289年，教皇尼古拉四世派教士孟特高维诺到东方传教。他从罗马出发，取道伊利汗国，从当日著名的海港忽鲁模子坐海船至马八儿，又于1293年乘夏季的西南信风从马八儿渡洋来华，于1294年到达大都。

孟特高维诺在大都的最初几年，似乎处于当地聂思脱里派信徒的围攻中。他们散布流言指责他是间谍、魔术师和骗子，又说他是谋杀了教皇派遣的真使节、窃取了使节所带礼物的假冒者。孟特高维诺为此经常受到盘问，三四年之后，情形才逐渐好转。他先后在大都建立了两座教堂，至少其中一座有设置了三口钟的钟楼。他逐渐买下40名男童，为他们施洗礼，教他们唱诗。他还把《新约》和祷唱用的《诗篇集》翻译成“鞑靼人通用的语言”。孟特高维诺在近10年内争取了6000名信徒，其中包括著名的皇室驸马、汪古部首领阔里吉思及其部众。他是在孟特高维诺影响下从聂思脱里派改宗“真正的罗马天主教”的。不过在他被西北诸王俘杀后，汪古部其他贵族又重新被“诱入邪道”。孟特高维诺处在聂思脱里派信徒的包围中，充分意识到应当尽可能依靠大汗的保护，“不能离开皇帝大汗”。据说大汗在宫中可以听到他的教堂里唱诗的歌声。他传教的范围，主要应是宫廷附近的上层社会。受洗礼的信徒中，很大一部分是被蒙哥汗从南俄草原徙至中国的阿速部军队。

1300年中叶，孟特高维诺连续从中国给他在欧洲的教友写信，诉说自己在远方势单力弱，要求教会派人来协助他。于是罗马教皇在1307年任命他为汗八里（即大都）及东方总主教，并派遣主教热拉德、帕力格利诺、安德鲁等人到中国辅助孟特高维诺。热拉德一行亦取海道来华，途中曾在印度逗留，于1313年前后抵达大都。孟特高维诺在泉州分设一个主教区，三人先后担任泉州主教，大概都死在泉州。安德鲁的拉丁文墓碑已在泉州发现，他死于1332年。被欧洲教会派到中国的传教士，还远远不止上面提到的这几人。14世纪上半叶，罗马天主教在中国的积极活动，可以说一直没有停止过。泉州城的最后一任主教佛罗伦萨人詹姆思，死于1362年的元末社会动乱中。

罗马教廷在整个“中世纪派往远东的最后一个重要使节团”，是1342年从陆路到达中国的一个大型代表团，由佛罗伦萨人马黎诺里率领。这是教皇对1336年元廷遣使访问教皇驻锡地阿维农城的回应。元朝这次派遣使团就便任用一个在中国的欧洲人安德鲁·威廉和阿速人脱海等为使。其所携致教皇书，要求教皇“告天祝寿”，似乎没有从前那套“若不款附，惟天知之”一类威胁的话。在大都的阿速将领等天主教信徒也通过使团向教皇递呈请愿书，诉说自孟特高维诺死于1328年之后，大都主教缺任，恳情教廷派人莅治。马黎诺里等人遂于1338年底从阿维农启程，循陆上商道到达上都。他们献赠的礼物中，有一匹“异马”，“长一丈一尺三寸，高六尺四寸，身纯黑，后二蹄皆白”，其他西域马与它并立，只及它的肩胛处。元顺帝“临观称叹”，命群臣写诗赋、作画来加以表彰。当时之人为此留下不少颂赞“天马”的篇什。因为写诗作赋的大多是汉族文臣，他们不由自主地把“佛郎国（元人笼统地把欧洲称为佛郎）进天马”看作了“怀柔远人”“万方来朝”式的盛事，所以有的歌赞写道：“有元皇帝不下堂，瑶母万寿来称觞。”这自然不过是一篇昏话而已。

欧洲基督教世界访问过中国的另一个著名人物，是意大利教士鄂多立克。他约在1321年至广州，游历全中国。不清楚他在中国是否有什么宗教活动。他与马可·波罗、伊本·白图泰和尼哥罗·康蒂合称中世纪四大旅行家。

欧洲的僧俗统治者想请出“天主”来制止蒙古的西犯。尽管此后蒙古确实没有再向西欧进军，但它显然不是基督耶稣出面弭兵的结果。他们想联合蒙古夹攻穆斯林世界，收复在耶路撒冷的圣地。但除了伊利汗朝前期与英王之间微不足道的、不成功的协作，总的说来蒙古人对此颇为冷淡。他们想在中国“履行我们教皇对他们（指中国人）的天职”，但是元代的罗马天主教基本上是极少数外国移民的宗教。再从元朝统治者的立场来看，从日出到日落之处的百姓，如果想要“安乐与和平”，就必须君王入朝、子弟入质，做蒙古的附庸。西欧在蒙古人的世界观念中绝不可能有任何特殊的地位。东西方统治阶层之间近百年的交涉，就这样变成双方都不克遂愿的“聋子对话”。然而重要的是，随着这种没有外交成果的对外关系的开展，中国与西欧之间不经由任何中介环节的直接了解毕竟开始了。在这个过程中，欧洲对中国的知识可能要增长得更快一些。

与天主教修士相继东来同时，中国也有两个基督教聂思脱里派的教士踏上西行之路。他们是大都籍的列班扫马和东胜州人麻古思。列班是叙利亚语法师的意思。从两个人仅有的聂思脱里派名称，很难辨别他们的确切族属。有的史料说他们是畏兀儿人，但也许可以肯定，他们不大可能是汉人。

列班扫马和麻古思西行的目的，是去耶路撒冷朝拜圣迹。他们跟随商队穿越河西走廊，经过窝阔台汗国进入呼罗珊，至西亚，结识驻锡报达的聂思脱里大主教。由于耶路撒冷被与伊利汗国敌对的马木鲁克埃及控制，二人朝圣失败，被迫返回报达。以后麻古思被报达大主教委命为“契丹及蛮子田地（分别指北部中国及南宋旧有疆域）教区”的聂思脱里主教，列班扫马为巡视总监。他们返回中国的旅程被元朝与西北守藩之国的战争所阻断，只好重回美索不达米亚。

不久，报达大主教去世。聂思脱里信众希冀推举一名“在族属和语言方面都与蒙古人系统较近”的新主教，以便与蒙古人斡旋。于是麻古思当选为新的报达总主教，虽然他读不懂用来书写聂思脱里经典的叙利亚文。

麻古思的新职位得到了伊利汗阿鲁浑的允准。这时他正在打算重新征服幼发拉底河以西地区，所以派列班扫马到西欧去寻求同盟。列班扫马自报达向西北而行，经里海至拜占庭都城君士坦丁堡，又乘船到意大利，继而又访问法王腓力四世、英王爱德华一世，晤见新任罗马教皇尼古拉四世。列班扫马到处受到热烈的欢迎，在教皇和枢机主教们面前按聂思脱里派方式主持礼拜，从教皇那里领受圣餐，也为爱德华一世举行领圣餐仪式。这位聂思脱里派的高级僧侣在西欧受到的隆重接待，表明“使得东、西方基督教世界分裂的古代神学上的对立，现在已经被忘记一半了”。列班扫马虽然是以伊利汗使节的身份出行的，但他仍然是有史以来中国人莅访西欧诸国的第一次，如果“长子西征”不算在内的话。列班扫马和麻古思分别死于1294年和1317年。

炮舰沉处商帆过

中国古代的汉、唐等大一统王朝，总是以为自己居天下之中，而把周边的毗邻国家、少数民族政权看作是在文明程度上低自己一等的番夷“下国”。中央王朝对其邻邦的外事关系，就这样被纳入以夷夏之别为原则而确立的朝贡体系中。周边政权需要定期向中央王朝“纳贡”，每逢婚丧节庆，应遣使报聘；中央王朝则应在使节归国时，向来朝贡的国家颁赏“回赐”，“回赐”的价值一般都会超过该国所贡方物。除来自西北和西南的军用马匹以及少数稀有药材，对中央王朝来说，朝贡与回赐主要是维持宗主和藩属间政治关系的必要的符号或象征，所以虽然赔钱也义无反顾。而对周边国家来说，向中央王朝朝贡其实是做生意的一种特殊形式，我们可以称之为“朝贡—回赐”贸易。利用这种特殊贸易形式来做生意的，不仅有周边国家的王室或政府，还有民间私商。汉文史料中记载不断的外国入贡使臣，其实就有很多是冒牌来骗取“回赐”的私商。

上述情形在宋朝有所变化。一方面，东西贸易市场的发展刺激了人们以“朝贡”换取“回赐”的胃口。各国通贡使团的来华频率迅速增加，使团规模越来越大，留居中国的时间也越来越长。积贫积弱的北宋政府实在不堪负担，所以非但不敢像汉、唐那样四出“招谕”列国来朝，改而奉行“来则不拒，去则不追”的国策，而且到后来甚至还下令把外国使团截留在广州等海港城市，不让他们进京，命人选取部分贡品，酌给回赐后，就地打发他们回国。另一方面，对进行海路贸易的商舶征收的出入口税，在唐后期和五代十国时的东南沿海国家已逐渐成为一宗可观的收入，入宋后更是国家岁入的重要组成部分。所以宋政府在尽可能抑制“朝贡—回赐”这桩赔钱买卖的同时，积极招徕番舶到中国做生意。

在元代，对从事海外贸易的国内外商人抽取关税，“哏是国家大得济的勾当有”（意即“是关系到国家大宗经济收入的紧要事情”），所以对外贸易是受到政府保护的。传统的朝贡观念则发生了根本性的变化。元朝皇室把“日出日没之地”尽看作长生天对黄金家族的赐予。不论是被征服的或者是和平归顺的国家，都要入朝、入质，要出军、出饷、出役夫来配合他们的军事行动，还要根据黄金家族的索求提供各种文物珍异。因此元政府责令外国朝贡，实际上还带有对它们进行经济掠夺的企图和性质。忽必烈一朝，是元政府采用大规模用兵的手段，逼迫它的亚洲邻国称臣纳贡的时期。这些海外战争，大多数以惨败告终。元朝为对外侵略耗尽国力，依然无法迫使周边各国完全屈服。成宗即位后，只好调整对外政策，承认既成事实，满足于各国（除日本外）在名义上对元称臣。从大蒙古国时期算起，元与这些国家的官方关系，经过七八十年的曲折，又开始恢复到与前朝类似的状态。战争与对立的停止，更促使官方及民间的国际贸易进一步繁荣，把从南宋以来一直在持续的对外经济交流推向极盛。

蒙古军队首次进入高丽，是在1218年与高丽军队联合进击契丹“叛部”之时。高丽与蒙古约为“兄弟”，并不能制止蒙古对它的任意勒索。1221年蒙古向高丽的索贡物品就包括獭皮1万领，细绸3000匹，木棉1万斤等等。掠夺引起反抗，蒙古军队遂不断进征其地。高丽国北方的成年男子大部分被杀被掳。中统元年（1260年）忽必烈即位，高丽国王死，元政府把在中国充当质子的王倎（后改名王禃）送回高丽即位。元廷宣布从高丽撤兵罢戍，对高丽过去的反抗“一切勿问”，但要求高丽王室履行从江华岛将都城迁回旧王京的诺言。接着，元廷就诏谕王禃“籍编民，出师旅，输粮饷，助军储”，征取不断，引起高丽朝野的不满。1269年，高丽权臣废王禃，另立新主。元遣兵压境。高丽西京及西北地区六十余城降元，二十多年后才由元朝归还给高丽。原国王复位，抗元军队退入江华岛，复遁耽罗。元以耽罗“为南宋、日本冲要”，乃借口诛讨高丽叛臣余部，迫耽罗国降附。后因高丽要求，将耽罗归隶高丽。元与高丽间此后未再发生战争。

从1280年起，元政府在高丽长期设置“征东行中书省”（又称“日本行省”），把高丽作为进攻日本的军事基地。征日本之役经两次失败搁置以后，征东行省的建制仍一直保留，唯朝廷不再专派行省长官，仅用高丽国王为行省丞相。它与元王朝国内各行省的性质多有不同。由高丽国王兼任的行省丞相在其境内拥有自行设置官府、考试取士、征收赋税、施行号令的权力。如当时人所说，高丽“有宗庙蒸尝以奉其先也，有百官布列以率其职也，其行赏号令专行其国，征赋则尽是三韩之壤，唯所用之，不入天府”。高丽政府在元代基本上是独立地行使着国家主权。

不过，作为元朝的“属国”，高丽经常受元朝的榨取和压迫。元政府为笼络南宋降军，派人到高丽为他们“求娶妻室”。元使偕同高丽官员到处拘搜民间的独身女子、“逆贼之妻、僧人之女”。将他们发遣入元时，“哭声震天，观者莫不悽唏”。在出征日本时期，元朝又迫使高丽出兵卒、船夫、战船和军粮，成为高丽军民沉重的负担。

进入 14 世纪后，元与高丽的经济、文化交流逐步发展。元代有许多高丽人侨居中土，甚至在中国做官。很多高丽学者、僧人都与中国文人保持着十分密切的关系。1310 年间，高丽国王王璋让位给儿子，自己以驸马、沈王身份在大都筑万卷堂，读书闲居。高丽儒生李齐贤奉召陪侍王璋，也长期侨居中国，与当时名臣大儒论学唱和，是这个时期高丽史上最有名的文学家。元朝恢复科举考试后，高丽士人往往不远千里赴试大都，其中有些人其实早已通过本国自行举办的科试而做了官。他们宁可脱去官袍，重新以“诸生”身份来中国竞技于场屋，是因为“得于其国者不若得诸朝廷者之为荣”。

高丽“密迩日本”。忽必烈将王禃扶上王位不久，就一面督其“阅军造船”备征日本，一面派国信使从高丽渡海，去招谕日本“来朝”。1267 年后的七年间，元国信使或递送国书、牒文的专人五至日本。日本天皇曾命朝臣拟就答元朝书，但因镰仓幕府力主不予回牒的强硬态度而没有送达元廷。至元十一年（1274 年），元朝以忻都为都元帅、高丽人洪茶丘为副元帅，率蒙古、汉军和高丽助征军共2.5万人，从合浦渡海，进袭日本的对马、一歧两岛，在筑前博多湾等地登陆。元军在这里遭到日本的激烈抵抗，不能深入，又遇飓风，战舰多触礁被毁，被迫班师。这一年是日本龟山天皇文永十一年，日本历史上称此役为"文永之役"。

次年，忽必烈又遣使日本。幕府欲使元廷"永绝窥觎"，遂杀元使，仍不予回牒。日本在沿边海守戍以备蒙古的同时，又制定"征伐异国"的计划，在国内限日登记大小船舶、水手舵手、出征将士的年龄及武器等，宣布"若及遁避者，可被行重科"。此后数年内，日本军不断骚扰高丽和元朝沿海，可能就与这个"征伐异国"的计划有关。

元使在日本被杀的消息，直到至元十七年（1280年）初才传回中国。至夏，忽必烈召见宋降将范文虎，"议征日本"，不久即建征东行省，筹备再次征日。至元十八年（1281年）五月，元东路军由忻都等人率领，从合浦再渡朝鲜海峡。江南军主要由降元的宋朝水师组成，包括"张世杰溃军"，乃至"避罪附宋蒙古、回回等军"在内，由范文虎统率，从庆元出海。元用宋降军代为拓地，顺便也达到了不杀降而降人自灭的目的。两军相约在日本一歧岛会师，总兵力达14万，共有船舰四千四百多艘。江南军失期迟至。汇合后大部分元军进屯鹰岛。未经大战，即遇飓风。元军缚舰为城，仍经不起风涛颠簸，"震撼击撞，舟坏且尽。军士号呼，溺死海中如麻"。东征将领弃十余万士卒于岛，择坚好船只逃回。日军乘势进攻，尽杀蒙古、高丽、北方汉人军卒，而虏南宋降军为奴。日本史称此战为"弘安之役"。

终元之世，中国与日本之间一直没有建立政府间的关系。但即使是在交战期间，两国的民间贸易也没有完全中断。停战后，日本商船来中国货贸的更多。庆元是对日贸易的主要港口。自大德九年（1305年）到至正十年（1350年）的46年间，有33年留下了日本商船来华的确切记载。中国商品出口，数量最大的是瓷器。铜钱、铜器也是日本来华购买的主要产品。从日本进口的货物，有黄金、精制刀剑、扇子等等。除商人以外，大批日本僧人到中国交流佛法。同时中国禅僧也因日本僧人乃至镰仓北条氏的邀请，搭乘商船渡海东去。日本有些学者甚至将13世纪前后的100年称为日本的“渡来僧世纪”。据考证，这个时期东渡的中国僧人，有姓名事迹可考者不下30人。其中除少数出自四川外，大部分是杭州、明州、台州、温州、漳州等江南临海都市的高僧。他们多在日本镰仓、博多、京都等地主持禅寺。这时的建长、圆觉等著名寺院，因为历代主持以“渡来僧”居多，乃至寺内以汉语为日常用语。

进入14世纪以后，日本镰仓幕府陷入政治危机。破产武士和走私商人相邀结，到中国沿海口岸强买强卖、武装走私，“即不满所欲，燔焫城郭，抄掠居民”。这就是所谓“倭患”。到明代中后叶，由于政府厉行海禁，中国东南沿海的海盗与少数真正的日本浪人勾结，倭寇之患遂成为更加严重的社会问题。

1250年间，忽必烈灭大理国后北归，留下兀良合台继续经略云南未服诸部。1258年，这支蒙古军侵入安南。安南王迎战失利，从京城升龙走避海岛。蒙古军因暑热撤兵。安南王旋即遣使求附，“乞三年一贡”。忽必烈前期，元廷以入朝、纳质、括户、签军、输赋、置达鲁花赤监临“六事”责安南王。安南王巧辞抗命，与元政府周旋达十余年。灭宋后，元朝将有事于海外，想在安南置省，以便控制相邻的占城、真腊、暹国、缅国等东南亚诸国，乃于至元二十一年（1284 年）以假道征占城的名义侵犯安南。

安南之地林密雨多，暑蒸疫疠。当地军民抵抗外敌的惯用战略，是先以狙击拒敌，破其锐气，继而坚壁清野，走匿山林，等待暑雨疫作，使敌粮尽师老，被迫撤兵；这时他们又主动围追堵击，处处设伏，把入侵军队的撤兵行动变成一场大溃退。1284 年的对元战争，以及 1287 年、1288 年两次举国抗元的行动，安南都采取了这样的作战方略。元军回国后，安南王遣使求和，向元朝贡献一个金人代替自己亲朝天子。此后两国通使往来，元朝也没有再提出让安南王入朝和置官钤压的事情。

占城在元初尚是安南属国。1280 年，占城国主向元称臣，贡宝物、犀象。次年元封之为“占城国王”，又设占城行省，作经略南海各国的前沿。至元十九年（1282）末，元廷以占城拘留舟经其地的元朝使臣，诏原来受命“即其地主省以抚安之”的唆都由海道率师进征。占城军先在国都西郊筑木城抵拒，失败后退兵入山。又借安南、真腊等国兵抗元，诱其深入而围击之。元军作战逾年，不能结束战局。至元二十一年（1284 年）三月，元朝增援军队赶到占城，这时唆都已奉命从占城北攻安南。元后至之师谕降占城王，乃还军。嗣后占城遂同时向元廷和安南纳贡，试图倚仗元朝阻止安南侵吞其国土。1320年间，占城打败安南军事进攻，停止向安南入贡，但仍维持向元朝的贡献。

元朝从占城退兵次年，占城入贡。同来的还有真腊国的使臣。至元二十九年（1292年），与元朝出征爪哇的军队一起南行的使臣曾访问真腊，但这次使节一离开即不见真腊消息。元成宗即位后，乃再遣使招谕。使团中有周达观。他们在元贞二年（1296年）从明州浮海，秋天抵真腊。周达观在真腊留居一年，归著《真腊风土记》，记录了吴哥时代柬埔寨社会文化的许多有趣现象。真腊国势已衰，国内有些地方因与暹人交战而成旷土。柬埔寨的名称也出现在元代汉语史料中，作“干不昔”“甘不察”等。

11世纪后期，散布在今澜沧江、湄公河下游直到萨尔温江上游之间的暹人（属泰语族，今亦称泰族人），逐渐摆脱真腊控制，建立起一些独立的小邦国。1238年，湄南河上游的暹人攻占了真腊西北的首府速古台，成立暹人国家，称速古台王朝。经过半世纪左右的发展，它东据今老挝大部，西至缅国之南的白古，南面可能控制了湄南河下游的罗斛，乃至马来半岛北部的一些小城邦。至元二十九年，暹王遣使到广州向元朝致意。忽必烈乃于次年派使节赴暹。据《元史》，成宗即位初，有“必察不里城敢木丁”使臣入贡。必察不里是暹国的属城之一，敢木丁意谓国王。这时候速古台王朝在位国王为坤拉玛甘王。成宗初遣使的这个“敢木丁”，究竟是速古台朝的国主坤拉玛甘王，或者只是必察不里的城主，现在很难确定。中国的瓷器制作技术，大约就在这前后传入速古台朝。

罗斛是孟族人建立的政权。罗斛与元通使，略早于暹国。14世纪中叶，一个出身泰族的孟族君主的女婿控制了暹国大部，迫使衰落中的暹国臣属罗斛。后来，这个兼并了速古台朝的大国于1350年移都阿瑜陀耶。明代史料称之为暹罗。

今苏门答腊岛中部詹卑河流域，十三、十四世纪时是马来人建立的明囊伽宝王朝中心地区。蒙古人依据该王朝建立者的族属，称它麻里予儿或木剌由。王朝的势力，北面到达今马来半岛。13世纪下半叶，暹国势力南下，与麻里予儿争夺马来半岛。麻里予儿向元朝称臣后，大概想请求元朝出面，调停与暹国的关系。所以元成宗即位之初，曾诏令暹国“勿伤麻里予儿”。

麻里予儿以南的爪哇国，在元朝灭宋后开始经营南海时，正由新柯沙里王朝统治。爪哇国王对元朝的招谕令心怀不满，乃于1289年将元使黥面遣归。至元二十九年冬，元军由泉州出海南讨，于次年春到达爪哇。这时新柯沙里王朝正与它的邻邦小国作战，国王被杀。国王女婿土罕必阇耶假降元军，要求元军助其破敌。乱平后，土罕必阇耶倒戈相向。元军因为助其攻战遭受损耗，被迫撤兵归国。土罕必阇耶建麻喏巴歇王朝，于1295年遣使与元朝修好。

元朝与缅国的联系，多取道经由云南的陆路，所以蒙缅交涉略早于元廷宣谕南海各国。1270年间前期，元使两至缅国。一次没有见到缅王，一次因违反上座部佛教的戒规被缅王处死。1277年，缅国又出兵进犯云南边界已降附元朝的金齿部落。元云南行省驻军大破缅军象阵，追至江头城。至元二十年（1283 年），元朝在灭四川宋军残余、荡平西南后经过四年准备，由云南出师征缅。缅王从都城蒲甘出逃，并于 1285 年向元军求和。1287 年，缅王在返回蒲甘途中被己子毒杀，缅国内乱。元军在云南王忽哥赤率领下再入缅甸，进占蒲甘城，不久退兵。蒲甘王朝瓦解。各地贵族和操泰语的掸族势力急剧扩大。从这时起至 13 世纪末，许多自王一方的掸邦各自降附元朝。

这时候，蒲甘王室仍占据昔日的首都和附近地区，并向元朝入贡。1298 年，缅国北部的掸族部长阿散哥也攻克蒲甘，尽杀蒲甘王族。大德四年（1300 年），元军入缅征讨阿散哥也。阿散哥也趁元军不服水土，用重金贿赂元将，使其撤兵。元政府被迫承认阿散哥也兄弟统治缅国的既成事实。

1300 年入缅之役，是元王朝在东南亚国家最后一次侵略性的军事行动。

宋元时代印度半岛的南端，东岸称马八儿，西岸称马拉八儿。马八儿较为发达，其中尤以俱蓝城邦国势力最大。至元十六年（1279 年）元遣使招俱蓝。马八儿、马拉八儿诸多城邦小国相继与元通使聘问。

北印度的德里王朝与元也建立过外交关系。元后期曾遣使至德里王朝，向算端馈赠男女奴婢百人、锦绸、麝香、宝剑等礼物，要求德里算端在印度某地重建一所被毁的佛寺，以便元朝百姓朝拜。据丹吉尔港出生的著名旅行家伊本·白图泰说，当时他正在德里，遂被德里算端任命为回访元朝的使团首领。白图泰在途中流连数年，到达广州后，似乎没有去大都觐见过元朝皇帝。

元朝人对非洲的知识比前代有所增加。元廷派遣出去购买珍禽异兽和各种方物的使臣，有远赴木骨都束、刁吉儿之地的。木骨都束即今索马里首都摩加迪沙；刁吉儿即今摩洛哥的丹吉尔，从中国浮海而至其地，往返要走三年。

“宗藩”之间

蒙古在欧亚极西之地和南海的军事失利表明，纵然它的铁骑似乎无远弗届，仍然不足以征服整个“天下”。于是十三、十四世纪蒙古的势力范围，实际上就划分为两大部分。一部分是直接划入蒙古政权疆域版图之内的地方，包括大汗所在的元王朝和它以西的察合台、窝阔台、术赤后王的兀鲁思，以及旭烈兀建立的伊利汗国。另一部分，则是未加入蒙古版图，但是因为受蒙古军事威胁而被迫“入贡”的周边国家。这些国家附庸于蒙古的程度，或者同一国家在不同时期附庸于蒙古的程度，都有很大差异。还有一些国家虽然也被元朝单方面地纳入“朝贡”体系，其实根本不在元势力范围之内。它们遣使通元，不过是与元保持外交上的联系而已。性质上处于上述两大部分之间的，东有高丽，西有斡罗思各公国，西南方向上有若干位于伊利汗国周边的城邦小国。

古代蒙古社会中的政治关系，有一些是用亲属关系的概念来比拟和表述的。由一方主动降附而形成的支配与被支配的关系，被比拟为父子关系。所以成吉思汗要称王汗为“汗父”。元朝与被它降服的属国间的上下关系，被当时之人认为“义虽君臣，欢若父子”，也就是这个意思。与父子关系所蕴含的上下之别的特征相对立，在血统上身份平等的黄金家族的所有成员，都以兄弟相待。蒙古语称为“阿合答儿迭兀迭儿”，元代汉语译为“哥每弟每”。意思是说，他们都是同出一父（指成吉思汗）的哥哥弟弟们的后代。元朝与它西北诸王的兀鲁思之间，就具有这种特殊的、由相同的高贵血统所缔结的“哥每弟每”的关系。元代汉语把它表述为“宗藩”关系。不过应当注意，它与由朝贡体系所确立的广义的宗藩关系仍有很大的不同。

从理论上讲，大汗的“宗藩”，应当包括东西两道诸王各自的兀鲁思。东道诸王是成吉思汗诸弟后人。他们在黄金家族内的影响，自然不及成吉思汗的诸子及其后人。因此分封之初，他们的势力就都不是很大；蒙古草原以东可以拓展的土地也不像西面那样辽阔，又在大汗就近弹压之下。由于没有足够的政治和经济资源，东道诸王的兀鲁思后来没有充分发展成为相对独立的政权。西道诸王的情况就大不相同了。自成吉思汗西征后就已开始的各汗国独立化过程，因为忽必烈和阿里不哥的争位战争而基本完成。元朝与术赤兀鲁思和伊利汗国的关系，于是构成元代对外关系的重要组成部分。窝阔台和察合台后王兀鲁思的领土，有一部分在今日中国境内。但为叙述方便，把元朝与这两个兀鲁思的相互关系顺便放在本章内一起介绍。

术赤在世时，他的兀鲁思封地，大体上是今巴尔喀什湖和咸海以北，东自也儿的石河，西至札牙黑河的辽阔草原，最南到咸海西南沿岸地区。长子出征后，札牙黑河以西、今黑海以北的南俄草原以及斡罗思各公国都落入术赤后王的控制下。于是术赤死后继位为兀鲁思汗的拔都把大帐移至亦的勒河下游的撒莱城。因为地处钦察草原，故有钦察汗国之称。15世纪以后的俄文史籍又叫它金帐汗国。札牙黑河以东的原封地由术赤长子、拔都之兄斡儿答统治，成为封国中的封国，史称“白帐汗国”。

术赤生前与察合台、窝阔台多次发生矛盾，旧怨很深。他的妻子和幼弟拖雷的妻子是姊妹，所以这两系后王感情较好。贵由汗死后，拔都以长支宗王身份强行干预，把大汗人选从窝阔台系转到拖雷系，拔都也因此获得新汗蒙哥（拖雷长子）的格外尊重。根据在此前后由草原路访问蒙古的鲁不鲁克的记载，大蒙古国好像是在拔都和蒙哥两人间西、东分治，而且拔都在帝国东部的威望和影响，甚至还要超过大汗蒙哥在西半部的声望。

钦察汗国虽然较早就获得相对独立的地位，但仍长期尊奉元朝大汗为黄金家族名义上的最高权威，术赤后王相对于大汗自称“汗”，直到1340年间。钦察汗国的钱币上曾铸有称阿里不哥为大汗的铭文，表明他们承认阿里不哥是大蒙古国的第五任大汗，忽必烈只能算是在他之后的第六任大汗。

1260年初，钦察汗国与伊利汗国为争夺太和岭以南之地发生武装冲突，撕裂了术赤、拖雷两系间近半个世纪的亲近关系。钦察汗国为寻求支持还与伊利汗的敌国、埃及的马木鲁克穆斯林王朝结盟。这个事件成为大蒙古国瓦解的重要标志之一。此后三四十年中，元朝与钦察汗国、察合台汗国和窝阔台汗国之间结盟与对抗的情况，依领土利益、实力消长、政治情势变动等因素为转移，发生过多次改组与变化。其中与钦察汗国有关的最重要的事件，一是在窝阔台后王海都倡议下召开的1269年塔剌思河大会。参加这次大会的窝阔台、术赤、察合台三系后王达成协议，共同反对拖雷系的元朝和伊利汗国。钦察汗国参加这个联盟凡十四五年。二是十三、十四世纪之际，钦察汗家族中有人为争夺权势，私结窝阔台、察合台后王以为奥援，钦察汗脱脱乃与元军配合，进攻二汗国，并且从此与元朝结好。三是中亚最有才干的黄金家族成员、窝阔台后王海都死后，察合台、窝阔台两汗国决意与元约和。钦察汗国也参加了1304年举行的蒙古诸汗国间的约和行动。

这时，元朝皇帝又以大汗的身份恢复行使对钦察汗的册封手续。至大元年（1308年），元武宗遣使册封即位已18年的钦察汗脱脱为“宁肃王”。1313年月即别即位，元仁宗又派使臣去册封。1330年编成的《经世大典》称钦察汗国为“月祖伯（即月即别）所封地”。1336年，月即别派人到元朝，要求支领他在中国的封地岁入，用以补贴军站的赡给。可见从窝阔台时代起开辟的从亦的勒河流域东行的驿路，这时还维持着。所以当时流传于欧洲的一部《通商指南》说，从顿河河口南岸的塔纳到元朝的甘州有通道贯穿。月即别在位时代，伊斯兰教在钦察汗国统治的中心地区广泛传播。到他的儿子札尼别即位时，改称号为大汗。大概是伊斯兰教的信仰终于冲淡了他们对黄金家族的身份认同。这以后不久，钦察汗国就衰落了。

伊利汗国在西道兀鲁思中建国最晚。它的疆域，东北到阿姆河，西北至太和岭，南临波斯湾，西面以幼发拉底河为界。

国都先后在蔑剌哈、桃里寺、逊丹尼牙。

伊利汗国与元朝长期保持着十分密切的关系。旭烈兀死后，西域诸王大臣推戴他的儿子阿八哈继位。阿八哈回答："忽必烈合汗是长支。怎么能不经他的诏赐就继位呢？"由于国事急迫，他后来在众人劝说下登位治事，但在忽必烈的委命诏旨到达时，他还是郑重其事地举行了第二次即位仪式。时在第一次即位的五年后。阿八哈于1279年颁发的一张敕书上，钤有"辅国安民之宝"的汉字方印，显然是元朝赐予的王印。在他的儿子阿鲁浑（继阿八哈弟帖古迭儿为汗）于1289年写给法国国王的信上，也盖着这方汉字的印章。这封信的开头语是："长生天气力里，大汗福荫里，阿鲁浑谕佛郎国王。"与元王朝官方文书开头的套语格式一样。把"大汗"与长生天并称，表明中央兀鲁思（即元朝）的大汗仍是伊利汗王室尊奉的最高权威。阿八哈以后，伊利汗朝每遇汗位继承危机，争位者总是要把父亲曾受过大汗册封列为其身份合法性的最重要的根据。夺得汗位的人，也总是立即向元朝要求册封。

1295年，阿鲁浑子合赞起兵，从他的庶叔拜都手中夺得伊利汗国汗位。起兵前，"合赞汗和全体异密们……宣读了'除安拉外没有别的神'的祷言，他们全成了伊斯兰教徒"。合赞开始称自己为"合汗"和"安拉的奴仆"。尽管我们此后仍然把旭烈兀的兀鲁思叫作伊利汗国，但自合赞以后其实再也没有伊利汗了。合赞1302年致法国国王的信上有"王府定国理民之宝"的汉字印文：学者们推测，这枚王印应当也是来自元朝。而1304年继合赞袭位的完者都合汗，有一颗印文为"真命皇帝和顺万夷之宝"的汉字印玺。由元朝皇帝给另外一个"真命皇帝”颁赐印章，似乎有些难于理解。这颗印，会不会是迁到伊利汗国的汉人为他们在西方的“真命皇帝”刻制的？

无论如何，合赞及其后王们仍与他们在元朝的“哥每弟每”有频繁的交往。1298 年，合赞遣人出使元朝，元成宗命来使把旭烈兀名下历年所得的“岁赐”（元王室对诸王一年一次的赏赐）带回去。1310 年间，伊利汗国与察合台汗国发生战争。伊利汗国的重臣阿必失哈在这前后出访元朝，很可能负有与元朝商议协同对察合台汗国作战的使命。阿必失哈归国时被察合台后王拘留。他不慎泄露元军备战的机密，遂引起察合台汗国军队渡阿姆河侵入伊利汗国境内，全靠元军从东线发动进攻，才迫使察合台汗国军队从阿姆河南岸撤回。完者都之子不赛因即位后，为权臣出班向元王朝请封。泰定帝遣使授出班“开府仪同三司、翊国公”的官号，并赐银印、金符。

在伊利汗朝时期的伊朗，中国和波斯文化发生了广泛的交流。1290 年间前期，伊利汗国仿效元代的钞法，在全国范围取缔金属货币，强制推行纸印钞币。这种钞币为长方形，上面还印有八个汉字。钞法只推行了极短促的时间，便因市场瘫痪而被迫取消。波斯语中的“纸币”一词，至今保留汉语“钞”字的发音。合赞在位时奉命编写《史集》的拉施特，在了解有关蒙古的历史方面，从一个出使伊利汗朝并留居在那里的元朝官员孛罗丞相那里得到重要的帮助。拉施特的《史集》里还记录了直到南宋为止的中国历代王朝的年代记。中国医学名著《脉经》（王叔和著）也在拉施特的主持下被译为波斯文。蒙古驿传制度和元朝整治驿站的办法被伊利汗国仿效。元朝向文武官员颁发牌符作为身份及权力凭证、颁发牌子作为乘驿凭证的制度，也传入伊朗。波斯语中至今保留着“牌子”（paiza）这个词。伊利汗依蒙古制度组织轮番宿直的“怯薛”作自己的侍卫军。“怯薛”一词由此进入波斯语，到今天仍有“轮值”“值班”的意思。

成吉思汗在世时，窝阔台和察合台的兀鲁思都被分封在今阿尔泰山和天山之间的草地上。在蒙古大汗的汗位转移到拖雷系的斗争中，窝阔台系诸王遭到严厉的镇压，份地被切割分离，势力大衰。察合台后王则因乃祖曾经出镇西域的便利，逐渐向天山以西直到阿姆河以北的绿洲诸城扩张势力；而按蒙古旧制，农耕城郭之地本来应当是由大汗负责掌管的黄金家族共有财产。1260 年初，忽必烈为争取西道诸王的支持，把阿尔泰山以西直至阿姆河之地交给察合台后王治理，标志着大汗正式承认了察合台后王对这个地区的实际控制权。不过这时候畏兀儿地区和今新疆南疆诸城镇还没有被察合台汗国所占据。

但是察合台汗国的势力，立即受到 1260 年间迅速崛起的窝阔台后王海都的挑战。这个杰出的草原骑士是蒙古宗王中极少不嗜酒的人。他聚合窝阔台系诸王，乘当时多变的形势，将锡尔河以东的大片草原地区纳入自己的势力范围，并因此与察合台汗国起衅。1269 年，海都约察合台后王八剌、钦察汗忙哥帖木儿在塔剌思河举行三系忽里台，共同反对忽必烈和伊利汗朝。塔剌思大会标志着窝阔台、察合台后王正式脱离大汗的政治控制。八剌因为在河中的牧地不够，在海都支持下逾阿姆河攻击伊利汗国，兵败，不久死去。察合台汗国实际上成为听命于海都的附庸。

从1270年直到14世纪初，元朝与以海都为首的窝阔台、察合台汗国为争夺畏兀儿及其以西的塔里木盆地沿边城市反复交战。为牵制元朝在天山南北的军事行动，海都多次攻入岭北（即蒙古草原），用这种战略迫使元军收缩在西部的战线。1290年间，元朝被迫把畏兀儿王族迁到甘肃永昌。十三、十四世纪之交，元军退出畏兀儿及以西地区。火州成为察合台汗国东境的边城。1301年，海都率两系大军在阿尔泰山岭中的帖坚古之地与元朝交战，重创元军。但此后不久，他因病死去。中亚形势遂发生三方面的重大改变。其一，由海都扶持的察合台后王都哇，在海都死后乘机坐大。两汗国之间实力对比开始逆转。其二，两汗国改变与元对立的立场，以元朝承认他们在西北地区的既得权益及其政权的合法性为条件，与元朝约和。1304年，约和实现。三方共同向伊利汗国诏告和平。这个消息，还通过伊利汗国传播到欧洲基督教世界。其三，元朝畏忌海都余威，趁察合台后王与窝阔台后王不睦，帮助察合台汗国削弱窝阔台汗国。十四世纪末，窝阔台系诸王曾掀起过一阵短暂的复兴活动，但遭失败。不久，窝阔台汗国灭亡。

1310年前期，察合台汗国与元朝通使。但是不久之后，双方为瓜分交界地区的窝阔台牧地发生争执。西北战火重燃。这时伊利汗国也采取行动，将渡阿姆河南侵的察合台军队逐回河中，由此形成东西夹击察合台汗国的形势。察合台大军再侵伊利汗境，后来在东线元军的军事压力下退兵。元朝乘这次攻势，曾将其防线重新推进到畏兀儿地区，但为时不长，又复退回。

1330年，都哇之子答儿麻失里继位为察合台汗。这位有一个梵文名字的汗却放弃佛教信仰，皈依了伊斯兰教。从1330年到1340年间，察合台后王权威衰落，汗国逐渐形成分裂局面，中亚蒙古人也在这个过程中加快了融入当地突厥语主体民族之中的节奏。

微信扫码，获取资源
历史告诉你答案
权利的游戏
神器古代史
史事挖掘机

郡县吐蕃之地
元朝中央政府怎样管理西藏地方

于是帝师之命与诏敕并行于西土。

——《元史·释老传》

前四汗时期的藏地

藏族称呼自己为Bod，称藏地为Bod yul，即"Bod人之域"。蒙古人把他们叫作"土波"。藏人和藏地被称为土波，应当不自蒙古始。唐代汉人用来指称他们的"吐蕃"一词，很可能就来自一个类似的称谓。这个名称最初是如何形成的，我们今天不大清楚。"吐蕃"一名在元明仍沿用不衰。

根据西藏的传说，梵文经典流入藏地，最早约在5世纪；不过当时藏地还没有人能看得懂它们，所以人们只好把它们秘密收藏起来。7世纪时，著名的吐蕃王国赞普松赞干布（617—650年）分别从唐朝和尼婆罗迎娶信奉佛教的公主为王妃。两位公主都把佛像、法物等带进吐蕃；这时，从汉地和印度分别有一些僧侣，循穿越藏地的中国与南亚的交通路线游历吐蕃。佛教在吐蕃真正获得“弘通”，是在松赞干布的五世孙赤松德赞在位时期。9世纪前叶赤祖德赞在位时，佛教势力在政府扶持下急剧扩大。赤祖德赞甚至把两条丝带系于头发上，让丝带铺在赞普王座两旁的僧人的座席上，再命僧人坐在上面，称为“头顶两部僧伽”。赤祖德赞用残酷的刑罚肆意处置对佛教稍有不满的人，引起举国反对。841年，赤祖德赞被反佛大臣暗杀，兄朗达玛继为赞普。843年朗达玛下令灭佛，在吐蕃各地关闭佛寺，掩埋或沉没佛像，焚毁佛经，勒令僧侣还俗。藏地佛教的“前弘期”就此结束。846年，朗达玛被刺，统一的吐蕃王国瓦解，藏地出现小王林立、内乱不已的局面。

佛教在藏地遭到取缔时，部分僧侣逃出劫难，隐避到吐蕃政权势力较弱的藏地东、西部。今青藏高原东北的湟水流域逐渐成为佛教传承的中心。藏地西部的纳里地区，是西藏佛教复兴的另一个基地。920年间，从藏地中部遴选的10人东赴宗哥学习教法，以后回藏复兴佛教。这件事被看作西藏佛法“后弘期”的开始。差不多与此同时，纳里地区的吐蕃小王不断用重金聘请印度、尼婆罗等地的高僧前来译经阐教，又派人西行求法。东来的高僧以印度班智达大德阿底峡最为著名；西去求法的纳里僧人中，最有名的是三至迦湿弥罗的译师仁钦桑波。10世纪末叶，尤其是进入11世纪后，佛寺在全藏各地又普遍兴建起来。由于所传教法不同，这些寺院根据各自的传授系统分别归属于以一个或几个大寺院为据点的教派。

寺院势力最初是在世俗小王的支持和保护下重萌生机的。

但当他们积累了足够的经济力量和宗教影响后，他们也起而参与地方的政治活动，于是形成很多以大寺院为中心的神权政治势力。教团领袖开始时是由寺院僧众推举的，后来经常变成世袭职位。较大的世俗宗族往往会以叔侄相继的传承方式世代把持某个大寺院住持的座席。世俗贵族与僧侣集团之间就这样结成一种很特殊的“赐主—福田”关系。较小的世俗贵族甚至还要反过来寻求教团的保护。在十一、十二世纪，藏地存在着以下这些势力很大的教派集团：

噶当派，由阿底峡的弟子仲敦巴所传。它在前藏拥有很大的势力。著名的热振寺就属于此派。吐蕃赞普后裔雅垄王族成员曾长期占据噶当派主寺的住持职位。

萨斯迦派，根据地在后藏的萨斯迦。萨斯迦大寺的历任住持多出自款氏家族。这个教派在元代藏地政治中具有非常特殊的影响力。

帕木古鲁派，因其祖寺建于帕木古鲁之地而得名。该寺住持由郎氏家族世代把持。帕木古鲁派有若干分支，如必里公派、思答笼派、牙不藏派等。

搽里八派，此派创立较晚，后来其主寺的住持席位为资助建寺的噶尔氏家族所控制。

葛哩麻巴派，祖寺在葛哩麻谷，后来又建一新的主寺于堆隆（在今西藏拉萨西北）。它是藏传佛教中最早实行活佛转世制度的教派。葛哩麻巴派“黑帽”系的第二世转世活佛葛里麻拔噶希，是西藏佛教史上最著名的有奇术的僧人之一。

噶举派，其祖师玛尔巴多次入印度学习密宗教法，注重口耳相传的传习形式，故以“噶举”为教派名。这种传习法当然最容易因不同的师承而分衍支派。帕木古鲁、搽里巴、葛哩麻巴等教派都是从噶举派分离出来的。

宁玛派，这一派宣称自己所传是吐蕃王国时期的教法，由8世纪时入藏的印度高僧莲花生所授，故名。宁玛派法服为红色，所以后来俗称红帽派、红教。

唐王朝和吐蕃王朝解体以后，汉族继续用“吐蕃”称呼他们的西邻。但是五代和宋朝人所说的“吐蕃”，经常是指今甘青河湟一带的某些部落或部族。其中有一些是藏人，也有一些是过去臣属于吐蕃王朝、由于吐蕃统一政权的衰亡而得以自立的小股部众。吐蕃把他们称作odbar，汉语文献音译为“嗢末”。1030年间，这里形成一个以藏族为主体的唃厮啰政权，一度在回鹘、西夏和宋王朝之间的长期斗争中扮演过不可忽视的角色。12世纪初，由于宋军的进攻，它被迫降夏，以后这个地区又被金军占领，但在十二至十三世纪的汉、藏关系中它已失却过去曾有过的那种重要性。

藏文史料说，西藏僧人最早进入蒙古地区，大概是在1209或1210年之间。那是搽里八派的藏巴东廓哇和他带领的六个弟子到蒙古弘扬佛教。因为不通蒙语，他们只能以手势传法，结果可能不太理想，所以他们从蒙古转道前往西夏。据说成吉思汗进兵西夏时，藏巴曾去向他说法，并获得一道保护僧人的谕旨。

在最初二十多年兵侵漠南的军事行动中，蒙古军队有好几次掠地至藏区边缘的今甘青、川北一带。在哲别统率的西征偏师中有“吐蕃帅”，他的部众应当就是在蒙藏早期接触中被蒙古收编的藏兵。

蒙古正式经略藏地始于1230年间。分镇凉州的窝阔台次子阔端曾在1236年派兵降服甘南的几个藏人部落。1240年，他又派遣一支军队，在朵斡耳答答剌罕率领下，深入吐蕃本部。蒙古军进至前藏的热振寺和杰拉康寺（两寺均属噶当派）。据藏文史料，蒙古军“给热振寺造成重大损害。思答笼寺被雾罩住，没有看见。杰拉康寺被焚毁，索敦等五百名出家僧人被杀。必里公寺的住持扎巴迥乃降下石雨，故必里公寺未遭损害。但是蒙古人要住持去当应供喇嘛（即把住持带回去接受蒙古人的供奉）。扎巴迥乃说：‘有个适合当你的应供喇嘛的人，住在西面’”。扎巴迥乃所指的，就是后藏萨斯迦派的法王萨斯迦班智达公哥监藏。在当时的藏地中部，噶当派的寺院最大，必里公派住持的威望最高。但他们和前藏的其他法王们都对于面觐阔端心存畏忌，于是把今后100年间在藏域承制宣化的机会，拱手让给了萨斯迦派法王。

萨斯迦班智达果然接到了阔端召见的令旨。在由他编纂和创作的《萨斯迦格言》里，他曾经写道：“弱小者如把伟人依靠，乃是获得成功的诀窍。”“请看由于攀附于大树，藤蔓也到树尖高处。”他决定带着不满10岁的侄子八思巴和八思巴之弟恰纳朵儿只去应召。1246年夏天，他到达阔端在凉州的大营。这一年他65岁。

萨斯迦班智达叔侄抵达凉州的时候，阔端正在漠北参加贵由汗的即位大会。他们的相见，要到第二年春天阔端回到凉州大营以后。他当然不是被邀请到这里来做端坐莲台的“应供喇嘛”的。他的真正角色，乃是代表藏域各教团来同蒙古统帅商谈向蒙古归顺的事宜。对这次谈判的结果，萨斯迦班智达在写给藏地僧俗领袖的一封信里，向他们做出详细的介绍。他转达阔端的保证说，只要藏域不进行武装抵抗而全面归附，“则汝等地方各处民众部落原有之官员仍可加委供职”。归附各部应将头目姓名、百姓数目、贡赋数额造册缮录，一份呈递阔端，一份存于萨斯迦，一份由当地头目留存。阔端还把金银牌符颁赐给萨斯迦派的首脑们，授予他们管领藏地众官员的权力。萨斯迦班智达警告他的同胞说，如果企图设法逃脱蒙古的统治，或指望蒙古因路远而不会前去镇压，或期待与之交战而胜之，或以欺骗办法对待蒙古，则“最终必遭毁灭”。关于给蒙古的贡赋，他在信的最后写道，乃以金、银、象牙、大粒珍珠、银珠、藏红花、木香、牛黄、虎皮、豹皮、草豹皮、水獭皮、蕃呢、藏地中部之毛织品等物为佳。“此间对一般财物颇不屑顾，故各地可以本地最好之方物进献。”

由于萨斯迦班智达的斡旋，再加上1250年初由蒙哥和阔端分别派出的两支军队对未服地区的军事进攻，迫使藏地很快接受了蒙古的统治。1251年末，萨斯迦班智达在凉州入寂。他年轻的侄子八思巴似乎接替了萨斯迦班智达原来的角色。他在1252年为报告叔父去世而致藏地僧团领袖的信里，传达新近即位的蒙哥汗的谕旨说：“皇帝并宣谕于我：‘已派金字使臣（指佩带用以乘驿的金字牌符的蒙古使臣）去吐蕃各处清查户口、划分地界。汝可遣僧人同往。’”

这次清查户口，并不局限于吐蕃一地，而是在从汉地直到斡罗思的广阔地面上统一施行的一次大规模行动。吐蕃括户以后，藏地人户在蒙哥、忽必烈、旭烈兀和阿里不哥四兄弟等黄金家族成员之间进行分配，各人还分别与被分配的人户所在地最有势力的那些教派结成了“赐主—福田”的关系。蒙哥供奉的是必里公派和藏古儿木哇派，忽必烈和阿里不哥分别供奉搽里八派和思答笼派，旭烈兀供奉帕木古鲁的牙不藏派和宁玛派，阔端则仍然供奉萨斯迦派。

萨斯迦派在这次分配中被安排在一个颇为不利的位置上：蒙古大汗的汗位已经从窝阔台系转到拖雷系手中，但萨斯迦派所得以结纳的，却是显然已经失势的窝阔台系诸王。萨斯迦班智达已经不在人世，现在要由年轻的八思巴来承担扭转上述不利局势的重任了。

八思巴与元代政治

虽然古代蒙古人信仰崇拜“腾格理”（天）的萨满教，多神崇拜的倾向却使他们很容易对各种宗教的高僧大德引起注意。忽必烈早在1240年间就曾将汉地的名僧海云禅师召赴漠北问对。听说萨斯迦班智班达已在凉州，他就派人到阔端处，要求阔端把大师护送到蒙古草原与他见面。使者驰至凉州时，萨斯迦班智达已经死去。阔端回复忽必烈说：“大师已经圆寂。他有一个侄子叫八思巴，意思是‘圣寿’。年纪只有十几岁，却精通佛法。请允许我送他前来复命。”不过八思巴不用再像海云那样长途跋涉远去岭北了。1252年秋，忽必烈奉皇兄蒙哥之命领兵南下，进征大理。1253年初夏他驻牧于“凉陇羌浑之交”的六盘山。在这里，八思巴第一次见到忽必烈。

忽必烈似乎对见不到萨斯迦班智达仍有点遗憾。他问八思巴："你的佛法，与令叔相比怎么样？"八思巴回答："叔父的佛法浩如大海之水。我所掌握的，不过像用手指探海，点水于舌而已。"随行军中的忽必烈王妃察必先请八思巴传授金刚灌顶，就是请八思巴施行以水灌洒头顶的密宗仪式，表示由八思巴引进佛门，从此可以把喜金刚作为最根本的尊崇对象来修行。随后，忽必烈也要求接受灌顶。但是由八思巴传授灌顶就是以八思巴为师。从此"上师"就要坐于弟子的上座。这使忽必烈十分为难。经由察必调解，双方约定：今后八思巴讲论佛法或人少时，可以坐在上座；吐蕃之事先征求八思巴意见再下令旨；忽必烈处理俗界政务的正式场合则坐上座，八思巴不得对他徇情干预。

忽必烈即将从事的南征要经过藏地东部边缘。大概忽必烈曾与八思巴商讨蒙古军路经吐蕃时向藏人征发钱粮人力的问题，八思巴力图劝说忽必烈豁免藏地助军的义务，当然使忽必烈感到不大中意，所以这次会面时间似乎不长。八思巴"旬日即乞西还"，回到"凉州王宫之佛殿"。

1254年初，蒙古军攻灭大理国。忽必烈分军留滇经略未服诸部，自己取原路班师，于当年夏天再次驻牧于六盘山。这时八思巴已从凉州动身，正在赶回萨斯迦的途中，听说忽必烈北还的消息，八思巴中途折返，"驰驿径往王府"。他受到忽必烈的热情接待，获得忽必烈颁赐的藏文令旨。根据藏学家陈庆英的汉语译文，令旨说，这位蒙古宗王已从"上师"八思巴处获得信仰，接受灌顶，乃以教法和僧伽的施主自任，"故此特赐给上师八思巴此项褒护藏地方三宝之所依处及僧伽不受侵害之诏书"，并在过去赏赐之外，加赐白银56大锭、茶叶200包、锦缎 110 匹。作为一个宗王，忽必烈不能给予八思巴什么实际权力，所以只在这份令旨中重申保护藏地佛教和寺院的诺言而已。但对八思巴来说，重要的是，在阔端对西藏的决定性影响消失之后，萨斯迦派的新法王终于及时地找到了自己的新“施主”。他显然极其看重这一点。从 1255 年直到 1280 年去世，八思巴几乎每逢旧历新年都要给忽必烈写吉祥祝词。他在 1255 年的新年祝词中这样写道：“祈愿你这权势如大海、如须弥山、如日月珍宝之神中神健康长寿，所愿俱得成就！……你出身家族洁净高贵，财富受用等同如意宝树，祈愿你在尊胜众神所依止之须弥山胜于各方！……祈愿你像太阳照临各方！……为皇子胜于各方之故，持守清净戒律、智慧无畏之说法僧八思巴撰此祝词。”佛教的“清净戒律”并不禁止高僧大德使用最华丽铺张的辞藻，为被他们认为是“真命有归”的统治者招徕吉祥与佛的护佑。

这时，在藏地佛教界以神奇的法力闻名的葛里麻拔噶希也应邀来到忽必烈在汉地的大营。忽必烈显然被葛里麻拔噶希所倾服。出自萨斯迦派的藏文史料说，八思巴在他的忠实信奉者察必王妃提示下，用刀截四肢而不受伤来证明自己受“五部佛护佑”的功德。噶举派的文献则说，葛里麻拔噶希拒绝了忽必烈要他留侍左右的请求，不辞而别，后来又在漠北受宠于蒙哥。所以当他中统年间来到汉地时，被忽必烈拘捕并流放海边。无论如何，随着蒙哥汗去世、旭烈兀远走西域、阿里不哥兵败投降，忽必烈庇护下的萨斯迦派取得了在元代藏传佛教各派中定于一尊的地位。

中统元年（1260年）十二月，八思巴被新即位的忽必烈封为国师，“授以玉印，统释教”。这时，忽必烈在全力应付与阿里不哥的战争的同时，已开始为系统地建立元朝对藏地的行政统治做准备。中统三年初，他派遣专使持金字牌符入藏，向各寺院布施，实际意图是探视藏地的局势。八思巴为此专门写了一封信给藏地佛教各派的领袖，要他们慎重接待朝廷特使。在他的信里，八思巴再次强调，他以国师身份留住汉地，不是为了萨斯迦一派的利益，而是为了“整个佛法及所有众人之事”。

争位之战结束以后，忽必烈正式着手进一步治理藏地。至元初，在藏地东北部边区（今甘青地区）设立“吐蕃宣慰司”。元军在这里“随地厄塞设屯”，用“恩威并著”的手段“镇抚”藏人各部。对今川北藏区，元廷也置司“招谕”“镇抚”。与此同时，八思巴兄弟被派回吐蕃本部，去整治藏地政教事务。

1264年，他们从大都启程返回萨斯迦。八思巴的弟弟恰纳朵儿只娶阔端的女儿为妻，于是以黄金家族“古儿干”（蒙语，译言女婿，亦可用于专指成吉思汗家族的“驸马”）的身份受封为白兰王，大概用以象征蒙古统治藏地的世俗权力。这一年又新建立“总制院”，掌管佛教和吐蕃全境，由国师统领。所以，八思巴此行是以统领总制院的国师和萨斯迦法王的身份，代表朝廷号令藏地佛教各派。临行前，忽必烈颁赐了一份诏书给八思巴，让他传谕各地。诏书“绣以白绒，网以真珠”，所以称为“珍珠诏书”。诏文宣称，忽必烈“已从明白无误之上师八思巴处接受灌顶，封彼为国师，任命彼为所有僧众之统领。……僧人们不可违了上师之法旨”。由此可见，两兄弟中，真正具有元廷在藏地代言人地位的乃是八思巴，而不是白兰王。

回到萨斯迦以后，八思巴按照护卫蒙古大汗和诸王的怯薛组织的形式，改造了萨斯迦法王的侍从机构。在这个称为“剌让”的机构里，除了“内大相”的官号大概源于古代吐蕃王朝的“内大相”一词外，其余职官名称的构成，差不多全是模仿怯薛的各种执事官名称，其中包括：索本，负责法王饮食的官员；森本，管理卧室、卧具和服装的官员；却本，负责供奉仪式的官员；皆本，接待来人的官员；仲本，管理文书、档案的官员；佐本，管理财务的官员；真本，负责引见的官员；迦本，管理驮畜、运输的官员；达本，管理坐骑的官员；作本，管理牦牛、奶牛的官员；其本，管理狗的官员，等等。八思巴还利用自己掌握的经济和政治资源，在西藏各重要的地方修建萨斯迦派的寺院；萨斯迦派的势力在前、后藏乃至甘青、川北地区都获得很大的扩展。

1267年，恰纳朵儿只在萨斯迦病死。八思巴在处理完丧事后离开藏地重返大都。这一年，在忽必烈和阿里不哥之争中曾经站在阿里不哥一方，因而与元政府和萨斯迦派结下怨恨的必里公派起而反抗。元军再次深入吐蕃本部镇压叛众。史料没有提到八思巴在藏地的活动与此次必里公之乱是否发生过直接关系。

恰纳朵儿只之死和必里公之乱的平息，对13世纪吐蕃本部的政治史发生了很重要的影响。白兰王本来是元王朝建立在藏地的地方政权的象征（八思巴相当于中央政府的佛教领袖和主管吐蕃全境的负责官员）。白兰王死后，元廷遂设立“乌思藏三路军民万户府”作为统治吐蕃本部的地方权力机构，后来改名为“乌思藏宣慰司”。它的长官经八思巴推荐，由朝廷任命，授予水晶官印。首任长官是正在萨斯迦法王府中代理主持政教事务的释迦藏卜。在这前后，元廷又乘平定必里公之乱的余威，在吐蕃本部调查户口。这次括户分两组进行。一组从藏地西部开始调查，逐渐往东进入后藏之地，由阿衮和弥陵负责实施；另一组则从后藏向前藏推进，由司徒阿昔吉实施。新上任的乌思藏宣慰司长官释迦藏卜也积极参与了这一次括户。吐蕃本部著名的“十三万户”，大概就是在这次括户的基础上确定的。

至元五六年之交，八思巴回到大都。蒙古王公和朝臣、市民到大都郊外远迎。八思巴在“香华幢盖、天乐仙音”的簇拥下，经过结扎着彩带的街道，进入宫中。一路上“万众瞻礼，若一佛出世”。

回京师后不久，八思巴就把他根据藏文字母创制的一种方形直书的字母体系呈献元廷。用这套字母，既可拼写蒙语、藏语，也可以拼写汉语。它于1270年被元朝指定为书写蒙古语的法定字母体系，叫作“蒙古新字”。现在学术界通称它为“八思巴字母”。元朝有很多官方汉语文书，也使用八思巴字母来拼写。在一个多语种环境中，用一种通用的字母体系来拼写各种文字，这个设想似颇有可取之处。但八思巴字母除拼写藏文较贴切易通外，用以拼写多音节的蒙语词汇，就必须把本来应当连书的字母一个音节、一个音节地切开，给认读带来很大的困难。汉文本不是拼音文字，改用八思巴字母来拼写汉语，认读方面的障碍也很大。例如元武宗时发行的铜币“大元通宝”，钱面上铸有八思巴字母拼写的汉文，作 tay yuen thung baw。用 yuen 来拼写“元”，用 thung 来拼写“通”，这样的“谐声”一般人也很难掌握。所以虽经政府强行推广，这种字母还是无法真正被社会接受。元朝灭亡后，八思巴字母在任何一种书面语中都未被继续行用。

至元七年（1270 年），元廷颁行八思巴字母后，即把八思巴的身份从国师升为帝师，颁赐比诸王所用金印品位更高的玉印，大朝会时得坐在皇帝之侧傲视群臣。他的封号很长，叫“皇天之下，一人之上（这句话的意思是，整个天下只有一人在他之上），开教宣文，辅治大圣，至德普觉，真知佑国，如意大宝法王，西天佛子，大元帝师”。藏文史料说，在被加封为帝师时，八思巴第二次为忽必烈传授金刚乘灌顶，并因此领受“吐蕃三区”作为供养。藏文“吐蕃三区”，直译当作“Bod 地的三个 chol—kha”。这里的 chol—kha 是蒙文 chölge 的音译。蒙古人既接受金、宋政权把“路”作为较大的施政区划的观念，用 chölge 意译“路”；又用这同一个蒙语词汇来翻译大于路的辖区“道”。这里用 chölge 来称呼的藏地的三大部分，即位于它东北的甘青地区、东部的昌都和川北地区，以及吐蕃本部，意思是藏域三“道”。用吐蕃三区供养八思巴的意思应当是说，现在八思巴不再仅仅以一个统领总制院的“僧官”和萨斯迦一个教派的法王身份去号令藏地佛教各派，而是利用元政权的力量取得了全藏佛教领袖的地位。八思巴到达了他一生中权力的顶峰。

这时，经他提携而进入总制院任职的一个甘青藏人桑哥，替他在宫内造了一座豪华的佛堂。为此，桑哥受御史台弹劾而下狱。八思巴很不高兴。适逢忽必烈邀请他参加一次与佛教有关的庆典。八思巴回答说："在藏地，儿子入狱，父亲即使行走在小巷里也觉得羞愧。我的桑哥为向我学法造了一座小屋，竟被台臣据以治罪，把他关进监狱。所以我不能出席。"忽必烈遂命令释放桑哥。1270 年末，曾任乌思藏宣慰司长官的功嘉藏卜与回到萨斯迦的八思巴发生冲突。元朝派军入藏弹压，统率这支军队的正是重入总制院并且做了院使的桑哥。桑哥攻杀功嘉藏卜，在吐蕃本部留下一些蒙古驻军，并且改革了藏北高原上的驿站体系。他在汉文史籍中是一个臭名昭著的以敛财固宠的"奸臣"。但在藏文史书中，却是一个"有作为的善良大臣"。可见完全根据单方面的记载去评判一个历史人物是很不准确的。据说，忽必烈在下决心处死桑哥时，还向他询问有谁可以继任他的职位。

1271 年夏天，八思巴离开大都前往临洮。1274 年，他又从临洮继续往西，回到萨斯迦。大元帝师之职，由他的异母弟亦邻真继任。1280 年末，即"功嘉藏卜之乱"为桑哥镇压后不久，八思巴在萨斯迦死去。当时他 46 岁。

元代的吐蕃三区

元朝统治藏地的中央机构，最初是由国师统领的总制院。至元七年（1270 年）后，总制院由帝师统领。至元二十五年，由总制院使桑哥提议，改总制院为宣政院。新的院名取法于唐制。因为唐朝皇帝经常在宣政殿接见吐蕃王国的国使。宣政院品级为从一品；也就是说，该机构中最高级的职官（宣政院使）的品衔为从一品。其职权通摄军民；其人选僧俗并用。院使之上，还有一个没有品级的帝师。宣政院任命属官，具有与御史台、枢密院等同样的特权，不须经由中书省申报，可以直接向皇帝“闻奏”。当然，帝师的推荐对官员人选有十分重要的影响。

元朝一代的帝师，现在可以考见的有十三四人，其中七人出于萨斯迦的款氏，四人是八思巴的门徒（多在款氏没有合适的男性后裔时才被选出来就任此职）。说款氏基本上把持了元代帝师一职，此话并不过分。帝师的法旨与元朝皇帝的诏旨“并行于西土”。著名元史专家陈得芝依元代特别的公牍文体翻译帝师法旨的一般格式为：“皇帝圣旨里，帝师某人（此为帝师名）法旨。藏、乌思宣慰司官员每根底，军官每、军人每、镇守的每、法官每、征敛赋税的每根底，来往（使臣）每、万户每根底，……僧、俗人等每根底教谕的我的法旨：……（以下为法旨具体内容）。”法旨开头第一句“皇帝圣旨里”的“……里”一语，是公牍文体中的专用词，用来翻译蒙文的后缀 -ghar 或 -ger，意即“根据……”。帝师的法旨，是根据“皇帝圣旨”所赋予的权力来具体地发号施令的。法旨虽说与诏敕“并行”，却没有改变藏地是统属于中央政府的一个辖区的性质。

与元朝的其他辖地一样，吐蕃也有蒙古宗王出镇。封在这里的宗王是忽必烈的第七个儿子奥鲁赤，王号为“西平王”。奥鲁赤死后，西平王之位由次子八的麻的加继承，但镇守吐蕃的使命改由他的长子镇西武靖王铁木儿不花担任。铁木儿不花的长子老的封云南王，次子搠思班袭镇西武靖王位，仍分镇藏地。明初归降的镇守吐蕃宗王卜纳剌所袭仍是镇西武靖王之位。他应当是铁木儿不花的后人。镇西武靖王的大营，可能位于藏地东北的甘青一带。

驻吐蕃的最高地方政权机构，是分别设立在“吐蕃三区”的三个宣慰使司都元帅府。

元代最高的地方行政机构是行中书省，简称行省。行省以下的行政区划，是路、府州、县。在距离行省中心较远的地区，又分道设立宣慰司，协调旁近路府的军、民之务；治民之事听命于行省，治兵之事听命于枢密院。边疆民族地区的宣慰司机构，因为军事的功能较强，往往称宣慰使司都元帅府。长官仍为宣慰使，无都元帅的职衔，但经常用军人任职。

因为吐蕃在元朝直属宣政院管辖，性质类似中书省直接管辖的今山东、山西、河北等地区，所以不设立行省机构。其他行省之下都有称作“路”的行政机构，管若干路的宣慰使司划区多称为“道”。吐蕃基本上没有路的行政建制。但其中两个宣慰使司都元帅府名义上也被看作是属于路的建置，分别叫“吐蕃等路宣慰使司都元帅府”“乌思藏纳里速古鲁孙等三路宣慰使司都元帅府”。还有一个则名为“吐蕃等处宣慰使司都元帅府”，与上述第一个机构的全名只有一字之差。它们是统治“吐蕃三区”（或“吐蕃三道”）的最高地方机构。

在以上三个宣慰使司都元帅府中间，吐蕃等处宣慰使司都元帅府大约成立于至元初年（1264 年）。乌思藏纳里速古鲁孙宣慰使司都元帅府的前身“乌思藏三路军民万户府”成立于至元四年或五年（1267 年或 1268 年），约在 1280 年间乃有定名。吐蕃等路宣慰使司都元帅府成立最晚。至元二十年前后，它的名称是吐蕃招讨司，以后改为安抚司，成宗期间改为宣抚司，很可能直到元英宗或泰定帝时才最后定名。

吐蕃三道的划分，完全是在藏地传统的政治—地理结构的基础上形成的。藏人称青海为“朵，以今青海东部为“朵思麻”，意思是“下朵”。吐蕃等处宣慰使司都元帅府辖地主要为朵思麻（西宁州除外）以及今甘肃西南部分地区，所以它简称朵思麻宣慰司。其治所在河州。下辖朵思麻路、河州路、洮州元帅府、积石州元帅府、贵德州、礼店文州元帅府、松潘叠宕威茂州宣抚司等地。

吐蕃等路宣慰使司都元帅府的辖境，主要是朵甘思之地，即今川西理塘、甘孜等地区，所以简称朵甘思宣慰司。其下辖机构有朵甘思都元帅府，碉门、鱼通等处安抚使司，朵甘思、哈答、李唐、鱼通等处钱粮总管府；还有剌马儿刚招讨司，奔不招讨司，奔不儿亦思刚招讨司，亦思马儿甘万户府等。“刚”“甘”都是藏语 sgang 音译，意即山岗。吐蕃古史有“朵甘思六岗”，剌马儿刚等地或即六岗之所在。

乌思藏纳里速古鲁孙宣慰使司都元帅府，所辖为吐蕃本部的前、后藏和阿里地区，简称乌思藏宣慰司。乌思即藏语 dBus 的音译，指前藏；藏即 gTsang 的音译，指后藏；纳里速古鲁孙藏文作 mNgah-ris skor-gsum，意即“阿里三围”，大概是一个很古老的地名，原指朗达玛系三王子在今西藏西部阿里地区建立的三个小王国。当时前藏的首府是拉萨，后藏的首府则是萨斯迦。

吐蕃本部的僧俗居民，约在 1260 年末完成括户之后被编为十三个万户。以后地方上的户口迭有变动，万户的设置也必然有增减调整。但“十三万户”却成了表示藏地居民的固定名词。汉文和藏文文献提到的乌思藏万户的数目要多于十三个，它们中间有：

“沙鲁（田）地里管民万户”，在今日喀则南的霞炉地方；“出密万户”，在今日喀则西南曲弥；“加麻瓦万户”和“札由瓦万户”，分别在今墨竹工卡西南的甲马和隆子东南的加玉；“拉兑洛万户”和“拉兑绛万户”，分别在“拉兑”的南、北地区，即今定日、昂仁；“羊卓万户”，在前后藏之间今羊卓雍湖一带。

又有“搽里八田地里管民万户”，即设立在搽里八派控制地区的万户；“迷儿军万户”，即元代几次武装反抗朝廷的必里公教派所在地区万户；“思答笼剌万户”，“伯木古鲁万户”，“牙里不藏思八万户”，“绛卓万户”，则分别是置于思答笼派、伯木古鲁派、牙不藏派、香巴噶举派势力范围内的万户；“乌思藏田地里管民万户”，可能是由萨斯迦法王直属地区内的僧俗人口组成的。

此外还有一些万户情况不详，如“膂笼答剌万户”。

上述这些万户大体可以归为两大类。一类是设置在各教派势力所在地区的万户组织，万户长的职位往往控制在各教派法王所从出的那些家族手里。另一类万户中不存在一个占绝对优势的政教合一的权力，因此在性质上也更接近于地域性的行政组织。

现在可以知道的万户，几乎全都分布在乌思藏即前、后藏地区，“阿里三围”即阿里地区与乌思藏同时被元政府括户，似乎也应当有万户或者千户的建制。详细情况还有待进一步的研究。

十三万户所统辖的藏地民户，分为两大类。一类是寺属民户，另一类是一般民户，藏语分别称为拉德和米德。据藏文史籍，元代在藏地设置万户时，以六千户为拉德，四千户为米德。这就是说，当时人口的十分之六隶属于寺院，向其所属寺院负担封建义务；总人口的十分之四是一般民户，要承当政府摊派的各种赋役。拉德和米德中的绝大多数直接生产者，都是寺院或者世俗领主的世袭农奴。前后藏所设万户的一般民户总数在三万四千户左右，按它占总户数十分之四的比例推算，则元代乌思藏地区的民户总数，至少应当在八九万之间。

从行政体制上看，乌思藏宣慰司与朵思麻宣慰司、朵甘思宣慰司是平级并行的行政建制。但因为乌思藏宣慰司所管地面是吐蕃本部，宣慰司最高长官一职在元前期和中叶又长期在帝师萨斯迦法王所自出的款氏家族控制下，所以这一道宣慰司的地位看起来有一点特殊。

藏文史籍明确地载录了首任乌思藏三路军民万户释迦藏卜的这个职衔，“三路军民万户”采用的是对汉字逐个音译的形式；这个机构后来改称宣慰司，藏文同样采取音译。与此同时，从释迦藏卜开始，藏文史料又相当完整地记录了统治吐蕃本部的历任长官——他们都有“本禅”的官号，意即“大官人”。本禅的官名未见于元以前的吐蕃当地官制中。它既然始于元代，就很像是蒙语“也可那颜”（“大官人”）的对译词；用来指称中央政府所属各官僚机构中为首的长官，如宣政院的院使，藏文就写作 rtsa-bahi dpon-chen；以至治理吐蕃的内地中央王朝本身，也可以被叫作“本巴”。本禅和本巴的官号或者特指名称，表明了从元朝开始内地中央政府在藏域所享有的政治权威。

那么，此种受中央政府任命统治藏地的历任本禅，与乌思藏宣慰司乃至其他两道宣慰司，究竟是什么样的关系呢？对这个问题，目前存在两种不同的看法。一种看法认为，本禅就是对乌思藏纳里速古鲁孙宣慰使司都元帅府的长官，即五名宣慰使中为首的那名宣慰使的别称。很可能蒙古人把这个为首的宣慰使径称为该机构的“大官人”，经藏语移译，遂有本禅之名。所以本禅政权也就是乌思藏宣慰司。另一种看法，则以为元代西藏存在着一个高于三道宣慰司的本禅政府，它才是藏地最高的地方政权。从目前的研究来看，前一种意见似乎更稳妥。

乌思藏宣慰司的首席宣慰使之职，长期为萨斯迦教派的座主款氏家族所垄断，所以它被称为“萨斯迦本禅”。萨斯迦法王与萨斯迦本禅互为奥援，形成藏地中部势力最大的一个政教权力中心。但是它在吐蕃全境并非没有挑战者。元朝前期，它的对手主要是必里公派。萨斯迦在朝廷支持下击败了必里公派。元朝后期，帕木竹巴的势力日盛，终于压倒萨斯迦，成为前后藏各教派事实上的盟主。

1280 年间的必里公之乱始于他们攻毁一个对立教派寺院的行动。据说他们取得了与“西蒙古”的诸王 Hu—la 的联盟。这个西蒙古诸王当然不可能是这时已在西亚立国的旭烈兀系，而大概是察合台系的都哇。在他们的支持下，必里公与萨斯迦的冲突逐渐尖锐，乌思藏驿道因此堵塞。1290 年，藏地的混乱局面迫使元廷命镇西武靖王铁木儿不花率部征讨，与萨斯迦本禅阿格伦朵儿只班合攻必里公和“西蒙古”诸王亦邻真的联军。必里公军大败，贡巴（必里公派行政和军事长官）和亦邻真被擒，教派主寺被焚毁。

除必里公以外，前藏较强大的教派还有帕木古鲁和搽里八。1320年间，自赏竹监藏（又译绛求坚赞）就任帕木竹巴万户的长官后，该教派的势力迅速上升，于是成为前藏各教派反抗萨斯迦肆行威福的中坚。1329年，袭封白兰王的八思巴侄孙琐南藏卜巡行前藏，一直住到1333年仍不离去。前藏诸教派首领会商对策，想要求白兰王移驻别地。搽里八首领说：“我的地方处于关隘要地。担当不起，不敢禀告。”必里公法王因与萨斯迦早有仇隙，也不敢首先陈述，所以对赏竹监藏说：“您是萨斯迦的大弟子，您说为宜。”结果是赏竹监藏在白兰王面前首先发难。他愤懑难抑地对白兰王说：“先前承侍了四年，您尚不满足。现在前藏人已山穷水尽，无能为力了。若还不知足，我们前藏所有首领就都充任白兰王您本人的侍从，……我们全体的人马都来服侍您。”这样才把白兰王强行送走。与此同时，帕木竹巴和搽里八、牙不藏、必里公各派间也因抢夺地盘不断发生摩擦、争执，甚至战争。

错综复杂的利益冲突，导致萨斯迦本禅利用帕木竹巴和搽里八、牙不藏之间的矛盾，下令传讯赏竹监藏。后者抗命不从，终被本禅撤职拘禁。赏竹监藏从被羁押处逃脱，于是爆发了本禅率领的各万户与帕木竹巴之间的战争。赏竹监藏获胜，巩固了称霸前藏的优势。1350年初，赏竹监藏派人到大都，为自己对抗萨斯迦本禅辩护，并请求朝廷赐还被本禅褫夺的万户职权、减免一半赋役。元廷赐万户所佩银字圆符二枚，准予除驿站差发外减免一半赋役。接着赏竹监藏又乘萨斯迦内部发生帝师二子囚禁本禅加瓦藏卜的变乱，出兵后藏，占领萨斯迦寺。加瓦藏卜本禅被救出后，表示愿意奏请皇帝，举荐赏竹监藏作本禅。后者傲慢地回答："较之本禅，还是我目前的万户长职务好。我起誓，我根本不羡慕本禅职务。"1357 年，他又从朝廷求得"大司徒"的封号和印玺。

因此，从 1350 年起，萨斯迦本禅虽然仍旧存在，但统治前、后藏的实际权力，早已转移到不屑称本禅、宁愿自称"第悉"（sDe-srid，译言"摄政"）的帕木竹巴派首领的手中。赏竹监藏在他的类似遗嘱的告后人书里说，"对待宣慰使司和各地大小首领，应像裁剪小孩的衣服一样临机处置。"乌思藏宣慰司在这个跋扈的"大司徒"眼中，已经完全没有什么权威可言了。

黄金家族曾按吐蕃佛教各派所统僧俗人户在各支成员间进行分封，由此与藏地人户结成领属与被领属的关系。这绝不是一般的"施主—福田"关系，而是按家产制的观念将藏地完全纳入元朝政治统治体系的一种方式。元代藏地的政教势力把元帝的"札撒"（圣旨）、宣政院的"札付"文书、朝廷颁发的金银字牌符和印章看作自己权力合法性的依据。他们要打倒敌对势力时，务求剥夺对方所有的这些权力象征。他们在与藏域的地方政权发生对抗时，往往要派人到朝廷为自己辩解，求得元廷对其行为的认可。直到元末，他们对中央政府承担的赋役和驿站差发，未经朝廷同意豁免，也不能擅自停止缴纳。"官家"一词的产生，有力地证明了内地中央王朝的政治权力及于藏域的事实在藏人政治观念中的反映。

孔雀胆
省政、王政与段氏大理

唐标铁柱，宋挥玉斧，元跨革囊。

——昆明大观楼长联

省政与王政并莅

从 8 世纪中叶到 13 世纪中叶，云南先后被独立于中央王朝的区域性政权南诏和大理所统治。唐王朝曾遣使与南诏王会盟于点苍山下，并树立铁柱以为见证。北宋平灭蜀地后，统兵大将王全斌向宋太祖献图，建议乘胜进军云南。宋太祖用玉斧比画着舆图上的大渡河说："此外非我有也。"云南"正朔不加，车书不一"，长达五百多年。

根据云南地方史书，元与大理之间最早的直接军事冲突，发生在 1244 年。大理国权臣高禾（一作高和）领军，与从灵关南下的一支蒙古偏师交战于大理北境，高禾战死。近代在云南丽江九和里白王庙遗址发现的圮塔残砖，上刻“……兵到高逾城白王在阵亡……”“……追为高逾城和高福善及战亡……”等汉字和梵文咒语。这座白王塔，显然是为纪念阵亡的高禾建造的。

蒙哥即大汗位后，命忽必烈率兵进征南宋。忽必烈奏准蒙哥，先攻取大理，以迂回包抄南宋。1253年夏，他从漠北进抵六盘山驻牧；至秋，挥兵南下，由川西入滇，乘皮囊、木筏渡金沙江，直逼大理国首府大理城。所谓“元跨革囊”，即指此。大理国主段兴智和重臣高泰祥杀谕降使臣，迎战失利后，弃城东逃。不久，高泰祥被追兵擒获，处死前叹曰：“段运不回，天使其然。为臣陨首，吾事毕矣。”1254年初，忽必烈留大将兀良合台继续攻略未下诸地，自己由原路北返。秋，兀良合台克鄯阐，追获段兴智。乌良合台转战云南各地再历两年，遂收服“大理五城、八府、四郡，洎乌、白等蛮三十七部”。段兴智被遣送到大汗处北觐。翌年献地图，“条奏治民立赋之法”。蒙哥许其仍用“摩诃罗嵯”（梵语，译言“大王”）的名号，管领云南诸部。

段氏灭国后的最初20年间，元对云南实行的基本上是军事占领式的统治，大理国时代的行政地理概念仍得到保留。所谓“五府”，即洱海沿岸大理国的王畿内诸城；“八府四郡”都是王畿之外分封给权贵（主要是高氏）的行政区，主要分布在滇东和滇西北；“三十七部”则是散布在今滇池和抚仙湖周围广阔地带的各部族酋寨，其中的主要成分大概是乌蛮。按照蒙古人的概念，则当日云南包括了哈剌章、茶罕章、鸭赤、赤秃哥儿和金齿等几大部分。作为专称，哈剌章指滇西的大理王畿或者大理城。蒙语哈剌译言黑，与哈剌相对的是茶罕，译言白。茶罕章指位于吐蕃与大理交界处的今云南丽江。两个名词中都有“章”，应当是蒙古人从吐蕃那里听来的他们对云南地区及其居民的称呼，因为吐蕃把南诏称为hJang，它来源就更加古老了，原来是吐蕃对南北朝时期南中著名统治家族爨氏的姓氏之音译。鸭赤指今昆明。这是蒙古人从云南地区最先归附他们的丽江“茶罕章”（纳西人）那里听来的。纳西语至今称昆明为Yichi（纳西语南方的意思），因为它是纳西人居地南方的大城。赤秃哥儿是蒙语chitkör的音译，意思是“鬼”。元代蒙古人用它指称滇东北和黔西地区以及居住在这里的乌蛮（罗罗斯）诸部。从宋代开始，这里就有一个著名的地域性部族集团“罗氏鬼国”（或称罗鬼）。蒙语的赤秃哥儿当即对罗鬼之名的意译；再从蒙语倒译为汉语，遂产生了“鬼蛮”这样的名称。金齿“国名百夷”，指大理西部的傣语居民。上述五部分中间，最核心的地区是哈剌章和鸭赤。南诏、大理立国于滇西五百年，哈剌章又是最重要的政治、经济和文化中心。所以这个名称亦可用来泛称整个云南。

忽必烈即位后，开始加强对云南的控制。中统年间先后置大理国总管（仍用段氏）、大理元帅府。至元四年，封皇子忽哥赤为云南王，王府之外又置大理等处行六部，用云南王和行六部限制段氏的行政权力。朝中有人对于派忽哥赤到“荒服”之地表示担心。忽必烈说：“我实在很喜欢那里的风土。如果不是天命落在我的身上，我一定会请求把自己分封到那里去的。”忽哥赤莅镇云南不出四年，被都元帅宝合丁和行六部尚书兼王傅阔阔带合谋毒死。此后云南局面一直不稳。十一年，元廷命赛典赤·瞻思丁带中书省平章政事的相衔行省云南。元对云南的统治遂进入一个新的时期。

赛典赤祖先是中亚不花剌城的贵族。他本人从侍奉成吉思汗起家，历仕诸汗，“功闻五朝”，积累了丰富的经验。回回人长于理财，他曾经是蒙哥得力的财政官僚。他也曾长期担任地方行政首脑，甚至还作为统军将领，在前线带兵与宋军对垒。忽必烈要找一个谨慎、宽厚的官员去“怀柔”远人，结果选中这个兼有治军和经济才干的全才型政治家。他确有知人善任的高明本领。

以赛典赤为首的新的云南统治机构，没有设立在大理城，而建治于鄯阐。这不但摆脱了段氏对行省治政的干扰，而且反过来把世任大理总管的段氏的势力钳制在滇西，尤其是大理地区范围之内。因赛典赤的建议，元廷改变对云南实行军事占领式统治时期以当地首领充任万户、千户官员兼摄地方行政，军民不分治的局面，在各地遍置郡县。郡县行政官员均由朝廷委派。由于离中央政府太远，元政府后来规定，三年一次遣使云南，会同行省首脑长官，就便委任或迁调六品以下官职，事后呈中书省追授。五品以上官员则仍需移咨中书省铨注。边远地区的土官有品秩但不入迁流，死后由其兄弟子侄袭职。为鼓励内地官员到云南任职，至元后期宣布，中书省直辖地区的官员迁调云南，可升二等任用，去极边重地任职甚至可升三等。在云南做吏员，出职进入流官行列也比内地容易一些。官员病死云南任上，可由政府提供驿站服务，归葬原乡。云南地方官本来有权擅决死罪，至元二十年诏，自后死刑判决仍须像其他地方一样，报中央政府审核。行省建立后，对云南的治理逐渐被纳入与元对其他省区的统治相一致的体系，虽然云南比在中原汉地罢世侯、军民分治、立迁转法晚了十多年。

除行政建置方面的大规模调整，赛典赤在云南的治绩，在纪念他的“德政碑”里被概括为：“省徭役，招散亡，恤鳏寡，兴儒教，备水、旱灾，礼接贤士，削去冗官，建屯田，制楮币（发行纸币），设路食以待劳民，薄征税以广行旅。”元代云南社会，在建省后的二三十年，也就是赛典赤和他的儿子纳速剌丁、忽辛等在云南任职的时期最为繁荣安定。这表明赛典赤的上述治滇方针是收到了一定程度的实效的。

元成宗以后，元朝在云南的出镇宗王势力渐大；世袭大理总管的段氏也羽翼再丰。双方“一恃宗亲，一恃故物”，因两不相下而交恶；同时又都对行省形成牵制。三种政治势力间错综复杂的关系，逐渐把云南统治当局的内部矛盾推向尖锐化。

赛典赤入滇时，有“宗王脱忽鲁方镇云南”。至元十七年，即赛典赤死于云南任上的次年，被毒杀的忽哥赤之子也先帖木儿得袭封云南王。至元二十七年，忽必烈复以皇孙甘麻剌（真金子）为梁王，镇鄯阐，地位在建藩哈剌章的云南王之上。二十九年，甘麻剌徙封晋王，移镇漠北；次年，其子松山袭封梁王。至大元年初，也先帖木儿从二字王晋封为一字营王，离开云南。武宗怕梁王势大难制，以其“有风疾”将他召回，另任诸王老的（忽必烈第七子奥鲁赤之子）代镇，仍封云南王。老的出镇不久，就想把势力伸向大理总管段光控制下的滇西。至大二年，双方的冲突发展到以刀兵相见，段光战败。他惧梁王遣兵西袭，派高蓬守重镇罗那关。梁王想收买高蓬，高蓬写诗回绝。诗云："寄语下番梁王翁，檄书何苦招高蓬。身为五岳嵩山主，智过六尺缩地公。铁甲铁盔持铁槊，花鞍花索驭花骢。但挥眼前黄石阵，击破孤云几万重。"梁王乃重赂高蓬的厨人刺蓬。厨人以蓬首出献，梁王杀之以自解。

七年之后，老的北觐仁宗，未详以后他是否返回云南。我们只知道英宗即位后，又把云南王转封给松山的儿子王禅。松山和继承英宗皇位的泰定帝同为甘麻剌之子。所以泰定帝一即位，就把王禅由云南王晋封为梁王，又以王禅子帖木儿不花袭封云南王。

泰定帝死后，王禅和帖木儿不花都支持他的儿子阿剌吉八继位，成为上都集团对大都派发动汗位继承战争的中坚。上都战败，王禅赐死。甘麻剌系在云南的势力瓦解。由于两都之战的战场在北方，云南本地未受其害。但在紧接着发生的明宗（和世㻋）暴崩事件后，驻扎在云南的效忠于明宗的诸王秃坚等终于由观望和消极抗命的立场转而公开称兵，史称"秃坚之乱"。从至顺元年（1330年）正月到翌年夏初，战火弥漫整个滇东北。在此之前，云南无战事已历半个世纪之久。变起仓促，人心危惧。元廷先后调四川、江浙、河南、江西、陕西、朵甘思、朵思麻等处军队平乱。云南社会经济因此遭受不小的破坏。

元统二年（1334年）元廷又封阿鲁为云南王。继任阿鲁的孛罗是忽哥赤之子也先帖木儿的幼子。至此，莅视云南的出镇宗王重新由忽哥赤系来担当。这时候云南王的王府大概已设在中庆。孛罗何时由云南王晋封梁王不详。元末的梁王也可能是云南民间对云南王的俗称。

1350年后，元朝统治被红巾军起义后形成的几个农民政权严重削弱。至正二十三年（1363年），建立夏政权于四川的明玉珍遣兵攻滇。梁王从中庆退至威楚，向当时的大理总管段功求援。段功领兵东驰，与明玉珍军转战于从吕阁到古田的广阔地域，屡败之。段功在夏军中得明玉珍母亲写给儿子的书信，乃模仿明母笔迹伪造一封家书，命入滇兵马"蚤归"。夏军遂退兵四川，临行大呼"待明年来复仇"。段功追至七星关，大胜而还。

为报答段功出兵救助之恩，梁王以女儿阿禚公主嫁之，并奏请朝廷授段功为云南行省平章。这位大理总管贪恋新欢，留在中庆城里迟迟不肯西归。他的正夫人高氏从大理寄给他一首词说：风卷残云，九霄冉冉逐。龙池无偶，水云一片绿。寂寞倚屏帏，春雨纷纷促。蜀锦半闲，鸳鸯独宿。好语我将军：只恐乐极生悲，冤鬼哭。

段功乃归大理，但不久他又重返中庆。梁王受谗人挑唆，开始怀疑他有"吞金马、咽碧鸡"（金马、碧鸡是中庆远郊的山名）之心，于是密召阿禚公主曰："亲莫若父母，宝莫若社稷。现在段功不灭我不肯甘休。你失去他，还可以再嫁其他高官以保富贵。现在给你一副孔雀胆，可以找机会毒死他。"阿禚把此事告诉段功，表示愿与段功一起西归大理。段功却不肯相信，说："我对你们家有大功。我脚趾受伤，你父亲还亲自为我裹扎。你为什么要这样骗我？"

虽经阿禚三谏，段功终不悟，遂于1366年被梁王设计杀害在通济桥（在今昆明市内）。阿禚闻讯，欲自尽以示"不负信黄泉”，因梁王看管甚严，不克遂愿。据说她曾经写诗明志云：“吾家住在雁门深，一片闲云到滇海。心悬明月照青天，青天不语今三载。欲随明月到苍山，误我一生踏里彩（里彩指彩缎被褥）。吐噜吐噜（意谓无知，或云可惜）段阿奴（公主称段功为阿奴），施宗施秀（指与段功前后死去的两个大理人）同奴歹（歹意即死去）。云片波磷不见人，押不芦花（此处作西域传入的起死回生药解）颜色改。肉屏独坐细思量（肉屏原指骆驼，此处疑为玉屏的谐音，指昆明近郊的玉案山），西山铁立霜潇洒。”诗写得不算好，却充分反映了阿禚思念段功的真情实意。权力倾轧无情地粉碎了骨肉之爱，只留下受害者的哀吟让后人凭吊。

梁王害死段功后，先后七次派人暗杀段功之子段宝，都没有成功。1367 年西攻大理，不克制胜，乃在大理土官杨宝调解下与段氏勉强和解。1368 年，元顺帝被明朝军队逼迫，退出大都。段氏与梁王虽各守其土，但都奉北元为正朔。此后明氏夏政权曾再度南侵鄯阐境。梁王“奉金印玉书”向大理借兵，被段宝拒绝。段宝致梁王诗有“自从界限鸿沟后，成败兴衰不属吾”之句。

明洪武四年（1371 年），割据四川的明升（明玉珍子）政权亡。明廷派王祎（即明初修《元史》的主编之一）谕梁王归附。梁王犹疑两年多，杀王祎拒降。洪武十四年秋，明军三十万，由傅友德、蓝玉、沐英率领，一路由永宁经由滇东北南下，主力从湖南穿越贵州，渡北盘江至石城，向西进逼中庆。双方会战于坂桥，梁王把匝剌瓦尔密溃败，弃中庆城遁走。明军出师不满百日，克云南首府。十五年初，威楚降；梁王眼看大势已去，在晋宁投滇池自尽。

在大理，段宝死于1370年间，子明嗣。明军进征云南前后，段明死，由叔父段世权掌国事。洪武十五年明军至威楚，段世遣使致书，请依“唐、宋故事”，奉正朔、修岁贡，在大理保持相对独立的段氏政权。明军不许，进灭大理。

至此，元朝对云南的统治，在它的中央政府退出大都十三年后，终于完全结束。段宝的二孙，被朱元璋派到西北卫所做军官。据说甘肃永昌曾有大官庙、小官庙，就是祀奉他们两人的。

“汉佛”入滇

云南一向是中国历史上民族分布最复杂的地区。大体上讲，讲壮侗语的部族集团自东向西，讲藏缅语的部族集团从北到南，苗瑶语集团从东北向西南，古代还有讲孟—高棉语的部族集团由西南向东北，交叉、重叠地分布在这块多高山峡谷、盆地零碎的亚热带土地上。除平面上的交叉分布外，不同的部落集团往往还因相对海拔高度和自然条件的差异，在同一地区内形成水田稻作、旱地农作和山地畜牧等经济形态各异的立体分布的部族文化。在古代，这里的有些部落与汉族之间需要经过“重译”（即不止一次的翻译），才能互相沟通。

自两汉以降，汉民族人口也曾不断迁入云南，两晋时代“南中”著名的爨氏，就是汉代迁到那里的汉族大姓。随着后来的战争和长期隔绝状态的形成，人口数量上占据劣势的汉族逐渐融合在当地土著居民中，但同时毕竟也把一部分汉文化传播到所在地区。南诏国建立以前，洱海周围的白蛮中，有杨、李、赵、董等大姓，可见汉族的姓氏已进入一部分讲彝语的部落中间。汉文在南诏的乌蛮与白蛮上层似乎已是一种通用的文字。研习汉文无法与学讲汉语的过程完全割裂。所以，要说在南诏和大理的上层集团中流行双语制，大概没有太大的问题。汉语和汉文又将一部分汉文化中的文物制度带入云南，因此有人说，大理国时期，“宫室、楼观、言语、书数，以至冠婚丧祭之礼，干戈战阵之法，虽不能尽善尽美，其规模、服色、动作，云为，略本于汉”。

汉文化对元代云南的影响，由于此疆彼界的消除和长期和平环境的滋育，在规模上远远超过了前代。如果说从后唐到南宋，“中国相寻于干戈，独云南一隅享太平者三百余载”，这是以洱海和滇池两个地区为中心的云南文化进一步整合为一体的时期，那么元代开启了云南与中国内地大面积经济文化交流和整合的崭新时期。官僚、兵士（很多变成屯田的农民）、商人、宗教人士、手艺人，从来没有这么多的内地居民到这里长期生活，甚至就定居在那里。因《大理行纪》而闻名的郭松年当时就意识到，云南被纳入统一的全国政权之中，将会对它的经济文化繁荣产生巨大的推进作用。他在中庆筇竹寺中写的一首诗说：“南来作使驻征鞍（筇竹寺在玉案山上，故云），风景还惊入画看。梵宇云埋筇竹老，滇池霜浸碧鸡寒。兵威此日虽同轨，文德他年见舞干。北望乌台（指御史台）犹万里，几回挥泪惜凋残。”

云南与内地的交通条件，在元代获得很大的改善。元以前，北方与云南之间最主要的通道，就是忽必烈征大理时走的

"忒剌道"。即从临夏向南到今甘肃迭部，再一直往南偏西穿越藏区东部至理塘，进入今云南丽江地区。元置云南行省，政治中心从大理东移中庆，遂逐渐建立以今昆明为中心的辐射状交通体系，先后连通与四川、湖广等省的驿道。从省治向东北而行，一路往乌蒙山区出省，可至四川叙州，一路取道曲靖、乌撒出省，可至四川永宁、纳溪。自中庆出发，还有一条驿路北达川陕地区。其路经武定向北，贯穿罗罗斯部居地，经大渡河至黎州、雅州，与成都陆路相通。不过这条路"烟瘴生发，所过使臣艰难，人马死损"，所以使用率或许不高。至元末，在中庆至曲靖、普安的站道以东又加设四站，贯穿罗殿及其以东的八番顺元地区，达于黄平、镇远，而与湖广行省的驿道干线沟通，经辰州、沅州北趋。这条路"山势少通，道径平稳，又系出马去处"，日益成为云南与内地相联系的交通要道之一，后来明军主力入滇，所循即此线路。此外，由东南出省至湖广南部，由东北出省至亦奚不薛，也都有驿道相连。

元代开省云南的第一任长官赛典赤·瞻思丁，在推进云南的经济、文化发展方面起了非常积极的作用。当时云南各地种植的水稻，主要是糯稻，很多地方没有粳稻；当地虽有桑麻，但因"未得其法"，也不能获得充分的收益。这时候粳稻种植的推广和桑麻技术的改进，对改善民众的吃、穿两件大事，当然有很重要的意义。赛典赤以漏籍民户组织民屯，以官给田补充民间私有田的不足。参加民屯的农户共一万四千多户，在中庆地区的有四千户，垦田八万亩。滇池出水道淤塞，"夏潦暴至，必冒城郭"，造成水患。赛典赤命张立道疏通滇池下游泄洪道；浚修滇池以北的盘龙江，减轻滇池蓄纳北部山水的负担；又在滇池周围灌区浚沟造坝，改善了数十万亩农田的灌溉条件。

文献还记录了赛典赤确立云南赋税体系的经过。赛典赤问来访的“夷”民：“我想以土田招你们分种，借给你们耕牛粮种、耒耜蓑笠之具。估计一亩可以收多少？”回答可收二石。他又问：“能给官府缴纳多少？”答曰一半。赛典赤说：“太重，以后将不能承受这样的负担。要是今后不再借牛、种和耒耜之具给你们，牛死了要买牛，农具坏了要修理，一家衣食所须，收成的一半怎么能够供给？”“夷”人答曰：“那么就以三分之一缴官。”赛典赤说：“你们虽然能缴得起，只怕你们的子孙会缴不起。今后继我上任的人，一定要你们缴满这个数目，那就上下之间互相敌恶了。我与你们相约，你们不要违反我，一亩缴纳二斗，千万不要拖欠！”民情大悦。有人问：“地租很轻，就是路太远，无法运来完纳，怎么办？”赛典赤调查了各人所在地区的物产之宜。规定宜产马处则缴马，宜产牛处则缴牛，都与租米之价值相当。不产马牛之地则缴银。明初转录这件事的作者接着说：“今之粮折牛马、粮折银是也。”据《元史》，赛典赤死后，忽必烈“诏云南省臣尽守赛典赤成规，不得辄改”。看来这条诏令终元之世都在实行。

入元以前，云南的汉文化虽然已有一定范围的传播，但比较受到重视的是在器用服饰、辞章文采方面。当地最受人尊崇的汉族人物，是书法家王羲之。他们不大知道孔子，而把“王逸少”（即王羲之）当作“先师”来祀奉。云南建省后，元政府命令各地官府设立儒学孔庙。当地人自此知道崇拜孔子，把他看作“汉佛”。当时在一般民众中间，男女往往自相配偶。父母亲人死后就用火葬，没有什么丧祭。跟孔孟之学一道传入云南的，有所谓“拜跪之节，婚姻行媒。死者为之棺椁奠祭”。这一套礼仪，今天看起来当然有很多消极的成分，但在当时却是催化一个文化共同体的感性经验和共同心理意识的必要符号体系。

至元十一年，赛典赤抵云南当年，即在中庆、大理两路设儒学提举。中庆首建文庙，岁祀于春秋二季的第一个丁日，招收学生入儒学研习。十九年，云南诸路普遍建学立庙，“以祀先圣”。由于这一批学校的建立，使云南诸生有可能比较系统地研读儒家经典。这对于改变云南先前以儒附释的“儒释”或者“释儒”文化，是一个很大的推动。

与此大体同时，元代又是云南佛教摆脱藏传密宗的支配性影响而大规模改密为禅的时代。南诏、大理政权时，云南佛教“皆西域密教”，实际上是藏密，“初无禅讲宗也”。密教僧人叫阿吒力或阿阇梨，或称轨度僧、轨范僧。没有出家的阿吒力叫“师僧”，有妻室。最早在云南开寺收徒传播禅宗的，是1250年间从云南到内地学禅，历25年后回到中庆筇竹寺的雄辩禅师。大约在十三、十四世纪之间的四五十年间，从汉地传入云南的禅宗很快成为当地佛教的主流，阿吒力僧几乎落到民间巫师的地位。这个转变，很可能有当日云南社会关系和社会结构的重大变迁作为基础。但它刚刚发生在汉地的文化影响以前所未有的力度施加于云南地方的时期，因而有效地加快了云南上层文化从它本身的体系中脱逸出来，向中原汉文化靠拢的过程。到元明之际，在云南中心地区的城镇和士人中流行的，已基本上是与内地相同的汉文化了。

不过，从上面的叙述中间，也不应该产生这样一种误解，即元代云南的人口主体，已经由汉族百姓，或者至少是由汉化程度很深的那些非汉族居民所构成了。各种少数民族的部族、部落或部落集团，占据了人迹罕至的高山、水滨、坝区和林木中的大部分地区，尽管其人口密度很低，但在人数的绝对值方面，仍要大大超过在元政权保护下集中于少数城镇，尤其是大城市里的汉族居民。汉文化的影响主要通过这些城镇向其周围辐射。在大理和中庆城之间，这些辐射点大概基本上能构成一个互相呼应的网络。在它以外，汉文化的辐射力仍不足以穿透旷袤的多民族交叉分布区。

到明代，甚至清代，汉文化在云南依旧是按照辐射网络式的格局传播的，不过分布在网络上的辐射点增加了，网络的外沿铺向更大的地域，网络保持信息能量和复制信息的功能也更为明显地增强了。明初有大批宁镇地区的“良家闾右”被强行迁移到云南落籍。他们带去的方音，竟使明代云南很多汉族聚居点“言音绝似金陵。但呼院曰万，街曰该，鞋曰孩，虹曰水桩，松炬曰明子，蓄水曰海子，岭曰坡子，沟曰龙口。民呼官，太守以下皆曰父母；监司以上皆曰祖”。

因此，从13世纪直至近代，云南文化变迁的格局，正是在元代奠定的。

边庭风情多异彩

元云南行省的辖境，比今天的云南省要大。其东界基本与今云南省界吻合，而与湖广行省接邻。其北界将今四川西昌囊括在内，自西向东分别与吐蕃东境的朵甘思、朵思麻以及四川行省相邻。它的西部、西南部、南部和东南部则分别与元代的西南邻国接壤。

行省西部的边界与南诏、大理国时期相同，即在今缅甸北部与印度交界的那加山脉，它是恒河水系和伊洛瓦底江水系的分水岭。在它的西南，元初边界基本上与大理国边境线相同，位于今德宏所辖诸县地界略西、略南，与缅国相邻。1270年和1280年间，元军两次征缅，遂将云南行省的这一段边界向西南推进到原缅国辖境，大体将北纬23°以北的萨尔温江和伊洛瓦底江两河流域之间的地区括入版图。元朝后期更曾南至于邦牙置宣慰司，但不到五年就放弃了。

西部边界地区有景咙金殿国，是傣族先民建立的地方政权，为大理国的属国。元朝1300年前后才在这里设彻里路军民总管府，正式行使对该地的统治权。彻里与它之南的八百媳妇国的疆域犬牙相错，大体上以今南垒河分界，河北属彻里，河南属八百媳妇。元成宗时曾准备出征八百媳妇，兵马尚未进入云南，就因沿途扰民激起今黔西、滇东北各部族的武装反抗，元军被围穷谷，得脱者仅十之一二，被迫罢征。彻里置司以后，八百媳妇国部酋相继归附元廷，1320年—1330年间，元先后设蒙庆宣慰司、八百等处宣慰司都元帅府于彼地，今缅甸南掸邦的南垒河以南地区、泰国清莱府和清迈府的部分地区也被纳入元朝统治。此外，1320年间，元还在越南莱州省境内置宁远州；1330年间，设老告军民总管府统治今老挝北部的琅勃拉邦一带。

云南行省的东南与安南接界。这里的边界基本上与今中越边境线吻合，唯临安道宣慰司所属阿月部的地域，还要超出今马关县境，达到今越南河江省的部分地区。

沿着不同方向散布到云南境内的许许多多种落集团，在无数由自然环境造就的相对隔绝的聚居区中形成差异极大的经济和文化景观。见于元代史籍的各种土著居民，就其大的族类而言，有白人、罗罗、金齿百夷、么些、斡泥、峨昌、撬人、土僚、蒲人等等。

白人是今白族先民，是以南徙入滇的古代氐羌族当中经济、文化较发达的一些族系为主体，并融合了汉魏以后移入南中的汉族大姓爨氏以及其他一些汉族人口而逐渐形成的共同体。南北朝以后，它以“白蛮”见于史籍，而与“乌蛮”（分布在云南的另外几支氐羌人后裔）相区别。元代又称他们为阿僰、爨僰（寸白）、白人。其分布地区，以中庆、威楚、大理、永昌为主，东至普安、曲靖，北至丽江，南及元江。他们多居住在坝区，以农耕为生，有水田，称五亩为“一双”，种植麻麦蔬果。其农业经济与汉人颇接近，所以元代入滇的汉人，认他们为“汉之遗裔”。尤其是城镇或其附近地区的白人，在与汉族交往中风俗逐渐接近汉族。到明朝，“近城汉、僰人风俗”已经没有太大的差别了。中庆、晋宁的元代白人王惠临终时遗训子孙，“忠孝丧礼完全遵照古风（这里的‘古风’其实是指汉人风俗），不要追随僰俗”。这个例子既说明受汉文化影响较深的白人对汉地仪文之制的仰慕，同时也说明当时流行的“僰俗”毕竟还保持着若干固有特点。在写于元代的《云南志略》

中，李京这样描写当时的白人风俗：

> 男女首戴“次工”，制如中原渔人之蒲笠，差大；编竹为之，复以黑毡。亲旧虽久别，无拜跪，唯取“次工”以为馈。男子披毡椎髻。妇人不施粉脂，酥泽其发，青纱分编，绕首盘系，裹以攒顶黑巾。耳金环，象牙缠臂。衣绣方幅。以半身细毡为上服。处子孀妇（即未嫁女子和寡妇），出入无禁。少年弟子，号曰妙子。暮夜游行（晚上出来闲游走动），或吹芦笙，或作歌曲。声韵之中，皆寄情意。情通私耦，然后成婚。居室多为回檐，如殿制。食贵生，如猪、牛、鸡、鱼，皆生醢之（意即把猪、牛、鸡、鱼等肉生剁成肉酱），和以蒜泥而食。每岁以腊月二十四祀祖，如中州上冢之礼。六月二十四，通夕以高竿缚火炬照天，小儿各持松明火，相烧为戏，谓之驱禳（禳即灾）。佛教甚盛。戒律精严者名得道，俗甚重之；有家室者名师僧。教童子，多读佛书，少知六经者。段氏而上，选官置吏皆出此。民俗家无贫富，皆有佛堂，旦夕击鼓恭礼，少长手不释念珠。一岁之中，斋戒几半。诸种蛮夷，不知事神佛，唯白人事佛甚谨。……其俊秀者，颇能书，有晋人笔意。……市井谓之街子，午前聚集，抵暮而罢。交易用棋子，俗呼作𧴩。以一为庄，四庄为手，四手为苗，五苗为索。人死，俗尸束缚令坐（即将尸体缚束成端坐的姿势），棺如方柜，击铜鼓送丧，以剪发为孝，哭声如歌而不哀。既焚，盛骨而葬。……其贵人被服，近年虽略从汉制，其他亦自如也。

上引史文中提到白人在旧历六月二十四日晚缚火炬照天、

持松明相烧驱灾，就是至今仍在白族和西南其他少数民族中流行的火把节。

白人的语言，按现代语言学分类属于藏缅语族彝语支。从汉魏至元代，白蛮的语言中吸收了大量汉语借词。唐朝人说，在西南诸部中“言语音，白蛮最正”，大概就因为白语中有一部分名词能与汉语的相应词汇相通。李京说，白人语穿衣曰衣衣，吃饭曰咽羹茹，樵采曰拆薪，帛曰幕，酒曰尊，鞍辖曰悼泥，墙曰砖垣，等等。白语基本语汇大量吸收汉语借词，应当是社会生活中间长期使用双语的结果。从大理国后期开始，白人利用汉字和在汉字基础上稍加创造的一部分新方块字来记录他们的书面语，形成所谓僰文。在元代中后期，僰文在云南地区已相当流行。僰文中的自造新字比例并不大。僰文所使用的汉字，虽有一部分类似表音符号，纯粹用来记录白语词汇的发音，但绝大部分仍同时保留了汉字原来的字音和字义。因此，僰文与其说是白语的书面形式，或许不如说更像是一种俗体的汉语书面语。

罗罗即“乌蛮”，是现代彝族的先民。元时乌蛮各部仍多有各自的部名，罗罗则是对他们的统称。南诏时乌蛮七部中有“鹿卢蛮”，当即罗罗一名的来源。蒙古人又在这个名称之后加上复数后缀 -s，汉语音译为罗罗斯，用来专指集中居住在今四川凉山和西昌的罗罗人。元置宣慰司于其地，称罗罗斯宣慰司。乌蒙、乌撒也是罗罗人集中居住的地区。此外，罗罗的分布还遍及云南大部分地方，多与诸族杂居。他们或耕或牧，农业经济大体处于刀耕火种阶段。李京说：

> 男子椎髻，摘去须髯，或髡其发。左右佩双刀，喜斗

> 好杀，……以轻死为勇。马贵折尾，鞍无鞊，剜木为镫，状如鱼口，微容足趾。妇人披发，衣布衣，贵者锦缘，贱者披羊皮。乘马并足横坐。室女（指未出嫁的姑娘）耳穿大环，剪发齐眉，裙不过膝。男女无贵贱皆披毡跣足。……虽贵，床无缛，松花铺地。……有疾不识医药，唯用男巫，号大奚婆。以鸡骨占吉凶，酋长左右斯须不可阙，事无巨细皆决之。……每岁以腊月春节，竖长竿，横设一木，左右各坐一人，以互相起落为戏。

金齿、百夷都是今傣族先民。其俗尚以金银、漆等涂饰牙齿，所以很早以来就被称为金齿、银齿、黑齿等。元代的回回人和蒙古人用波斯语 Zar-dandān 称呼他们，也是金齿的意思。元以后，这种以金饰齿的俗尚在有些百夷部落中演变为死后用金箔镶二齿而后葬。金齿并不是他们的自称，而是他族的外称。唐代汉文记载中有裳魔，明代有歹摩，都是"傣勐"一音的不同写音形式，这才是金齿百夷的自称。李京说，"西南之蛮，白夷（即百夷）最盛。北接吐蕃，南抵交趾"。行省的西南及东南边地是他们的主要居住区。南诏、大理时代，这一带的傣族先民大体上可以今澜沧江为界分为两部分，西部是金齿（或黑齿），东部是白衣（即百夷）。入元以后，金齿、百夷之称经常混用，已不复区别。西南的金齿百夷，由大理金齿等路宣慰司管辖，东南地区诸部归隶于临安道宣慰司。行省的彻里（景咙金殿国）宣慰司所管，与更南的八百媳妇地区，也是在语言和族属上与百夷同类的居民。世传八百媳妇国部长有妻八百，各领一寨，故以之名其国。

百夷诸部多从事农业经济。其地多桑柘，四时皆蚕。由于气候适宜农作物生长，土地又肥沃，所以“地利不能尽，然多产牛羊鱼果”。大多数金齿部落元时还没有使用文字，刻木为约。百夷妇女特别能吃苦耐劳。据《云南志略》，他们“长眉睫，不施脂粉，发分两髻，衣文锦衣，联缀河贝为饰。尽力农事，勤苦不辍。及产（指分娩生育）方得少暇。既产，即抱子浴于江，归付其父，动作如故”。由于居地偏南，风土下湿上热，金齿百夷“多起竹楼，居濒江，一日十浴”。“交易五日一集。旦则妇人为市，日中男子为市。以毡布茶盐互相贸易”。百夷诸部到明代后期才开始奉佛，在元代唯信巫祝而已。唯彻里的傣族先民则早已是上座部佛教的信徒了。

至正之初，随着元朝中央政府和元行省统治势力的衰落，麓川百夷土官思可发举兵抗命，“盗据一方，侵夺路甸”。据傣文《麓川思氏官谱》，思可发为土语音译，意为擒白虎之王。元明官方文献都以死可伐名之，是一种诬称。思可发起兵之后，邻近诸部“相率纳贡”。元廷曾几次派兵往征、下诏招谕，都不能见效。至正十五年思可发降元。但此后，他实际上仍长期控制麓川四周“三十六路”之地，“虽奉正朔、纳职贡，而服用制度，拟于王者”。一直到洪武中，他才重新被明朝招抚。

么些即今纳西族先民，《华阳国志》中记为摩沙夷。从南诏、大理以来，他们一向以丽江为聚居中心，其“地凉，多羊马及麝香、名铁，依江附险，酋寨星列，不相统摄”。么些人在云南地区最早被蒙古征服。元廷先设察罕章宣慰司治其地，后又以金沙为界，分之为东、西五城地，分别隶属于北胜府和丽江路。元初的么些大姓有和氏、木氏等。察罕章管民官一职曾由和氏担任，木氏是其属下。至明初，木氏势力渐大，其后代写成的《木氏宦谱》一书，遂将元代的察罕章管民官之职安到自己的祖先木良（即麦良、阿良）头上。

关于么些人的风俗，《云南志略》写道：

> 善战喜猎，挟短刀，以砗磲为饰。少不如意，鸣钲鼓相仇杀，两家妇人中间和解之，乃罢。妇人披毡，皂衣，跣足，风鬟高髻。女子剪发齐眉，以毛毡为裙。……不事神、佛，唯正月十五登山祭天，极严洁。男女动百数，各执其手，团旋歌舞以为乐。俗甚俭约，饮食疏薄。一岁之粮，圆根（指芜菁）已半实粮也。贫家盐外不知别味。有力者尊敬官长。每岁冬月，宰杀牛羊，竞相邀客，请无虚日。一客不至，则为深耻。人死，则用竹箦舁至山下，无棺椁，贵贱皆焚一所，不收其骨；非命死者则别焚之。其余颇与乌蛮同。

斡尼亦作和泥、禾泥等，与现代的哈尼为同名异译，主要分布在临安西南、今元江流域。他们多巢居山林极险，而与河谷平坝地区的金齿百夷以及山居的其他部族错落杂处。李京记其习俗云："家有积，具以一百二十索为一窖，藏之地中。将死，则嘱其子曰，我平日藏若干，汝可取几处，余者勿动。我来生用之。"

临安西南的斡泥散布地区，实际上是民族杂居区。上述白人、罗罗、金齿百夷、么些等族的主要聚居区内，同样存在着其他民族杂居其间的情况。例如以么些为主要居民的丽江，"蛮有八种，曰磨些（即么些），曰白，曰罗落（即罗罗），曰冬闷，曰峨昌，曰撬，曰吐蕃，曰侟"。峨昌即今阿昌族名之异译。撬与俅音近，今云南高黎贡山西部的独龙江，上游仍称俅江（发源于西藏察隅县东）。撬人应即俅江流域的居民，后来逐步南下，徙至独龙江一带，今称独龙族。伌人即今傈僳族先民。傈为专名，即伌的别译，僳是少数族语音译，意为人或族。伌人居地在“兰州冰琅山外”，即今云南兰坪西碧罗山（怒山）外的怒江流域。另一方面，除其主要聚居区之外，白人、百夷、罗罗等族也有许多部落散布于行省各地。罗罗的分布尤其广泛，从行省腹地到边远地带，其足迹几乎随处可见。

土僚人是构成近代壮族的成分之一。“叙州南、乌蒙北皆是。男子及十四、五，则左右击去两齿，然后婚娶。猪羊同室而居。无匕箸，手抟饭而食。足蹈高橇，上下山坡如奔鹿。妇人跣足高髻，桦皮为冠，耳附大双环，衣黑布，顶带锁牌以为饰。出入村麓，望之宛如猿猱。人死则以棺木盛之，置于千仞颠崖之上，以先坠者为吉。山田薄少，刀耕火种。所收稻谷，悬于竹棚之下，日旋捣而食。常以采荔枝、贩茶为业”。这个地区土僚人以击齿为成年标志的习俗，一直保留到明代。它东面的亦奚不薛的“葛蛮”，即今仡佬族先人，也有悬棺折齿之俗。蒲人，“一名朴子蛮，在澜沧江迤西。性勇健，……骑马不用鞍。跣足，衣短甲，膝颈皆露。善用枪弩。首插雉尾，驰突如飞”。他们是今布朗族先民。

元代云南的民族构成中，还包括蒙古人和回回人。蒙古人中大部分是戍守其地的蒙古军户。回回人的来源有二。一是镇戍云南的色目军人；二是跟随在云南任职的色目官员一起迁去的人户。今云南各地纳、丁、赛等十余姓回族都以赛典赤为先祖，虽然出自传闻，但还是可以反映出与色目官员一起来到云南、后来又羁居在这里的回回人，数目是不小的。明初人讲到云南各族的居民，就已把“鞑靼（指蒙古）、回纥（即回回）”也列举在内，看作“土著之民”的一部分了。

微信扫码，获取资源
历史告诉你答案
权利的游戏
神器古代史
史事挖掘机

“二期儒治”及其结局
中元政治中“国俗”与儒术的张力

回首桥山泪成血，逢君不忍问龙颜。

——张养浩《赠李秘监》

延祐“复科”

至大四年（1311年）正月，元武宗海山死于大都。他的弟弟爱育黎拔力八达以武宗册立的“皇太子”身份，从东宫入主朝政。武宗死了不过三天，他就下令罢撤前朝垄断治国大权的尚书省，又过四天，将尚书省的主要官员脱虎脱、三宝奴、乐实等五人全部诛杀。“武仁授受”表面上是和平继位，实质上却充满了流血政变的色彩。

爱育黎拔力八达杀脱虎脱等人的理由，是“变乱旧章，流毒百姓”，其实他另有不得已的隐衷。元成宗死后，皇后卜鲁罕召成宗堂弟安西王阿难答进京，想用阿难答辅国，自己倚恃他手中的兵权临朝称制。爱育黎拔力八达在元朝中枢官僚的支持下，于卜鲁罕发难前一日先发制人，把他们一网打尽。这时候他的哥哥海山已经以阿尔泰山前线军事统帅的身份，带领大军东返，等待漠南派人迎他即位。爱育黎拔力八达虽然对已到手边的皇位暗生觊觎，但慑于海山的兵威，只好以兄终弟及为条件，推戴在名分上“以嫡以长”理应居先的海山作皇帝。

海山即位以后，渐萌改储之心，至大三年（1310年），他的身体已很差，乃授意权臣三宝奴召集亲信商议改立皇太子之事。脱脱早已被爱育黎拔力八达拉拢，回答说：“皇太弟（指爱育黎拔力八达）位居东宫，已有定命。从此兄弟、叔侄世世相继，怎么敢做破坏这个秩序的事！”三宝奴问：“如果今日兄弟相授，以后就要由叔叔再传位给侄子，能担保他这么做吗？”脱脱回答：“我们不可以违反约定，如果他们失信，上天是会明鉴的。”当时，事情不了了之。现在武宗死了，三宝奴如果宣布武宗改储的遗诏，就可能发生变起肘腋的曲折，使爱育黎拔力八达白熬提心吊胆地“蛰居”东宫的四年辛苦。像四年前的“清君侧”一样，爱育黎拔力八达再次使用先发制人的手段来击败对手。至大四年的大清洗，是政见之争，同时也是权力之争。三月，爱育黎拔力八达即位于大都，是为仁宗。他先后有两个年号，即皇庆和延祐。

成宗和武宗都具有蒙古军事贵族的气质。成宗即位近五年，还认不清中书各部的汉人长官。武宗用人，差不多全在从征西北的蒙古、色目将领中挑选。宫廷卫士以“角斗屡胜”，也可以获得平章政事的官衔。两人都在统治圈里讲“惟和”讲“宽大”。忽必烈朝的遗老旧臣陆续去世之后，由这批靠“宽大”发迹的官僚来执行忽必烈订立的“祖制”，使原来就存在的慢性政治危机和财政危机都逐渐恶化。仁宗是元朝第一个即位前始终生活在汉地的皇帝，他的“潜邸”有一大批汉族名士，以上党人李孟为首，还聚集了很多对汉文化和儒术有较深理解和同情的蒙古、色目侍臣。仁宗的施政方针是要遵用儒术来改革朝政。与成宗、武宗两人相比，他才是真正执意更改世祖“成宪”的人，但他诛杀政敌，用的却是“变乱旧章”的罪名。久感压抑的儒生阶层似乎感到某种鼓舞。当时人作诗记《三宝奴伏诛》说：“受尽君恩弄尽权，富倾御府贵熏天。奴才自许齐三宝，主寿谁能保万年。”

从至大四年开始，仁宗颁布了一系列整顿朝政的法令：罢诸王断事官，蒙古人犯盗诈者令所隶千户鞫问。废除诸王份地达鲁花赤由封主自辟的旧制，任以流官；诸王位下所辟为副达鲁花赤。有鉴于武宗以镇北亲王的军权为后盾夺取帝位，仁宗命驸马丑汉出总北军；对居庸关的军事守备亦显著加强。这些措施，含有暗中防范镇北多年的晋王拥兵坐大的用心。严禁近侍擅自传旨中书任用官员，如有敢犯者，“不须奏闻，直捕其人付刑部究治”。内侍只授内廷官职，不予外朝文官官阶。由吏员晋职为官者，不得超过从七品。这时社会影响最大的一项措施，是恢复科举制度。

仁宗登基伊始就曾宣布：“我所希望的，是使百姓安宁，从而求得天下大治。但如果不用儒生，怎么能做到这一点呢？”他把大规模起用儒生看作是安国安民的前提，这是有针对性的。

自隋唐以后，随着中国中古贵族政治的解体，科举取士制度越来越成为选拔政府官员的一种重要途径。尽管通过“庇荫”制（品级较高的官僚可以保荐一名或若干名子女做低品级的官员）和由吏员入流官的渠道进入仕途的人始终占据很大的比例，但以科举进身几乎变成挤入高级文官圈的唯一体面的途径。唐朝人就说：“缙绅虽位极人臣，不由进士者终不为美。”张玄素在隋朝由令史入品流，入唐后位至三品。唐太宗当着诸朝臣的面问他“历官所由”，玄素窘迫不堪，从殿阁中出来时，差不多抬不起腿来，“精爽顿尽，色类死灰”。科举取士的人数虽然十分有限，但造成一种假象，似乎“读书做官”的道路对每一个人都是敞开的。奋身场屋，一旦及第“指日金马玉堂”，变作成千上万贫穷士人终生的幻想。利用科举制度来编织数以万计的中下层平民人生理想的政权，同时也就为自己编织出统治天下的合法性。

但是元朝前期却没有实行科举制度，忽必烈朝曾几次讨论恢复科举的问题，甚至连“程式”都拟定过，但最终仍搁置了。元廷长期停科，原因当然很多，其中最主要的有两条。元朝的文武高级官僚大多出于宿卫近侍，这些人都是“世勋子孙”，构成与蒙古皇室俱荣俱损的半世袭官僚集团。中下级，尤其是下级官员不得不较多地利用汉人和南人，但选拔的标准是“趣办金谷”“勾稽朱墨”，也就是搜刮钱财、填报簿书和舞弄刑名的能力。儒家思想的主流一贯强调“藏富于民”，反对开源，提倡节流，认为利源一启即“不可复塞也”；又反对兴利，提倡救弊，认为兴一利则必生十弊，会因此造成救不胜救的局面。朝中儒生的这些主张完全不能适应元初政府急于扩大财源、充实国用的需要，自然受到忽必烈的冷淡，被他斥为“不识事机”。所以，至元中叶后，“凡言科举者，闻者莫不笑其迂阔，以为不急之务”。这是科举制不得恢复的一个原因。另一个原因，是取代以科举考试选拔官员的由吏入仕制度的扩大化，反过来成为推行科举制的阻碍。

中国古代本来就有儒道和吏道之分。儒道指治国平天下的方略大计，吏道指具体处理行政、司法、理财等方面事务的技巧和才能。东汉前后儒道和吏道合流，但读经书出身的人做起官来不见得就有实际办事能力，所以不得不依靠被他们所役使的属吏、掾吏来处理具体事务。吏的势力在金统治下的北方迅速抬头，其势在元初有增无减。元代人说，当时到郡县做官的，“往往是戴毡帽、穿羊毛织衣的蒙古人，才放下弓箭、跨下战马，就叫他们作守作令。但他们对法律规定的宽严、民间情况的曲折隐秘，做不到广泛了解、详细考究，于是只好把过去曾做过胥吏的人叫来，命令他们写成文书呈上，又详细地加以指点解释”。元人还说，“治理一县的长官有三四员，竟有都不识字的情况。一县之政，要想不出于胥吏之手也就难了”。结果地方的行政公事，往往被吏擅断。在官员缺任时，由吏补官就成为再自然不过的补缺办法。元代中下级官员主要靠由吏出职者担任的情况，就是这样形成的，它既满足了元政府对中、下级官员精于“钱谷、转输、期会、工作、计最、刑赏”等具体行政技巧的要求，同时也以越来越大的惰性力量阻遏了可能危及其利益的科举制的推行。

南宋灭亡后，反思亡国之痛的知识分子曾经把“科举程文”看作误国误民的一个大害，说“士风颓弊于科举之业”。但是，当缺乏正统的儒家思想熏习教冶的胥吏令史取代儒生，大批涌入中下层官僚机构时，情况甚至更糟糕。用当时之人的话，他们以刻薄文法、精深簿书相尚，捱蹭岁月，一旦做官，“如猛虎之脱槛、饥鹰之掣耩”。国家即使有善政良法，付诸实行，也“往往误于胥吏。将以除弊，反足厉民”。这种选拔官员的制度，破坏了官僚素质与封建法度之间的内在和谐，结果既加速了吏治的腐败，也加剧了整个社会状况的恶化。

因此仁宗决意抑吏用儒。皇庆二年（1313年），元廷颁行开科举诏，决定于次年在各地举行地方级科举考试（乡试），次年举行全国性的会试和殿试。举行分试的地方共有17处，取录“乡贡进士”凡300人，其中蒙古、色目、汉人、南人各75名。会试从中取100名，其中四等人各25名。殿试不再黜落，只是重新厘定名次。考试内容以程朱理学对儒家经典的阐释为标准，它与宋金科举注重辞章注疏之学的传统相比，发生了很大的改变。程朱理学正是由这个蒙古人做皇帝的王朝倡率，变成中国专制社会中的正统哲学。

皇庆二年的科举诏，在南北士人阶层中引起极大的刺激和震动。北方从金亡以后，科废已近百年；南方因宋亡停科也已有三四十年了。读书做官的路走不通，士人有的去行医、卖卜、看风水，有的去做生意赚钱，有的进衙门去做刀笔吏求升迁，也有的“独自呆坐在蓬蒿园子、土围墙的屋子里，愦然而已”。很多人靠做学官养家糊口。方回住在杭州，常有四方之士出远门做官，请他写文章赠别。问他们去做什么官，则不是教谕、山长，就是学录、学正或教授。读书人想从学官晋升，获得真正做父母官的机会是很不容易的。辗转岁月，能做到州学中教授的，大概 10 人中不到三四个，这时差不多要致仕（即退休）了。能做到路学教授的人，不过百分之七八。能做到县主簿这种小官的，不过百分之一二。所以当时做学官的人都有“皓首不调”之叹，他们写诗道：“热选尽教众人取，冷官要耐五更寒。”

正因为这样，科举诏颁，士人一时间都欣喜不已。“废简回春冷灰外，寒窗读赋万山中”；“重期将相公侯选，肯信倡优卜祝同”？有些地方本已科废学散，如今“一朝科复梦惊回，却恨穿杨无妙手”，因此，急忙“摇官船去买官书”，甚至一些年逾古稀的南宋遗老也怦然心动。被誉为“老子复出”的赵仪可这时已 75 岁，还要应考，“然终不自得”。陈大有是宋咸淳乙丑（1265 年）进士，行省请他做乡试阅卷官，他执意不就要参加考试，结果不中，当时已经 74 岁。

延祐二年（1315 年）的首次京师会试和殿试，就是在这种热烈气氛中开场的。深得仁宗知遇的李孟受命知贡举。他兴奋地赋诗道：“百年场屋事初行，一夕文星聚帝京。豹管敢窥天下士，鳌头谁占日边名？宽容极口论时事，衣被终身荷圣情。愿得真儒佐明主，白头应不负生平。”张养浩也以礼部侍郎预知贡举。有人主张严格取舍，他说：“科场废罢已历百年。一旦使他们怨懑，一定不能广收士人之心，恐怕会妨碍今后收罗人才。”所以对被淘汰的考生也授予官秩。发榜后，新进士呈递名刺（即名片）求见。张养浩不见，书《免谢帖》

于方寸纸曰：“诸公但思至公血诚以报国政。自不必谢仆，仆亦不敢受诸公之谢也。养浩复。”令门人传谕诸生，传为一时佳话。

延祐首科取士 56 人，其中蒙古人、色目人 16 人。终元之世，共举行科举 16 次，累计取士共 1200 人。

皇庆、延祐之初汉法的再推行，被有些历史学家看作是元王朝继忽必烈时期之后的“第二期儒治”，但它从一开始就处在答己太后集团的掣肘之下。这个集团的主要成员之一铁木迭儿，在武宗朝初任宣徽使（时归太后掌管）时就与答己太后关系密切。至大元年，铁木迭儿被外调江西、云南，但是他竟偷偷“离职赴阙”，回到答己身边，被发现，后以皇太后旨“得贷罪还职”。武宗一死，答己趁仁宗尚未即位，从兴圣宫降懿旨，抢先召铁木迭儿回京，并用为中书右丞相。仅这一年春天，答己以“内降旨除官”即达千余人，其中很多是过去因犯罪被罢废的人。太后这种纵情私欲、浊乱朝政的行为，用儒家学说关于端坐宫闱、“母仪天下”的规范去衡量，相差实在太大。于是朝内朝外自然形成两个对立的政治集团。

仁宗对母后答己的肆行威福，心中显然不满。延祐元年敕内侍只授中官，其实就是为了限制太后内降旨除授。皇庆二年初，太后起用的中书右丞相铁木迭儿“以病去职”。到十二月，以归葬父母规避铁木迭儿的李孟还朝，仁宗立即重新任命他为中书平章政事。不到半年铁木迭儿复出，李孟即行乞退。延祐元年末他虽然仍拜授中书平章，但似乎只是为了以中书执政地位主持策试进士的科举，之后即以“衰病”不复任事。仁宗无奈，又起用御史中丞萧拜住为中书右丞，寻升平章政事，希望用他来牵制铁木迭儿。中书省内变动不居的人事更替，反映出帝后间对官僚中枢的暗中争夺。

汉族文人多把仁宗对答己太后的曲意退让奉承为“孝养顺承，惟恐不至”，称赞他“视虞舜而不愧”。其实除了他个性上的原因外，促成帝后之间妥协的另一个重要原因，是仁宗一意改变叔侄相继的先约，要把皇位传给自己儿子的私心。延祐二年十一月，他几经犹豫，终于下决心采取行动。本应立为皇储的武宗长子和世㻋被封为周王，次年三月置周王常侍府，命随周王道经陕、川至云南就藩。和世㻋到皇宫辞进，若不是有人力谏，连饯行的酒饭也差点吃不到。他行至陕西，利用关中驻军发动兵变，失败后狼狈改道西奔，到阿尔泰山外去投靠察合台后王。遣周王出京的同年年底，仁宗便迫不及待地立自己的儿子硕德八剌为皇太子，并于次年闰正月诏告天下。汉文记载把仁宗胁迫和世㻋离京就藩、改立己子为皇太子的行为归咎于答己集团，说这是铁木迭儿为“固位取宠”，与答己“定谋禁中”的结果。仁宗改储无疑取得了母后的支持，但他不可能不为此付出代价。差不多与此同时，在河南、江西等地实施的“经理法”也因激起民变而中止。这一挫折更促使仁宗在政治上趋于消极，转而与后党妥协。

延祐经理本来是仁宗推行改革的一项重要经济措施，是通过核实田土占有状况来甄别隐占土地，纠正有地者逃避赋役、无地者产去税存的情况。从延祐元年冬起，元廷遣人分道经理江浙、江西、河南三省田粮。但由于地方吏治腐败，经理官吏奉行过当，百姓“自实土田”演变为括田的暴政，有些地方甚至撤毁民房、“夷墓扬骨”以虚增征税亩积，结果在延祐经理最惨烈的江西宁都逼出蔡五九的反元起事。尽管朝廷镇压了起事，但由于怨情沸腾，仁宗被迫下诏，凡在三省中查出的漏隐田土，免征赋税三年；后来又下诏罢征河南新括民田，依旧例输税。延祐经理在时人眼中，变成仁宗在位时期一项重大的劣政。

由于上述种种原因的影响，仁宗即位之初那种一新政治、“风动天下”的锐气，到延祐二、三年间便悄然消退。他的个性在内心矛盾的浸逼下变得乖戾多疑。哈剌契丹人回会某次奉召入对，进殿时看见仁宗近臣匆匆退出。他徐缓入殿，只见仁宗神情非常不高兴。这时左右没有他人在场。回会行礼后退立一旁。仁宗不作声，用手势命回会把殿门打开，很久，又用手势命他关上。又过了很久，命令他取某物敬奉御前。然后回会退出，左右侍臣方重新入殿。第二天，仁宗对他的一个亲信说：“我昨日端坐沉思时，神情显得很忧虑，左右侍臣看见后都吓得溜走了。但回会神色不变。那些溜走的人都是自觉问心有愧。回会自信没有做什么亏心事，我也相信这一点。”仁宗对左右的猜忌也许没有什么道理，但他所谓“端居深念，忧形于色”，确实是发自内心的自白。

正是这种心态促使改革在仁宗在位后期明显陷于退坡。原来颁定的一些措施，甚至有收回的。延祐四年六月，敕诸王、驸马、功臣封地，仍按旧制自辟达鲁花赤。同月，御史台四十余人联名参劾铁木迭儿受赂六万贯、占夺晋王田产等事。仁宗闻奏，震怒于宫廷，把太师印击碎在地。铁木迭儿躲进太后近侍的家里。仁宗无可奈何，以罢其相职了事。对诸王的滥封滥赏亦复逐渐开始。延祐五年，礼部奉旨铸三公等印竟达26颗。为统一国家政制法程而早在延祐三年已编定的制诏格例汇集，延宕多年没有颁行，也反映出仁宗后期中央政府的疲软和涣散。

这时他倦于政事，关心硕德八剌的顺利继统甚于一切。早在仁宗即位之初，就已为硕德八剌置四宿卫。延祐六年，又连续将原来属于他自己的东宫卫军左卫率府以及新组编的右卫率府划隶于硕德八剌。八月、十月，授皇太子玉册郊祀，诏告天下。在此前后，他甚至向近臣放出空气说："我听说前代都有太上皇的称号。现在皇太子已经成年了，可以居大位。我想做太上皇，与你们一起游览西山，以终天年，不是也很好吗？"

延祐七年（1320年）正月，仁宗死去，终年36岁。硕德八剌在祖母扶持下继承皇位，后来被称为英宗。他不幸成为元代历史上第一个权臣弑宫的牺牲者。

南坡之变

元英宗自出生后便一直在他的父亲仁宗身边长大。他所接受的儒家教育，相比较而言算是很充分的。但他父亲的苦心安排，又使他成为元朝唯一的一个没有直接经历过任何风波曲折就临朝执政的皇帝。面对祖母答己太后，他实在是太稚嫩了。仁宗一死，答己太后便以太皇太后之尊制出中宫，把被罢了相的铁木迭儿重新调入中书省。铁木迭儿复相后，"睚眦必报"，对从前弹劾过他的人，逐一加以迫害。

自延祐七年正月仁宗去世直到至治二年秋，从元朝中央政府的政令中，可以明显地看出两个不同政治派别的施政倾向及其相互冲突。仁宗死后第三天，英宗尚重孝在身，“日歠（音绰，吸或喝的意思）一粥”时，铁木迭儿已摇身一变，成了当朝右丞相。翌月，铁木迭儿即与内朝相为表里，夺前中书平章政事李孟所受秦国公印，命四川拘捕行省平章赵世延到京，并以违太后懿旨之罪杀前御史中丞杨朵儿只、中书省平章萧拜住。同时，与答己集团关系密切的黑驴、木八剌、赵世荣等人则相继从外省被调入中书。仁宗朝曾与答己和铁木迭儿相对抗的推行汉法的中坚分子，在英宗即位前已遭到清洗。幸免于难的汉人儒士，也在淫威逼慑下箝口摇手，不敢再多加议论。答己还想进一步扩大清洗范围，派人向英宗“请更朝官”。英宗大为不快，回答说：“现在难道是委任官员的时机吗？而且这些人都是先帝旧臣，怎么能轻易惊动他们。且等我即位后，与宗亲、元老商议，才可以贤者任之，邪者黜之。”

延祐七年三月，英宗在大都即位。此后，在有关朝廷中枢机构的人事安排上，帝后之间长期争执不下。太皇太后早有“我不该养这个小儿”的悔言出口。英宗即位两个月，岭北行省平章政事阿散（原中书左丞相）、新任中书平章黑驴、徽政使失列门等人以谋废立被人告发。英宗不待问出口供，急忙下令把他们诛杀了事。大概他已料到这件事会与太皇太后有牵连，所以立即杀人灭口，防止案犯旁牵蔓引，致使帝后矛盾进一步表面化。为了绝太皇太后废君另立之心，英宗不惜骨肉相残，杀死了自己的兄弟兀都不花。

尽管有后党的牵制，英宗登基之后，还是急切地希望有所作为。他下诏由吏入官，秩止从七品，恢复了仁宗曾经公布但又很快收回的规定；命京师势家与民均役；罢僧、工、伶滥爵及建寺、豢兽之费；禁僧人驰驿；禁献珠宝；毁上都回回寺，改建帝师寺；课回回散居郡县者，户岁输包银二两。此外还有一大批官僚机构被压低品秩，有的干脆被撤罢。为增加国家岁入，又增两淮、荆湖、江南东西道田赋，斗加二升。

不过上述措施的实际效果究竟如何，不是没有问题的。继延祐七年六月罢徽政院后半个多月，又有罢章庆司、延福司、群牧监之命。这些都是徽政院所属司署。如果撤销徽政院的前令已经实施，后来就不必再下诏罢章庆等司。第二次诏令是否生效仍有疑问。据《元史·百官志》，章庆司、群牧监和徽政院的其他许多所属机构一样，是在答己死去次年（至治三年）才撤销的。英宗的诏旨，有一些在京城之内都得不到实行。关于罢建寺之费等规定，更被他本人热衷营造的行为所破坏。延祐七年十一月，诏“各郡建帝师八思巴殿，其制视孔子庙有加”。这应是在全国范围内修建帝师寺的开始。这一时期其他营建项目也不少，甚至已到“民劳役巨”的地步。

从至治二年起，英宗一方的势力似乎稍见上升。大概这时候太皇太后病势已经不轻，所以铁木迭儿和他的死党、中书左丞张思明都采取守势，“称疾”居家不出。三月，诏建木华黎祠于东平。英宗的亲信、左丞相拜住（木华黎后人）奉旨前去立碑。铁木迭儿听说拜住出行，以为可以到中书省莅政了。他想入朝请命，但刚走到内门，英宗派人赐酒，对他说："你已年老，应当自爱。等新年时入朝不晚。"那就是表示除了元旦朝会一类礼仪性场合外，皇帝不愿再见到他。铁木迭儿"快快而还"。不久，他也真的生起病来。秋七月，英宗召张思明到上都，"数其罪，杖而逐之"，并籍其家。八九两月，铁木迭儿和答己先后死去，英宗的政治压力顿时减轻，他推进新政的决心也因而大为加强，"二期儒治"由此进入最后的高潮。

至治二年十月，英宗擢升拜住为中书右丞相，虚左丞相之位而不拜，表示对拜住信任之专。次年五月，又以铁失独署御史大夫事，与专任拜住用意相同。这时，拜住已兼领左、右钦察卫和宗仁卫事，铁失则兼领左、右阿速及中翊卫事。这两个人，前者是与英宗同样仰慕儒学、思大有为于天下，而又同样迂阔不谙世故的年轻的蒙古贵族，后一个早在宣徽院共事期间就与铁木迭儿互相勾结，做了铁木迭儿的"义子"。大概是在太后集团的有意安排下，铁失的妹妹嫁给英宗为妃。英宗被这一层"情过骨肉"的关系所迷惑，以致最后成为其妻舅的刀下鬼。把朝廷的中枢行政、监察和皇家近卫军的大权如此集中地托付在这两个人手里，隐约反映出英宗身边堪受信用的人似乎并不很多。

自十月以后，英宗新政的主要措施包括：一、大量起用汉族官僚和士人。张珪、王结、王约、吴俭等人都被诏令超擢。对过去遭到摒弃的士大夫，都根据他们的特长加以收用；

对从前没有做过官的文人名士，都给予特别的提拔任用。为了召虞集入朝，先派使臣到他的本贯四川，没有找到；又到他曾寄居的江西，还是碰不到；其实这时虞集正在江南探视祖墓。使者追踪而至，终于把他召往京师。一个南方文人这样地受到朝廷重视，令当时的士人感到莫大的振奋。二、推行“津助赋役法”，就是在各地确定一部分田亩，由承担差役的人户经营，用出自这部分土地的收入补贴应役带来的经济负担和经济损失。在江南，“凡民田百亩，令以三亩入官，为受役者之助”。这里所谓“入官”，是指名义上征用为官田，实际上助役田多被分配到承当差役的各个人户，归他们自种或招租，以收入作为应役补贴。三、至治三年正月，诏令朝臣听读审议仁宗时编纂的累朝诏令及其他官方文书，并把延祐二年以来新颁格例分类增补进去。二月，定名《大元通制》，颁行天下，收断例（司法判例）、条格（政府各部门颁发的各种行政、监察等方面的法规）、诏敕、制令（以皇帝名义颁布的公文）共2539条。这部具有法典性质的官颁政书对统一元朝的政制法程起了积极的作用，也体现出元廷通过颁布法典来加强它作为一个中原王朝的正统形象的用心。四、清算太后集团的遗毒，澄清吏治。至治二年十一月，答己死后才两个月，英宗再次发出“罢世祖以后冗置官”的诏令。翌日，即罢去徽政院。徽政院原是侍奉皇太后的专门机构，答己死后撤罢徽政院本来理属当然，但在当时的情况下，一下子减罢“徽政院断事官、江淮财赋之属六十余署”，难免使这一本来正常的行政决定带上雷厉风行、捣其巢穴的色彩。与此同时，拜住又把原来被铁木迭儿压制而无法追究的“诳取官币”案重新提出来，因此处死铁木迭儿之子八里吉思以及刘夔、囊加台，他的另一个儿子琐南也被黜职。追查涉案人的行动还有进一步扩大的趋势。

所谓诳取官币案，是指浙民吴机（一作吴机孙）以贿交权贵，谓宋高宗吴皇后为其族祖姑，有旧赐汤沐田在浙西，愿以献朝。司徒刘夔上其事，又与铁木迭儿、铁失等相串通，奏赐官币12.5万锭偿其值，却暗中瓜分了这笔巨款。朝廷命官员驰驿至浙西，去核收这片田产，却发现它们全都是当地百姓的私产。事情涉连几十万户，他们所有地产都当追夺入官，造成浙西社会的普遍骚乱。这件事经过所属监察机构上报到御史台，被铁木迭儿、铁失等人从中阻挠，没有让英宗知道。事隔一两年之后，拜住再次提出这个案子，御史台重新审理后，把夺归官有的田产发还原主，刘夔、八里吉思处死，其他人也按情节轻重受到刑罚。只有铁失，因为亲联天家而获得特赦，但他从此疑惧之心日益加重，终于在将近半年以后手弑英宗于南坡行帐。

元英宗对铁失的信用之专，似乎并没有因他涉及诳取官币案而马上改变。以铁失独署御史大夫事，就发生在此事后两个多月的至治三年五月，但是到六月，形势又突然发生变化。由于拜住等人将铁木迭儿的“过恶”反复陈奏，英宗对这个死去已近一年的权臣的憎恶，竟急剧地加深到无法自抑的程度。就在六月，英宗毁铁木迭儿父祖碑；七月，又抄了他的家，家产全数没收。英宗的怒火开始发泄到被视为铁木迭儿“奸党”的那些朝臣身上。是啊，铁木迭儿的党徒布列朝中，甚至在他生前“称疾”不出时，这些人不是仍然“事必禀于其家”，接受他的指使行事吗？而今元凶已死，他要将这郁积有年的怨气一吐为快了。

这时候，英宗正在上都避夏。大概因为心事重重，他“夜寐不宁”，想作佛事消灾，被拜住劝阻。拜住这时好像已经深刻感觉到剑拔弩张的“新政”所面临的严峻局势。君臣之间有一番推诚置腹的对话。拜住说：“我年轻无能，承蒙陛下提拔，力不从心地在丞相位置上做事。现在正想除恶进善，求得大治，促进太平，可是大家一齐来加以反对阻挠。我估计是不能有所作为了！”英宗回答：“你有话尽管说；别人的话，我不听就是了。”刚愎自用的英宗以为，只要他的态度不改变，那么“致治隆平”就指日而可待。死到临头，他竟对自己的危险处境还没有一点预感。

但是漏网的铁失却日益感受到大难来临的恐惧。作为铁木迭儿集团中幸免于难的要犯，他有多大把握能侥幸逃过这场报复性的清洗？他曾怂恿藏传佛教的僧侣建议英宗以作佛事、行大赦来消除他的失眠症。拜住在一旁厉声斥问：“尔辈不过图得金帛而已。又欲庇有罪耶？”拜住或许根本没有想到，这句话对心怀鬼胎的铁失究竟意味着什么。研究南坡之变的一位学者用十分生动的笔触描绘了铁失对这番话的反应：

“这句脱口而出的话，当然立即会传到铁失及其亲信耳里。他们大惊失色了：拜住这时已对英宗有不可动摇的影响，‘又欲庇有罪耶’，只能被铁失认为是进一步论罪的明确信号。

“铁失无路可走了。我们完全可以设想七月下旬铁失好几个不眠之夜中的惶恐不安的心情。当时，元英宗和拜住即将从上都返回大都。在铁失看来，宣布他的诛刑是指日可待了。大驾南返途中，又是下手的最好时机。除了纠集一伙亲信党徒和朝中仇恨英宗的人采取果断的刺杀外，在他看来似乎已无其他选择了。谋刺，也许能在绝望中带来一线希望。”

八月，英宗在从上都南返途中驻跸南坡。铁失以所领阿速卫兵为外应，先杀拜住，又入行幄刺杀英宗。自答己死后重新推行的至治新政，不到一年复遭中止。

在汉族文人的心目里，元英宗的形象完全被按照儒家观念理想化了。他们怀念这个皇帝。在仁、英两朝做官的张养浩，南坡事变多年后碰到在至治年间曾为英宗画过“御答”的画师，仍满怀深情地吟道：“封章曾拜殿堂间，凛凛丰仪肃九川。回首桥山泪成血，逢君不忍问龙颜。”拜住丞相也赢得汉人朝臣衷心的赞赏。同一个张养浩，在拜住的画像前题诗曰：“孤忠自倚了澄清，笑视群奸不足倾。壮志未酬还中彼，披图老泪雨如倾。”

南坡之变的发生，与英宗个人的性格其实有很密切的关系。或许恰恰是由于长期受太皇太后的压抑，他似乎比在他之前的任何一位皇帝都热衷于表现天子的威严。史称“英宗临朝，威严若神；廷臣懔懔畏惧”，又称当时“禁卫周密，非元勋贵戚，不得入见”。张养浩的诗，说英宗“凛凛丰仪肃九川”，其实也是在描写他的“威严”。但是在“威严若神”的虚名下处处受制于答己，反过来更增加了英宗心理上的受挫感，结果只好迁怒于臣下。所以英宗朝“大臣动遭谴责”，对黄金家族成员的处罚在英宗朝也显得较多而较严厉。元廷每年要向诸王颁赏“岁赐”。历朝皇帝中加倍赐赍者不乏其人，而《元史·英宗本纪》却有两年没有提到朝廷对诸王宗亲颁发岁赐之事。如果这不是因疏忽而失书于史，则是英宗对待宗亲勋戚刻薄寡恩的又一例证。这种做法，与仁宗之前讲求“惟和”，对臣下宽纵有余的政风完全不同。他的另一种发泄方法是酗酒，往往以乘醉杀人收场。当时有一个宫廷演员叫史骡儿，很得英宗宠幸。英宗经常“酒纵威福，无敢谏者”。有一天他在紫檀殿饮酒，命史骡儿唱歌助兴。史骡儿就以“殿前欢”的曲子应制，歌词中有“酒神仙”之句。英宗听到这里大怒，命左右杀之。酒醒以后，又找史骡儿。近侍告诉他已奉命处决，英宗颇有后悔之意，说：“史骡儿是拿‘酒神仙’来劝谕我啊。”他还因御史台官员劝谏他修寿安山佛寺而杀观音保、锁咬儿哈的迷失，杖窜成珪、李谦亨，引起轰动朝野的“四御史”之狱。这可能也是在狂怒不可自制的情形下做出来的事。

英宗这种性格，不但使他难以在自己身边聚集起真正积极维护新政的政治势力，反而把越来越多的人推向自己政敌一边。答己、铁木迭儿相继病死，本来是个很好的机会。如果他对答己党羽先稍示宽恕，缓和双方之间的紧张关系，等待他们之间渐生离心，而后再伺机各个击破，那么他也可能安然度过危机的余波。可惜他自以为对立面已经完全瓦解，继续对他们任情用法，终于逼迫铁失下决心孤注一掷，以死求生。

铁失究竟是否真在英宗准备处罚的人员当中，现在已经无法确知了。但是英宗反复无常、“果于刑戮”的性格，使铁失即便有一个“贵为君配”的妹妹，仍然不敢有片刻安心。他决定铤而走险，也正因为他知道，在蒙古人中间，这个“孑然宫中”的皇帝除了他的“孤忠”丞相，已经没有什么同盟者了。史称南坡之变时，“宗戚之中，能自拔逆党、尽忠朝廷者，惟有买奴”。这样看来，即使没有南坡弑宫这样的突发事件，英宗的新政，到底能取得多大成果，也是十分令人怀疑的。

微信扫码，获取资源
历史告诉你答案
权利的游戏
神器古代史
史事挖掘机

多角度的观照
统治圈外的元人如何感受他们的时代

"天若是知我情由，怕不待和天瘦。"

——关汉卿《窦娥冤》

驿卒佟锁住、贯云石海牙传

延祐四年（1317年），张养浩为元政府收购粮食，两次在兴和驿站中逗留，认识了一个在驿站中供役的人，叫佟锁住。以下就是张养浩讲述的关于佟锁住的故事：

近几年来，京师居民中的未成年男女，离开家门外出时往往被奸民拐胁、隐藏起来。女的强迫她们作婢女，男的则被强制作奴仆。不肯服从的，就把他们运送到边远地区，如辽东、漠北等地，用他们换取羊、马、牛、驼，获取钱财。幸而因事情败露获救的人很少，不幸而被互相转卖，使他们与父母、兄弟、姐妹等家人死生不能相闻者，到处都有。呜呼！处在皇帝眼皮底下，习俗尚且如此，难道不是大怪事吗？

丁巳年（1317年）春天，在兴和驿站，驿卒佟锁住把他的亲身经历向我述说。他原来是江西泰和县人。七岁时与一群儿童在街巷中游戏，被经过附近的一个骑者劫持而去。向北一直渡过了三条大河，翻越了不知道多少山岭，才到达兴和。骑者到一家酒店饮酒，就叫佟锁住在那里打杂。酒店老板一目失明。这时佟锁住才知道骑者已把他卖给酒店老板了。因为总算可以留在这里，不必继续北行，所以佟锁住没有抗辩。

住了几个月后，店老板又叫他跟随几个骑马的人北行，说是跟他们去取一笔债务。走了两天还一无所得，只是说住的地方还很远，等到了，就让他拿了钱回去。佟锁住已猜到他又被偷偷转卖掉了。但他听说当地的习俗，奴婢如果逃亡，被抓获后就要用烙铁烫印，所以只好假装很愿意离开旧主人去服侍新主人。所经之处，都是秃山，没有城镇住家。天气稍阴就刮起大风雪，使人难以前行。这里的人们都以所养头畜的多少来区别贫富，身上穿的都是皮衣毛衣，食物只有马奶和肉，没有菽、粟之类粮食作物。家家户户都住在用毛毡做的庐帐里。

新主人把佟锁住叫作“察罕”（蒙语，译言白，经常被用作人名），又给他一领羊皮衣，两千多头羊，令他放牧。主人警告他说：“如果羊瘦了、伤了、逃失了或者无缘无故死了，我就要打你。”住的地方离牧地有20里，每次出去要携带路上吃的东西，与其他牧者相约共行，不然就会迷路，回不了家。同行的羊合在一起有一万多头，其他的牧畜也差不多一样多。

从高坡处望去，满山遍野，就像云霞铺散在地上。各人的羊群都互相混淆，认不出来，佟锁住又担心又害怕。其他放牧的人告诉他："不要紧张。到回去的时候，它们就各归自己的群落了。"等到傍晚，果然如此，他这才放下心来。与一起牧羊的十几个人交谈，都是中原的良家子弟，被奸民辗转贩卖到那里去的。于是佟锁住想，原来背井离乡、与父母亲戚不通音讯、流落到异域之地、变作他人奴婢的，还不止他一个人。他的心中也就稍获安慰。

有一天，他的羊群正在山坡的坡脚流连，突然有百余头牛从山顶冲下来饮水，羊群来不及躲避，被踩死十几只。想想难逃一顿毒打，佟锁住便脱下皮衣丢在山上，以迷惑追寻的人，下决心逃离那个地方。当时他十六七岁。一开始每天走100里，几日后，可以走200里，甚至300里。只是一路朝南。饿了就抓一把野葱和溪水咽下去，到夜里则找一家有灯火的庐帐借宿。有人问话，就用蒙古语回答，所以倒也没有人怀疑他。后来在路上正好遇到一个朝廷使臣，于是佟锁住跪在他面前诉说自己的经历。使臣很同情他，就给他一匹备用的马，让他骑乘。佟锁住这才重新回到兴和。

这时候他到官府去状告那个酒店老板。老板以贩卖人口被治罪，佟锁住则被安置在当地驿站中当役卒。我在那里遇见他的时候，他在兴和作驿卒已经有一年多了。

听了佟锁住的身世，我十分同情他。于是就问他："我要是让你回到家乡去，与你的父母、兄弟相见，怎么样？"佟锁住叩头流泪说："我当然是极愿意的。"我就命令有关部门下了一道公文给沿途各驿站，供给佟锁住衣粮，护送他回到乡里。

于戏！天下像佟锁住这样的人何其多呵！怎么能都像他那样碰到我，所以能够回到家乡呢?

贯云石海牙（1286—1324年），畏吾儿人，元初著名的将领阿里海牙之孙，父亲为阿里海牙次子，名贯只哥，故以贯为姓氏。传说他的母亲尝夜梦神人摘天星为明珠以授，被她吞下肚里，因怀贯云石。

少年时代的贯云石俨然是一个“善骑射、工马槊”的将门之子。他在十三四岁时，曾经命壮士驱恶马疾驰。贯云石持长矛迎着奔马凝立。待马驰至面前，他翻身腾越马上，舞动长矛，四周生风。初袭父爵，为两淮万户府达鲁花赤，驻永城。他开始对汉文化产生强烈兴趣，大概就在部令行伍的这几年当中。有一天，他忽然对弟弟忽都海涯说：“我生来做官的志趣淡薄。祖父的爵位，当时不敢不承袭。现在已经好几年过去，应该让你来做了。”当天就写信把决定告诉父亲，并正式向政府呈交公文说明情况，解下虎符交给弟弟。此后他整天和结交的文人游山玩水，互相唱和。

或许是在姚燧做江东廉访使、养病太平的期间，贯云石去向这位名声很大的文人问学。他的文章、词曲都给姚燧留下很深的印象。姚燧被召到仁宗潜邸做侍臣后，再三向仁宗推荐贯云石。仁宗早已听说过贯云石把三品的大官让给弟弟的事，于是把他召去做自己的儿子硕德八剌（即后来的英宗）的“说书秀才”。仁宗即位后，贯云石在翰林院做学士，参加了科举考试条规的制定。这时他颇有一点恃才用世的雄心，曾向仁宗上书条陈“六事”，建议朝廷释边戍以修文德，教太子以正国本，立谏官以辅圣德，表姓氏以旌勋胄，定服色以变风俗，举贤才以恢至道。这六条建议表明，贯云石的政治主张，基本上是以传统儒学作为资源而形成的。

但是不知道是什么原因，后来贯云石突然放弃了他的政治抱负。据说他向人宣布："过去我辞去高官显爵而甘居卑位，现在接受翰林侍从的职位，它的名位比我辞让的军职还要高。人们会批评我沽钓美誉，贪恋高官。现在应该离去了！"乃立即辞去官职，回到江南。

壮年南下的贯云石海牙，很快变成一个颇负盛名的文学大家。他遍历名胜古迹，所至之处，高人韵士、年轻学子、方外奇人，都愿意与他结交，"得其词翰，片言尺牍，如获珙璧"。贯云石有点倦于应酬了。于是变姓易名，躲到杭州隐居晦迹。过去游历梁山泺时，他见到渔夫织芦花絮为被，心里很喜欢，要用自己的绸被子来交换。渔夫看见他以贵易贱，知道他不是普通人，对他说："你要想得到这条被子，就要写一首诗留给我。"贯云石"援笔立就"，这就是后来广为流传的《芦花被》："探得芦花不涴尘，翠蓑聊复藉为茵。西风刮梦秋无际，夜月无香雪满身。毛骨已随天地老，声名不让古今贫。青绫莫为鸳鸯妒，欸乃声中别有春。"隐居杭州之后，他就自号"芦花道人"。他曾经入天目山，去见当时闻名于世的禅师中峰明本，乃每夏坐禅杭州郊区的包山，暑退方始入城。

学禅以后，他写的文章境界渐入深邃，诗歌也比从前更加冲淡简远，草书、隶书等变化古人，自成一家。晚年的贯云石，诗、曲、书、文都达到极高的造诣。当然，他在文学方面成就最大的还数元曲（又称乐府）。所制小令、套曲，清新流畅，“俊逸为当行之冠”。他旧以“酸斋”为号，同时另有徐某号“甜斋”，也擅长写曲，故时称“酸甜乐府”。他有一首小令：“新秋至，人乍别。顺长江水流残月，悠悠画船东去也。这思量，起头儿一夜。”只用二十余字，活生生地描绘出与情人初别之夜的缠绵感情。又有《清江引》：“竞功名，有如车下坡，惊险谁号破？昨日玉堂臣，今日遭残祸。争如我避风波，走在安乐窝！”

随着他的性情越来越淡泊高洁，贯云石的行踪也“与世接渐疏”。白日正午已过，他还“拥被坚卧”，宾客多不得见。僮仆受他的影响，也以昼为夜。他就这样于“道味日浓”之间，死于钱塘寓舍，年 39 岁。贯云石视死生如昼尽夜来，没有什么虑惧。临终前不久，他写过一首诗云：“洞花幽草（大概是他两个小妾的名号）结良缘，被我瞒他四十年。今日不留生死相，海天秋月一般圆。”

在寄迹杭州的最后十几年间，贯云石留下了不少戏谑人生的轶事。据说他曾在杭州“卖药市肆”，但是又有一则轶闻说，他在那里立碑兜售的，乃是“货卖第一人间快活丸”。当真有人来购买这种“快活丸”时，贯云石对买者伸展两手，大笑一声。领会了他的意思的人，于是也大笑而去。某日，杭州有一群衣冠士人到虎跑泉燕饮游观。席间赋诗，以“泉”字为韵。当轮到其中一人时，他只会哦哦呻吟“泉”“泉”“泉”，却作不出诗来。这时有一老叟拖着拐杖走过来，随口接应道：“泉泉泉，乱迸珍珠个个圆。玉斧斫开顽石髓，金钩搭出老龙涎。”这群人大吃一惊，问道：“你就是酸斋贯吗？”答曰：“然，然，然。”众人于是邀请他同饮，尽醉乃去。

汪元量、金姬传

汪元量，字大有，号水云先生，钱唐人。南宋度宗时，以善鼓琴供奉内廷。宋元鼎革之际，当朝中重臣纷纷不辞而别的时候，他却以区区供奉琴师，不预士大夫之列，而眷怀故主，始终与赵氏的孤儿寡母共患难。不仅相伴到临安城归元，而且追随三宫北上，长期羁留大都，直到宋皇室的遗孀们先后去世。

作为一个在深宫之中目睹南宋亡国全过程的见证人，汪元量用他行吟诗人快逸奔放的才气，留下了大量的纪事诗。著名的《湖州歌九十八首》，从“丙子（1276年）正月十日三”开篇，一直写到“三殿”在大都的凄窘岁月。所以有人说，“开元、天宝之事记于草堂（指杜甫），后人以诗史目之；水云之诗，亦宋亡之诗史”。他描写临安城破之日的诗曰：“西塞山边日落处，北关门外雨来天。南人堕泪北人笑，臣甫低头拜杜鹃。”又曰：“钱塘江上雨初干，风入端门阵阵酸。万马乱嘶临警跸，三宫洒泪湿铃鸾。童儿空想追徐福，厉鬼终当灭贺兰。若议和亲休练卒，婵娟应遣嫁呼韩。”

宋宗室北上以后，虽然不能再像从前那般摆阔，但生活富足似乎还是不成问题的。他们的悲哀，主要是来自亡国之痛的刺激。一些男女宫人在这时表现出了令人钦佩的意志。陈氏和朱氏两个宫娥，与两名婢姬在一起自缢身亡，在朱氏衣袖里留下的绝命诗写道：“既已辱国，幸免辱身。世食宋禄，羞为北臣。妾辈之死，守于一贞。忠臣孝子，愿以自新。”被留用于元内廷的一些宋内官中，有一个人叫罗太元，后来因病遣出。

他的侄子后来成了泰定帝时很得宠的宦官，达官贵人多与之相结交，罗太元在当时却不肯见他。有一次侄子又来求见，罗太元闭门不纳，在屋里对他说："你阿叔病，要静坐。你何故只要来恼我？使受你几拜却要何用？人道你是泰山，我道你是冰山。我常对你说，莫要如此，只不依我。你若敬我时，对太后宫里，明白奏我老且病颓。乞骸骨归乡。若放我归杭州（罗太元是杭州人），便是救我！"离开大都之日，罗太元对着身后的齐化门说："齐化门，从此别矣！我再不复相见你矣。"遂大笑离去。

汪元量采取的态度，与上述诸人有些不同。据说他曾奉命为忽必烈奏琴，于是得赐为"黄冠师"，从此"羽扇纶巾"。但他不得已与元室相周旋，好像是为了更方便用琴声去慰藉在大都的亡国君臣们。他演奏的时候，使听众"出于人间，落乎天上"。时人说，汪氏之琴，像是天意为了让北渡的亡国君臣稍得"娱清夜、释羁旅"而有心安排的。"琴本出于怨，而怨者听之亦乐，谓其能雪其心之所谓也"。他时常与度宗的昭仪王清惠（这时已奉诏命出家为尼）消遣。所作《秋日酬王昭仪》云："愁到浓时酒自斟，挑灯看剑泪痕深。黄金台隗少知己，碧玉调湘空好音。万叶秋风孤馆梦，一灯夜雨故乡心。庭前昨夜梧桐语，劲气萧萧人短襟。"

这时文天祥被软禁在大都。他曾去拜会文天祥，以"丞相必以忠孝白天下"相敦促，就是要他赶快请死。他为文天祥弹琴，演奏了"'拘幽'以下十操"。汪元量留下一首题目很长的诗，记述他与天文祥的会面。这首诗的题目是《文山丞相丙子自京口脱去，变姓名作清江刘洙。今日相对，得非梦耶？》。

诗云："昔年变姓走淮滨，虎豹纵横独怆神。青海茫茫建故国，黄尘黯黯泣孤臣。魏睢张禄梦中梦，越蠡陶朱身后身。今日相看论往事，刘洙元是姓文人。"粤人谢翱将归死江南。临行之时，旧宫人会者十八人，在城边宴饮告别。汪元量也抚琴相送，"行泪雨下，悲不自胜"。

他是宋朝宫室中好几人的送终者。"女道士王昭仪""太皇谢太后"都先他死去。汪元量为谢太后作的挽章写道："大漠阴风起，羁旅孤血泪。忽闻天下母，已赴月中仙。哀乐浮云外，荣枯逝水前。遗书乞骸骨，归葬越山边。"少帝赵㬎比汪元量活得更久，他被忽必烈遣往藏地学佛。汪元量为他送行的诗曰："木老（赵㬎受封为'木波讲师'，故云）西天去，袈裟说梵文。生前从此别，去后不相闻。忍听北方雁，愁看西域云。永怀心未已，梁月白纷纷。"文天祥被处决后，汪元量也写诗咏之："厓山禽得到燕山，此老从容就义难。生愧夷齐尚周粟，死同巡远只唐官。雪中绝塞魂何往，月满通衢骨未寒。一剑固知公所欠，要留青史与人看。"

赵㬎被遣往藏地萨斯迦寺，事在至元二十五年（1288 年）。汪元量在大都已没有什么人需要陪伴。他回到江南，当在此后不久。在江南，他著黄冠、据枯杖，出入于名山大湖之间，若飘风行云，世人无法知道他的去留之迹。江西人把他当成神仙，甚至绘制他的形象来供奉。

汪元量以他的"南吟北啸"来记录亡国之戚、去国之苦、间关愁叹之状。时人说，读汪公之诗而不坠泪者，差不多不能再叫他人了。还有人说，他的歌诗，就像"再嫁妇人望故夫之陇（此指故墓），神销意在，而不敢出声哭也"。因为他的诗哀而不怨，只是“欷歔而悲”而已，所以在元代就流传于世，而没有被禁止。

自然也总会有人对他持批评的态度。比如有一种意见认为：宋朝末年，元兵压境，两宫居然仍以琴酒自娱。据说度宗在宫中就随时拿着酒壶，尽日不醉。这种情况表明，一定有人在用声色之乐蛊惑皇帝。说者婉转地指斥汪元量以琴惑君，接着说：“及大事已去，独其心怏怏，奔走万里若不释者。嘻，亦晚矣！”中国传统文人总是把亡国的责任推到女人身上、皇帝的某个“左右”身上。现在我们又看到，还有人要把南宋灭亡的责任推给一个琴师。这当然是不公平的。宋三宫蒙尘时，像汪元量这样“其心怏怏，奔走万里若不释者”的人其实并不多。所以清代的四库馆臣要说，宋季公卿若面对汪元量，“实视之有愧”。这个评价，基本上是中肯的。

金姬名金儿，济南章邱人李素的女儿。

金姬的外曾祖李某也是章邱人，至元年间被元政府派役，运送粮钱到大都。在大都，李某遇到宋旧宫人金德淑，被她的姿色所迷，乃留都不归。生了一个儿子，因名都生。李某死后，都生从母姓金，与章邱李某的旧族不通音讯。都生成家后生了一个女儿，也长得很漂亮。这时大都城里有一个章邱籍人，叫李素，想要娶一个美人为妻。都生就把女儿嫁给了他。她就是金儿的母亲。

金儿从小聪慧明敏，资质妙丽。识字以后，日诵古今经史和佛、道百家之书。李素得名医张明远之传，精于医卜之道，把他的技艺全都传授给了金儿。金儿对卜筮之术特别有兴趣，很快便“自极玄妙，言人祸福皆响应”，连李素也自觉及不上她。

这时已经是元末，政局动荡。李素决定举家投奔章邱族人。他们很可能坐船从大运河南归。由于山东兵乱道阻，李素一家只好沿河继续南行，辗转曲折，来到盱眙县城。相传金儿在初渡淮水到达盱眙后，曾在客舍题诗，曰：“马足燕山雪，船头泗水云。客身和雁影，飘迫过孤村。”但她的闲情逸致很快被突如其来的一场家庭风波搅得粉碎。

他们客居盱眙时正值酷暑。李素的妻子金氏身着短袄。李素偶尔发现金氏肘下有一个铜钱大小的黑痣，与自己身上所长的完全一样。于是互相细问家世。这才发现，李素原来是至元年间那个留都不归的李某在章邱老家的亲孙子。这就是说，李素的岳父都生实际上是与李素生父同父异母的弟弟，而李素之妻金氏竟是他自己的从妹辈。这对夫妻“相顾惭恨，不能自存”，遂决定改为兄妹相称，别居于二室。他们的女儿金儿听说了这件事，便剪去头发，发誓要出家做尼姑，“以赎骨肉之耻”。这时正是至正十四年。苏北私盐走私犯张士诚举兵反元，为躲避元廷遣往征进的苗兵军锋，从扬州移至高邮，并抄掠邻郡。李素一家在盱眙为张士诚军俘掠。不久，金儿被分配到张士诚母亲“太妃”曹氏的帐中做婢女。

这年九月，元廷发师号称百万，由丞相脱脱亲自统率，将张士诚团团围困在高邮城里。曹氏命金儿卜凶吉。金儿卜之，得“无亡之小过”，于是对曹氏宣称，“取威定霸，决于此矣”。到了十一月，城中人心危畏，张士诚想投降，又怕元廷不肯赦免他，犹移再三。曹氏召金儿再卜。时值二更，忽然听到冬雷响空。金儿拜贺说："明天可以出城应战了！"中夜，她登城楼仰视天象良久。天将曙，入告曹氏说："龙文虎气，都显现在我方营上。时不可失，请赶快出兵击敌。"

据说正是同一夜，顺帝下诏削脱脱兵权的消息传到元军兵营。临阵易帅，兵心激变，元军在一夜之间气丧魄散，围城阵线顷时瓦解。张士诚乘机出击，大获全胜。金儿由此名声大振，大家都叫她"金姑姑"。虽然她从此不再剪发、穿道服，但仍修炼如故。

张士诚本来没有什么大志，满足于在苏北做自王一方的土皇帝，听说江南"钱粮之多，子女玉帛之富"，贪心渐起，但又不敢贸然深入江南，态度十分犹豫。曹氏命金儿再卜。金儿称得吉卦，并且套用当时已经流传的《扶箕诗》写成一绝云："天遣魔兵杀不平，世人能有几人平。待看日月双平照，杀尽不平方太平"。张士诚这才决定派兄弟张士德先行领兵渡江，攻取江南。当时"吴会（指苏州）未下，雌雄未决，乃先自空其巢穴，以犯不测之险"。张士诚此举确实需要一定的胆量。金儿的卜算，大概真的给他增加了不少的勇气。

至正十五年二月，张士德攻占苏州。三月，张士诚奉母亲曹氏至通州，预备过江。母子登狼山观长江之险。这时候张士诚第一次见到"金姑姑"。金儿奉命出见时，"青衣跣足，垂涕而出"。曹氏连忙叫她回去改装。金儿换装后再与张士诚见面，张士诚"凝志忘言，注目谛视，唯唯再三"。下狼山的时候，他对金儿说："我听说，古代的圣人不在朝堂则在算卦人之中。诚如太夫人所说，你是真天人。怎么能让你埋没在婢女侍儿之中！”

长江水深浪急，张士诚又命金儿卜渡江吉日，金儿口占十六字曰：“羊肠九索，相推稍前。止须王孙，乃得上天。”这时正好有福山富户曹氏发江船百艘、杀牛担酒来为张士诚“犒师”，于是张士诚大举渡江。乃至福山，仍纵将士肆行掳掠。曹氏迎降在先，不过免遭屠戮而已。

在此前后，金儿似乎已看透张士诚不足以成大事，她奉命为张士诚卜“国运短长”，以“日月运行，一寒一暑。荣光赫赫，创业大数”为对。张士诚大喜。但她回去对父母却说，那句话的真正意思，是说张士诚的运命只有“天运一周”，即以十二辰为一纪，十二年之后难保“颠踬殒坠”。李素大惊说：“如今江南已下，鼎足势成，正好与他同享富贵，为什么出此不祥之言？”金儿答道：“千里马不能与跛驴套在一起拉车，凤凰不能与燕雀为群。贤明的人也不能与不肖者混迹在一起。我可不愿做他们那等人的臣下。”父亲问：“那你为什么又要帮他占卦，动中事机？”金儿说：“君子虽然想高蹈远引，但还是愿意略显德泽于人，为群民除害，来显示天的好生恶杀之性。我这样做，只愿有功德于人间，不求个人的尊荣。父亲你是不能理解的。”李素大怒，骂道：“女人就以容貌颜色来服侍人。闺门以外的事情都不是她的本分。从来没有听说女人能以王霸杂术而闻名于世的。”父女争辩再三，不欢而散。

但是张士诚却匪夷所思。他想试探金儿的心思，于是对她说：“我心中已默有所祷。你能卜得出是一件什么事吗？”卦成，金儿对曰：“不敢以告。”强之再三，她才说：“有三条蛆，因为追逐飞蝇掉进大锅里，灌饱了锅里的沸水，沉淹殪气而死，与母亲永别。”张士诚不甘心，说：“听说用龟甲占卜才能知真凶吉，你用的是中间空枯的鸡骨头，怎么可以完全相信？”他把一枝桃花插在金儿头上，说：“就以它为聘金吧。”

金儿自知不能免，于是要求先回去稍作安排。她与父母家人见面后，向天列拜，长跪私祷，然后就闭目绝虑，奄然无语。父母大惊，冲过去把她抱起来，大声叫她。金儿已经气绝身亡。

据说，明军进入苏州，乱兵掘金姬之墓，发现她的尸体已经“蜕去”，棺椁中只有衣衾还在。

后来的人追述这段故事，说金儿“周旋戎幕，口不治腥膻之味（因为她修持吃斋），心不慕金玉之屋。……使强暴之主，朵颐（在这里指垂涎的意思）凝注而不敢肆为侵凌。譬之白璧夜投，贪夫自避”。金儿不满意元末社会的“不平”，却又找不到真正能解救天下的人，最后空有一副侠义心肠，只落得抱恨而死的可悲结局。

从胜众生杂传

人们经常喜欢把社会比作一个戏剧大舞台。这个比喻其实有很大的缺点。观众从舞台上看到的，永远只能是很有限的几个主角的故事。但在现实的社会生活中，每一个人都是众灵杂遝的一分子，都有一样活生生的灵魂，有自己的幻想、自尊、追求、辛酸和快乐。可是，要从过去的历史记载中找到有关丛脞众生的详细故事，又真是太难了！关于中国历史上大部分时期的米价——它关系到每一个人的日常基本生活——我们就没有任何资料。政府编制人口统计的数字，往往是为了赋役的征收，所以这些数字是不是真实地反映了当时社会的总人口，也经常让历史学家猜测不已。以下讲述的，就是保留在片断资料中的元代商人、“烈女”、“节妇”、“孝友”和普通读书人的故事。

商人崔聚的故事。

崔氏本来是姜姓。姜太公之孙叔乙把封邑让给别人继承，自己跑到崔邑去居住，因以为氏。崔聚的上世是河北枣强人。北宋末遇水灾，六世祖徙家阳丘，就在那里占籍。世代以商业致富，名著乡里。崔聚的曾祖和祖父之名已佚失，父名泉，有四子，崔聚为长子。他天质博厚，有才干，懂交际。小时候正好是金末丧乱之际，家中的财产损失殆尽。入元以后，崔聚已成人，于是以长子身份担当起重振家业的重任。他经营商业的原则，是以信用诚义为本，买卖交易灵活多变，坚持勤俭之道。不论寒暑昼夜，他都兢兢业业地盘算货物的进出有无，从不懈怠。南宋灭亡后，崔聚更把贸易范围扩大到湘湖之间，因此家赀钜万，在当地没有比他更富有的人。

家业既已丰饶，崔聚做人更加小心谨慎，和气宽厚，以诚德责己。借贷钱银与人，如果是贤人韵士，常常不收利息；遇到贫穷还不起钱的，干脆把借据销毁，不再讨还。有断炊之家，连忙去给济，生怕晚了。乡里的人都知道他的德行。

崔聚有五个儿子。有一天晚上，他突然意识到自己老了，于是把家产平分，每个儿子都给一份，叮嘱他们不要使产业败落。他自己则拿着拐杖，从容拜访亲友，“尽东阡北陌之乐”。他在80岁时死去。

以上就是记载崔聚行迹的一块“先茔碑”所提供的关于他的全部内容。他经营的到底是什么产业，从碑文中一点也看不出来。尽管立碑时连崔聚祖父的名字也已经无法查考了，但碑文却还是硬把这一家与殷商时代的姜太公的孙子扯在一条血脉上。这两点都十分典型地反映出元代社会的精神气质和所崇风尚。

商人的活动有时在诗歌中倒被描写得十分形象生动。元末明初人杨维桢有古诗《盐商行》:“人生不愿万户侯，但愿盐利淮西头。人生不愿万金宅，但愿盐商千料舶。大农课盐析秋毫，凡民不敢争锥刀。盐商本是贱家子，独与王家埒富豪。亭丁焦头烧海榷，盐商洗手筹运握。大席一囊三百斤，漕津牛马千蹄角。司纲改法开新河，盐商添力莫谁何。大艘钲鼓顺流下，检制孰敢悬官铊。吁嗟海王不爱宝，夷吾策之成霸道。如何后世严立法，衹与盐商成富媪。鲁中绮，蜀中罗，以盐起家数不多。只今谁补货殖传，绮罗往往甲州县。”

商人长年在外奔波，把妻子独自留在闺阁。商妇之怨不轻于征妇。杨维桢又有《商妇词》云:“荡子发航船，千里复万里。愿持金剪刀，去剪西江水。”要用剪刀把江河剪短，好让在外行商的丈夫早日归来。商妇的离怨又是何等深刻啊!

“烈女”和“节妇”的故事。

胡烈妇，渤海刘平的妻子。至元七年（1270年），刘平当戍枣阳，用车子装载了家人、行装共行。夜晚宿于沙河旁。突然窜出一只老虎，衔了刘平逃去。胡烈妇惊醒过来，连忙追上去，抓住老虎的一条腿不放，高声叫车中的儿子取刀杀虎。老虎死，她扶持刘平到附近城镇求医，因伤势太重，终于没有救活。胡烈妇受朝廷旌表，远近闻名。时人多以“胡烈妇杀虎”为题作图。又有人题诗于图上曰：“丈夫不作屠龙举，健妇能成刺虎威。试看五行参运化，二阴（当指胡烈妇及其小儿）何盛一阳微！”

霍家有两个媳妇，分别来自尹、杨两户，夫家是郑州人。至元年间，尹氏的丈夫霍耀卿死了。婆婆要尹氏改嫁。尹氏说：“妇人的德行只有贞节。再嫁而失节，我不愿意这样做。”婆婆问她：“世上的妇人，丈夫死了都要改嫁。人们并不认为她们有什么不对。为什么只有你觉得可耻？”尹氏回答：“人的志向本不相同。我只知道要按我自己的志向去做而已。”婆婆也就不再强迫她。后来杨氏丈夫霍显卿又死了。杨氏担心婆婆会叫她改嫁，抢先对婆婆说：“我听说妯娌之间就像是兄弟，应当互相敬爱。现在您的大房媳妇守寡没有离开，我可以独自离家吗？我愿意与她一起共修妇道，终生侍奉婆婆。”婆婆说：“你如果真能这样做，我还有什么可以说的！”于是她们在一起共同生活了二十多年。这件事被上奏朝廷，受到政府的旌表。

只鲁花真，蒙古人。26岁时，她的丈夫忽都病死，发誓不再改嫁，奉养婆婆，超过25年。婆婆去世后，尘衣垢面，不事修饰，终身守在建于墓旁的陋屋里。至元年间受到朝廷的表彰。

冯淑安，字静君，出身官宦之家，被山阴县的县尹李如忠娶为继室。李如忠的前妻是一个蒙古族女子，生一子名任，才去世不久。大德五年（1301年），李如忠病重，对冯氏说：“我很快就不行了。你怎么办？”冯氏引刀断发，誓不改嫁。李如忠死后两个月，她生下丈夫的遗腹子，取名李伏。李如忠和他前妻的族人都在北方。听说李如忠死于任上，留下很多遗产，两家一起赶到山阴。冯氏正遇大病，他们乘机把李如忠的赀财和蒙古族母亲生的李任带回北方去了，撇下冯氏母子和李如忠及其前妻的灵柩。冯氏没有与他们计较，只是面对“一室萧然”早晚哭泣，邻里惨不忍闻。以后她卖掉陪嫁的衣妆，勉强把两人的灵柩浅埋在蕺山下，带着李如忠的遗腹子住在搭建于墓旁的小屋里。这时她只有22岁。身体虚弱，苦自砥砺，靠做女师儒授徒维持生计。父母听说后来探视，舍不得她孤苦伶仃，劝她改嫁。冯氏爪面流血，不愿答应。这样过了20年，才凑足钱把李如忠的灵柩迁葬到汶上老家。齐鲁地方的人听说了她的故事，莫不叹息。

李顺儿，许州儒生李让的女儿，生性聪慧，能读经书。至正十五年（1355年）她18岁，未嫁在家。红巾军攻陷钧州，离许州很近了。李让对妻子说：“我家世代知书达礼，现在这个女儿要连累我们了。”女儿听见父亲的话，哭着说：“父母尽管去逃难，不要为我担心。”说完她立即跑到后园自缢而死。

陈淑真，富州人陈璧的女儿。陈璧是一个很传统的儒生。陈淑真七岁能诵诗鼓琴。元末，一家人避兵祸于龙兴。至正十八年，陈友谅进攻龙兴。陈淑真见邻人仓皇来告，乃取琴坐在窗下弹起来。曲终流着眼泪说："我从此再不能弹琴了！"父母听了很惊异，问她是什么意思，陈淑真说："城被攻克以后，我一定会遭到侮辱，不如趁早死了。"次日陈友谅军进城。陈家寓所临近东湖，陈淑真投湖而死。

周如砥，女，19岁，未嫁。至正二十年，乡民乘天下大乱，揭竿而起。周如砥父是新昌县衙门中的典史，与女儿一起到县城西面的客僧岭避难。女儿被造反的人俘虏。领头的说："我还没有娶妻，就拿你做妻子吧！"周女说："我是周典史的女儿，死就死，怎么能答应你？"于是被杀死。

《元史·列女传》记录了一百多个妇女的事迹，用几乎相同的笔调讲述她们年轻守寡，或在元末乱世中恪守贞操而慨然自杀或被杀的"烈节"。中国中世纪后期严重摧残妇女的两种恶劣习俗，即缠足和丈夫死后不许再嫁，都在元代，尤其是元代江南地区开始逐渐流行。官方意识形态通过旌表褒谥的阴险手段，把残酷的"礼教"内化成越来越多的妇女自觉的要求，再利用她们的行为催发一种无形而强大的社会压力，渐渐把绝大多数妇女驱入痛苦的深渊。元代"节妇"的故事，只能是一部当时妇女的血泪史。

《元史》有《孝友传》两卷，用来"劝奖""事亲笃孝""居丧庐墓""累世同居""散财周急"等等"善俗"。这些"善俗"中间，当然沉淀着可以为现代民族精神的再建设进行创造性转换的积极因素，但它们强调吞噬个人和个性的宗族权威和父权，用死的拖住活的。所以即使在当时，也往往流于虚伪做作；在今天看来，更未免有些怪诞、悖情甚至不必要的残酷。

张闰，延安延长县人，隶属于汉军军籍。一家已经历八代而不曾分过家。家庭成员有百余口，互相没有闲言碎语。每天都令未出嫁的闺女和入门的媳妇们各聚一室做女红；完成的，收贮在同一库房里，各小家庭都没有私蓄。幼童啼哭时，凡有乳的妇人谁见到就由谁抱哺。嫁入的媳妇回娘家省亲，留下儿子，也由大家一起哺乳，不问是不是亲生的，儿辈也往往不知道谁为生母。张闰在哥哥张显去世后，把家事全部托付给侄子张聚。张聚推辞说："叔叔是父辈，应由叔叔主持。"张闰则说："侄子是一家长支的后裔，应该由你来主持。"互相推让了很久，最终交给张聚。官绅大户听说张闰家的事迹，都自叹不如。至元二十八年，得到朝廷旌表。

孔全，亳州鹿邑人。父亲孔成病，孔全割下自己的股肉为父亲进补，使他痊愈。后来父亲死了，孔全居丧尽哀，在墓边搭棚守墓，亲自背土为父亲堆坟，每天挑土 60 次。因为风雨不能满数，等天晴后补足。为此三年，堆起广一亩、高三丈多的坟堆。

张子夔，安西人。父死，每天夜半以背负土，用手肘、膝盖触地，匍匐到埋葬父亲的地方，筛细土为坟。

李鹏飞，池州人。生母姚氏是父亲的妾室，为正妻不容，把她改嫁给一个姓朱的人。李鹏飞年幼不知情，19 岁时知道了这件事，思念生母，心情哀痛。于是立志学医救人，希望积功德，早日见到母亲。走访了整整三年，才在蕲州罗田县找到生母。这时朱家正在生流行病，李鹏飞就把她接回到自己家中奉养，很久以后，才重新送回朱家。从此时常渡江去探视。母亲死后，他总是在祭扫时节带子孙去祭墓，终生如此。

哈都赤，大都固安州人，天性笃孝。从小失去父亲，乃全力奉养母亲。母亲生病，医治不痊。哈都赤取下自己佩带的小刀，磨得十分锋利，拜天哭泣，说："慈母生我不容易，今天我要捐身报答她。"于是割开左肋，取肉一片，做成汤羹让母亲吃。母亲说："这是什么肉，会这样甘美？"几天后，她的病就好了。

赵一德，龙兴新建人。至元十二年元军伐宋，被俘至大都，为郑留守的家奴，历事郑家三世。至大元年，他对主人郑阿儿思兰及其母亲说："一德自从离开父母，幸得保全性命依附门下，已经三十多年。故乡万里，还没有回去省视过。虽然思念父母刻骨铭心，从来不敢说。如今父母都老了，如果有什么不幸，我就永远要作天地间不孝的罪人了。"说着伏地而泣，站立不起。阿儿思兰母子都被他感动，准许他回家，为期一年当归。

赵一德回到家里，父、兄已经死了，只有母亲还在，已经八十多岁。他择地把父兄的棺木下葬，想稍多留几日奉侍母亲，又怕得罪使主，于是如期回到大都。阿儿思兰母子感叹说："他是一个低贱的仆隶，还能这样守信，我们能不成全他的孝心吗！"立即毁掉文契，释放他为良人。赵一德正准备回家，阿儿思兰以冤罪被处死，家里遭抄籍。奴仆们纷纷逃散。赵一德奋然挺身说："主家有祸难，我怎么能像陌生人一样！"他留在大都不走，与张锦童一起到中书省诉冤。事得昭雪，抄没的财产都发还了。阿儿思兰母亲对赵一德说："我们被抄家时，亲戚不相顾，只有你冒险为我们讨回冤屈。疾风知劲草，在你身上看到了。我家产业于丧尽后得复还，都是你出的力。

我应当怎样报答你？”于是分肥田美宅给他。赵一德说：“我虽然是一个低下的人，但绝不是为钱财才这样做的。因为伤心使主无罪被诛，所以留下来报答他。如今老母八十多岁，可以回去侍养她，使主对我的恩赐已够厚了，还要田地房屋做什么？”不受而去。皇庆元年，朝廷旌表他的家门。

一般读书人的故事。

至正八年，从全国17处乡试中选拔的200多名“乡贡进士”，集中在大都参加礼部主持的会试。这一届会试的左榜第一名（元朝科举考试分左、右两榜发表，右榜为蒙古人、色目人，左榜为汉人、南人）王宗哲，乡试时即为所在考场第一名，以后殿试又是左榜第一名，所以被人称为“三元”。王宗哲自己没有想到，他这个元朝十六科中唯一的“三元”，却是因为考官冤屈了另一个叫王伯恂的考生才拿到的。原来判阅会试的试卷时，考官中有一个人对王伯恂的答卷特别满意，说：“此人是天下奇才，应该列为第一名。”但王伯恂是一个“南人”，考官中另有人主张，不宜让南人居第一位，想把他置于第二，而且预先为他留出了第二名的位子。但主张“宜置第一”的那个考官不肯让步，说：“我们评判考卷，只能以才能文学决定高下，怎么可以分南北籍贯呢？要把他置于第二，我宁可不取录他。”争论了好几天，始终没有一个结果。发榜的日期迫近，主考官只好另选别人来补足第二位的空缺，王伯恂竟然因此而落选。发榜以后，考官们自觉不公正，互相谴责；被取录的士人都感到愧对王伯恂；落榜的人们也纷纷为他慨叹不平。

鲁钝生，其名不详，江南某地人。六岁时喜爱读书，每日记诵万余言；十岁写古诗歌；成年后专攻《春秋》经学。他的外貌奇古，被人误以为是畏兀儿人。他笑着说："假若我出身西域种类，只需花一天的时间写卷子，就能通过科举考试成为右榜第一人。"只可惜他生在江南，因此以孤独高洁的名声落魄于湖海之间，随心所欲，自暴自弃。浙江的廉访机构曾经辟用他为书史。鲁钝生深不以为然，手抱文书对来人说："这不是我的本行，也不是我的志向所在。"乃辞官而去。这时候东维子杨维桢正在浙西等地教书，鲁钝生与他同游天目山。他酒后必歌诗、写字、画画，直至尽兴。鲁钝生性刚直，容不得别人的过失，经常当面责斥之；人有一善，必也称道不止。晚年著书，自号"金马子"，有《太平万言书》。某年忽然从葛峰往访杨维桢，说："我要像太史公一样去周游名山大川，如果遇到伟人问我是谁，我懒得自我介绍。请你为我写一篇传记。"杨维桢于是为他写了那篇颇为有名的《鲁钝生传》。

只眼石人
红巾起义与元朝的灭亡

堂堂大元，奸佞专权。开河变钞祸根源，惹红巾万千。

——陶宗仪《辍耕录》录元末小曲

石人一出天下反

元顺帝在位的三十六年（1333—1368年），元朝政治进入一个危机迭起的时期。这时候，蒙古和色目上层的观念意识和文化，越来越全面地受到汉文化的影响。漠北军事贵族对中央政府和漠南政治的干扰程度大为削弱；朝廷中虽然出现很多派别，但他们表达不同的政见、维护各自小集团的权益时，所用的差不多却全都是儒家的观念和语言。但是，元朝上层集团为汉文化所浸润，并不意味着他们种族意识的消解；相反，北族统治上层在观念意识上为汉文化所全面涵化的初期，经常伴随着某种强烈的种族本位的政治倾向。号称“小尧舜”的金世宗和清朝“十全老人”乾隆在位的时期，就都发生过同样的现象。元朝中、下级官僚的腐败在顺帝朝已达到极其严重的程度。地方官公开勒索花样百出。下属初次参拜要奉“拜见钱”，每逢时令佳节要讨“追节钱”，生辰有“生日钱”，公务过手要“公例钱”，送往迎来要“人情钱”，拘追人犯要“赍发钱”，审理诉讼要“公事钱”，没有事情白要叫“撒花钱”（“撒花”是波斯语的译音，译言礼物），勒索的钱多叫“得手”，得到一个富裕地方的官职可以肆行敲诈叫“好地分”。连监督吏治的廉访司官员也污浊不堪，民间把他们看作“与贼不争多”（与贼没有多少差别）。进入汉地的世袭蒙古军官只会饮酒食肉，双手不知道怎样操执槊戟，临战时一见敌人就先自溃乱；色目军队的战斗力也严重衰退。所以小股的反政府武装，常常可以横行郡县，如入无人之境。在一个种族关系非常敏感、而统治者的吏治和军事机器又十分衰败的时期，元朝统治发生全面危机的可能性也就极大地增长了。

顺帝即位后的前八年，基本上是权臣伯颜擅政的时期，社会矛盾日趋尖锐。至元六年（1340 年），顺帝用政变式的手段废黜伯颜，起用脱脱实行“更化”。至正四年（1344 年），脱脱以身体不适、“年月不利”请辞十七次，获准；又于至正九年复相。1340 年间，元朝的政局稍见平稳，但政府面临的两大难题却有愈演愈烈之势。其一是金融危机。至正前期，钞币的含银价值跌落到元初的二十分之一；国库空虚，靠印钞填补缺额，引起持续的通货膨胀。市场上伪钞流行，法律对印造伪钞惩处虽重，仍有很多人为获暴利而甘冒风险。二是黄河水患。黄河中上游的雨季洪峰把大量泥沙夹带入河，中下游的河床遂因日积月累的泥沙淀积而逐渐抬高。为迫使河水伏槽，历代都被迫沿河筑堤。到了元代，河患区北岸河堤已高出地平面三四尺，南岸更高出八九尺。至正四年夏天，黄河相继在白茅堤、金堤北决口，从白茅堤以东到今微山湖以西，北至东平路的汶上，大片地区遭受水患。至正八年正月河再决，冲入运河，不但危及从南方通向大都的物资供应生命线，而且可能冲没分布在济南、河间两路的几十个盐场，威胁到元政府赋税来源中最重头的盐税收入。水患所至，疫情蔓延。百姓流离失所，死者满路；生者“为鬼非鬼，为人非人”。脱脱复相以后，决意铤而走险，明知“事有难为，犹疾有难治”，仍“必欲去其疾”。

至正十一年，脱脱力排众议，同时实施变钞和开河两大行动。元政府发行“至正中统交钞”（即在原来设计的中统交钞钞面上加盖“至正交钞”字样）和铜币“至正通宝钱”，与历代铜币一起流通，以发行的新钞来对折贬抑民间行用的至元宝钞价值，从而弥补入不敷出的财政困难。新钞发行不久，便如纵火止燎，引起恶性通货膨胀。在大都用新钞五百贯还买不到一斗粟。很多地方干脆恢复以物易物的古老办法。变钞完全失败，民怨沸腾，严重损害了元政府的合法性。与变钞同时开始的治河工程由贾鲁主持，动员人力近20万，历时六个多月。工程采取新开“引渠”和疏浚故道相结合的方法，修整自白茅决口以南不远的黄陵岗起，东南至虞城县境的哈只口一段水道，又开减水河以分其水势，再堵塞白茅堤决口，将呈扇状北摆的河道勒回它的南线干流，东行至清江，夺淮入海。由于这次工程，黄河中下游水患区在此后数年间没有发生大的决口。贾鲁治河本身，应当说是收到了一定的积极效果的。

虽然在参加治河之役的十多万民工中似乎没有酿成大的变乱，但开河一事，却成为黄陵岗南千里之远的白莲教徒以“挑动黄河天下反”来动员反元武装起义的一个契机。

白莲教是源于佛教天台宗和弥陀净土宗的一种民间宗教。它得名于东晋慧远在庐山创立的白莲社；正式成为一个教派，则始于南宋绍兴年间的昆山僧人茅子元。在佛教中国化的最后一个阶段即隋唐时期，虽然形成了若干探求精深的教理奥义的中国佛教宗派（如华严、天台、法相、三论、律宗等），社会影响最深刻的却是带有极大世俗倾向的禅宗和弥陀净土宗。禅宗在士大夫中间最受欢迎；净土宗则拥有最多的社会下层信徒。所以当时流行“有禅有净土，犹如带角虎”的说法。

佛教主张一切皆苦。一个人如果不能在生时靠修行证得涅槃，那么死后就会重新堕入“六道”（即地狱、饿鬼、畜生、阿修罗、人间、天上）轮回的苦海。但要想修成正果又是极难的。弥陀净土宗恰恰为那些还不能成佛、又害怕掉进六道升沉苦海的人们提供了一个进入“中间站”的方便法门：只要在世时愿意常念“阿弥陀佛”名号，那么在死后便可由阿弥陀佛“接引”，到他掌管的那一方净土世界去。那是一个无上美妙的幸福世界，人在那里不会再“退转”到六道之中，可以安心修行，直到成佛。往生净土甚至变成了比成佛更有吸引力的一般中国人追求的理想归宿。

这个大众化的教派以“普化”世俗信徒为宗旨，以不出家的职业传教人为中坚，所以很快变成一个庞杂的信仰体系。在元代白莲教中，融合了“弥勒下生”的劫变观念（即“未来佛”弥勒将把人类从他们陷入的“末世”状态中解救出来），摩尼教的“明、暗二宗”说（即世界有明、暗两大势力，代表明的“明尊明王”将最终战胜黑暗，指引人类社会走向光明的极乐世界），以及五公符、《推背图》、驱妖的血盆、异端天文图书等各种民间巫术的“左道乱正之术”。白莲教在比较平缓的社会环境里长期以非暴力的形式活动着，有世袭教主、成文经典和独特的仪轨。一旦社会动荡不安，和平传教的系统也就有可能被很方便地用作从事暴力反抗的动员。弥勒劫变的观念在这种场合显得尤其有用。点燃了元末民众暴动烈火的韩山童就用“弥勒佛下生”和“明王出世”来做社会动员的标帜。

韩山童出生在河北栾城的一个白莲教世家，祖父韩学究曾因组织白莲会“烧香惑众”，被强行迁徙到广平永平县。韩山童继承祖业，成为河南、江淮地区很有势力的一个堂主。至正十一年春夏间，元廷要治河的消息传来，他们决定利用这个时机公开发难。乃凿石人，面上只开一眼，背上刻“莫道石人一只眼，此物一出天下反”字句（一作“石人一眼，天下四反”），预先埋在黄陵冈、颍水上的界沟等地，并且散布民谣说：“石人一只眼，挑动黄河天下反。”黄陵冈的石人出土，大概至多引起工地人心的一时骚动。界沟石人则当由韩山童指使的人掘出。只眼石人，再加上开河之役已经启动，算是应了民谣里的两兆。

于是韩山童在同年四五月之际纠合杜遵道、罗文素、刘福通等，聚众3000人于颍州颍上，杀黑牛白马，誓告天地，宣布起义。但他们还来不及采取任何军事行动，就被闻讯前来袭击的元地方武装驱散，韩山童被颍上县官擒获处死，妻杨氏、子林儿奔武安。突围而去的杜遵道、刘福通等集合散众，攻占颍州。起义军头裹红布，故号红巾军，或红军；又因为其中很多人信仰白莲教，烧香拜佛，所以又号香军。元廷派6000阿速军马偕汉军驰赴颍州镇压。阿速兵将领在阵前眼看红巾军势大，便扬鞭大叫“阿卜！阿卜”！（阿卜，突厥语。意为“赶快”，此即赶快逃跑之意）元军溃败。杜遵道、刘福通等人相继攻占颍水和淮水之间的诸多州县，势力北至距黄河南岸不远的亳州州治，兵马发展到十万之众。

韩山童部颍州首难的成功，很快在几乎整个江淮、江汉流域激起白莲教徒众的广泛响应。各地揭竿而起的人马虽然彼此不相统属，但都以“红巾军”为号，推波助澜，互为呼应。其中最重要的，有以下几支。邳县人李二（又称芝麻李）与赵均用、彭大等于至正十一年八月攻占徐州，拥众十万，势力逐渐扩大到黄河（今废黄河）与淮水下游之间各州县，北达河（今废黄河）以北之丰、沛，南至淮水以南的安丰。同月，潜伏于江淮间的南方白莲教“祖师”彭莹玉重新起兵淮西，率部南下，与差不多同时起事的麻城人邹普胜、罗田人徐寿辉会合。十月，徐寿辉部由蕲州攻克蕲水，建都于兹，国号“天完”，在“大元”两字之上加“一”“宀”，表示要克定元政权。徐寿辉为帝。天完政权遣兵四击，势力浸润自黄冈以西、江陵以东的长江北岸和汉水下游两岸各地；彭莹玉所部深入江西，转战今安徽、浙江、苏南广大地区。在今河南西部，王权（又名布王三）等于至正十一年十二月举义，攻占了元南阳府境内的一大半城市，并进至河南府路，称“北琐红军”。他们南面，则是至正十二年正月称兵的孟海马，占据元襄阳路及其西南邻郡的广大地区，称“南琐红军”。定远人郭子兴行动较晚。他在至正十二年二月底带几千人杀进濠州。因为事先同颍州首领杜遵道联络过，一同起事的五个人都奉命称濠州节制元帅。他们与颍州红巾军之间在名义上有隶属关系。这些造反者的首脑，有的是白莲教的职业传教士；有的是富豪出身，如郭子兴、刘福通，徐州的李二家有一仓芝麻，饥荒时用以赈济饥民，所以有芝麻李之称，可见也是很富有的；还有一些是走南闯北的商贩，徐寿辉和王权都是贩布商人。

乘乱而起的，还有两个武装走私盐货的豪霸，即台州黄岩人方国珍和泰州人张士诚。方国珍较早被官府逼反，此后叛服不常，靠控制在手上的浙东海盗武装，向元廷邀官请爵，自霸一方。张士诚起义于至正十三年正月，部众都是苏北沿海盐场的官役户，先后攻占泰州、兴化、高邮，称雄苏北，并在次年正月称诚王，国号大周。这两支势力与白莲教和红巾军都没有什么联系。

自至正十二年起，元政府从最初受到的打击所引起的休克状态中缓慢地复苏，因此调兵遣将，分头进征各地的反叛武装。元军虽然付出很大的代价，但逐渐占据上风。除了长围濠州五月之久无功撤去外，到至正十三年末，元军在各个战场上差不多已将红巾军各系都逼入绝境。至正十四年九月，丞相脱脱领兵号称百万，进征苏北的张士诚。十一月，元军大败张士诚部于高邮城下，遂将高邮团团围困，分兵经略苏北其他城池。张士诚在高邮城中意志溃颓，“日议附降”。到十二月，元宫廷内党争的形势陡然变化，脱脱以“师老财费”“曾无尺寸之效”被削去兵权。在诏书正式到达之前，脱脱在朝中的政敌担心他会拥兵对抗，所以先遣人到军中，声称诏书宣读之后，“不即散者当族诛”。因此一俟脱脱奉诏，百万大军，一时四散。张士诚得以绝处逢生，而元朝从此元气大伤，再也无法抑制死灰复燃的燎原大火烧遍大江南北。

“小明王”的盛衰

元军高邮之溃，使转入低潮的红巾军各系顿时压力大减。至正十五年二月，杜遵道、刘福通迎最初出逃武安的韩山童妻杨氏和儿子韩林儿于砀山夹河，在亳州建国，国号宋，年号龙凤。韩林儿称帝，又号“小明王”。鹿邑之东的太清宫被拆毁，木料用于替小明王盖建宫殿。杜遵道、盛文郁为丞相，刘福通次之，为平章政事。杜遵道曾在大都枢密院里做过吏职，见过世面，从颍上举义时就是韩山童系最核心的人物。这时他与韩林儿的母亲“皇太后”杨氏又有很不寻常的关系，所以对刘福通颇有一点颐指气使的架势。他是文人，手中没有兵权，要想“专权”，又不知道笼络人心，只能是自取败亡。大概在下半年，刘福通设伏兵击杀杜遵道，自己做了丞相，又加封为太保，从此成为宋政权中的实际领导人。

龙凤元年（即至正十五年，1355 年），宋政权与元军之间的交战，主要在亳州以西的颍水、涡水上源地区展开。宋政权虽能保住亳州不失，但在战略上却陷于消极应战的被动状态。为了扭转在河南地区的被动局面，刘福通决意用外线作战来牵制、调动敌方。于是，自龙凤二年，他陆续遣兵向外拓展，最终形成三路红巾军北伐的宏伟场面。

在三路北伐大军相继成行前后，刘福通自率中央红巾军力图扩大在河南的地盘。龙凤三年攻汴梁不克，逾河北攻大名、卫辉两路，下之。四年五月，刘福通再攻汴梁，元将竹贞弃城走。小明王移都汴梁。这时候，龙凤政权达到它短暂的极盛阶段。“巴蜀、荆楚、江淮、齐鲁、辽海，西至甘肃，所在兵起，势相联结。”这样辉煌的局面之所以能够出现，与三路北伐将士艰苦卓绝的浴血奋战所做出的贡献是分不开的。

西路军由李武、崔德带领，于龙凤二年九月最先出兵。他们欲西趋潼关，沿途克陕州、虢略，因被元军追击，遂掉头向北逾河，进取平陆、安邑，被元追兵击溃。次年初，李、崔二将西出武关，攻商州，据蓝田，一面进逼奉元，一面分兵东趋同、华诸州。元军和由河南地主组织的“义军”入援关中，红巾军乃放弃攻取奉元。这年秋天，刘福通又遣白不信、大刀敖、李喜喜等增援西路红巾军。他们从今秦岭南麓绕行陕西西南，取兴元路、秦州、陇州，西至巩昌路。十月，回军向东，进攻凤翔。红巾军的死对头、河南“义军”将领察罕帖木儿率部驰援，红巾军战败。龙凤四年，李喜喜率一部分西路红巾军入川，退出西征的军事行动。李武、崔德等局促于陕西西北边隅，虽曾在次年攻占灵州、宁夏路等地，但难以再进入关中核心地区。龙凤六年五月，崔德、李武向陕甘宁地区的地主武装李思齐部投降。至此，西路军完全瓦解。

东路红巾军由毛贵率领。他是龙凤政权置于淮安的“行中书省”将领，在海宁州被元军追袭，航海袭山东。东路红巾军的北伐实际上从这时已经开始。龙凤三年二月至四月，毛贵占领了山东半岛大部，扼守益都，虎视全鲁。七月，镇守黄河的元“义兵”万户田丰倒戈，在鲁西南与毛贵东西呼应。四年正月，田丰取东平，元漕运水路被切断。二月，毛贵克济南。从东西两面相向伸展的红巾势力遂得以贯通山东。毛贵立“益都等处行中书省”，置“宾兴院”选用官员治理地方，在莱州建立屯田，征租十分之二。

龙凤四年二月，毛贵亲率红巾军从山东攻入河北。曾在济南与毛贵恶战的元将董抟霄这时奉命回防河北，驻兵南皮魏家庄。他营垒尚未建完，毛贵已至。董抟霄匆忙应战败北。毛贵溯大运河北上，克沧州、清州、蓟州，进逼大都城东南的枣林、柳林。元枢密院副使达国珍战死。大都朝野震动。时在龙凤四年三月。但毛贵孤军深入元朝守备最严密的京畿地区，虽能用突袭方式逞一时之效，终究难以实现捣其心腹的意图。不久，他败于元枢密院同知刘哈剌不花之手，被迫退回山东。

龙凤五年四月，因淮东红巾军受创而投奔益都的赵均用为争夺对山东的控制权，击杀毛贵。七月，毛贵部下杀赵均用。山东红巾军因此元气大伤。田丰和王士诚继而分称花马王和扫地王，互不相服，自相攻杀不止。龙凤七年夏，元军在察罕帖木儿指挥下全面进攻山东。田丰、王士诚先后降元。山东大部分地区被元收复。十月，察罕帖木儿围益都。次年六月田丰、王士诚复反，刺杀察罕帖木儿，进入益都城。察罕养子扩廓帖木儿（即王保保）袭父职，继续围攻益都。十一月，城破。山东红巾军至此也完全失败。

中路红巾军原为盛文郁所部。龙凤三年九月，他们从盛文郁占据的曹州出兵，西逾太行山，攻略陵川、高平、潞州，又向西北行进，进逼冀宁路。因遇元重兵屯聚，退回太行山区。这一支红巾军，由关先生、潘诚（又名破头潘）等率领。龙凤四年春，毛贵出兵河北时，遣王士诚、续继祖等由鲁西南绕行太行山南端，克怀庆，进至晋宁。中路红巾军遂兵分两路，一路趋绛州接应王士诚等，另一路再度向西北挺进，攻取冀宁。到四五月间，毛贵已退回山东，元军得以从容应付山西红巾军。察罕帖木儿分兵收复冀宁、追击晋南红巾军。关先生等人转战于太行山北端两麓。这时要穿越河北与毛贵部会合已经十分困难了。十月，中路红巾军主力从定州向西北行进，攻占大同，再折向东北，由兴和向上都进发。十二月，上都被红巾军攻克。关先生等下令焚毁宫阙，留驻七日后趋兵辽东。自忽必烈朝起，历代元帝都在上都避夏。巡幸两都成为一代定制。由于上都全城毁灭，顺帝从此停止在那里驻夏的祖制。

关先生、破头潘入辽东后，攻占辽阳路，在这个地区活动了两年半之久。龙凤七年九月，经过两年试探性的进攻，关先生等率中路红巾军主力十余万渡过鸭绿江，大举侵入高丽国境；十一月攻克高丽王京开京。龙凤八年正月，高丽军队反攻，收复开京，关先生战死，破头潘率败军退回辽东。四月，他在辽阳被元军擒获。中路红巾军覆没。

三路红巾军北伐之初，确实与河淮之间的中央红巾军形成一种中心爆炸、四面开花，互为呼应、互相奥援的局面。但是各支兵马都相宜转战，越打距离龙凤政权越远，相互间也缺乏联系和配合，加上往往得地不守，“常无留行”，于是逐渐被以地主武装“义军”为主的元军分割打击。毛贵虽曾在山东半岛建立根据地，但离龙凤政权所在地区仍太远，后来又被内讧所削弱，所以也无法有力地接应中央红巾军。龙凤五年，随着三路北伐兵马的声势由盛转衰，元军重新以主力来对付在汴梁的龙凤政权。五月，察罕帖木儿领诸路元军实施合围汴梁的大规模军事行动。八月，汴梁城破。城内数万士兵和宋政权官属被俘，刘福通护韩林儿突围，重新退到安丰。此后近两年内，宋政权虽然仍在名义上号令在外诸将，实际上已完全丧失了操控战局的能力。

龙凤九年三月，已经把势力扩张到濠州的张士诚遣吕珍西攻安丰。刘福通率部固守孤城。城中食尽，出现人食人的现象，甚至已埋入地下尚未腐烂的尸体也掘出来吃掉；有的剜井泥做成丸子，用人油炸而食之。眼看就要难以维持下去了，刘福通遂向坐镇应天的朱元璋求救。

安丰的告急信送达应天，在朱元璋的帅府中引起一场争论。著名的谋士刘基（即刘伯温）竭力反对发兵救援。朱元璋虽然早已独断一方，但他在名义上仍是韩林儿的臣下，用的还是龙凤的年号。不过他自己和亲信们心里都很清楚，他将来的目标是要自得天下。既然如此，不如就让吕珍杀了小明王，反倒落得一个干净，否则以后还不知道怎么处置他才好呢！这就是刘基的意见。所以他心照不宣地问朱元璋："假使救出来，当发付何处？"但是朱元璋考虑再三，还是发兵前去救援。由常遇春为先锋，朱元璋自领大军随后。吕珍闻讯，撤围而去。刘福通奉韩林儿乘夜雨出安丰南奔，见朱元璋于庐州兵营中。朱元璋设銮驾伞扇，将韩林儿接到滁州。为他建造宫殿，撤换了左右的侍从人员，用优厚的物质条件将其供养起来。龙凤政权虽然在名义上维持到1366年（是年为龙凤十二年）小明王和刘福通被朱元璋谋杀之时，但从移驻滁州之后，它差不多就变成了朱元璋手中的玩偶。

“但看羊儿年，便是吴家国”

至正十一年韩山童颍上首难，唤出一个天地易色、豪杰并起的时代。为数众多的举义领袖们大概谁也想不到，从二十多年的浴血搏杀中最终夺得天下的，竟是起兵最晚的那支红巾军中间的一个其貌不扬的“小兵”。他就是朱元璋。

朱元璋是滁州钟离人，原名重八。他家境贫寒。至正四年春天，淮河流域大旱，继而瘟疫蔓延，他的父母和哥哥都病死了，乃于秋天入皇觉寺为僧。因为庙里养不起和尚，他一个多月后就外出化缘，在淮西云游三四年，才重回寺内。至正十二年，元军为防止佛寺与烧香拜佛的红巾军相勾连，焚毁附近的庙宇，皇觉寺也在其中。朱元璋走投无路，遂投起事不久的濠州郭子兴部，当了一名小兵。

郭子兴起义后，五个首脑互不相服，在濠州无所作为长达半年多。同年秋，元军在攻克徐州芝麻李后，分兵围攻濠州。次年春，围濠将领贾鲁病死，元军退去，固守五个月的濠州终得解脱。朱元璋不愿再在濠州虚度时光。这时他已经娶了郭子兴养女为妻，于是征得郭子兴同意，他回到家乡招兵买马，在自己周围聚集起一批以少年伙伴为主体的亲信骨干，不久又南出定远，把被收降的当地“义军”整编为一支两万人的精锐。从此他开始走上独立发展的道路。他攻下滁州，后来又把郭子兴从濠州接到滁州。

龙凤元年三月，郭子兴病死，所部由其子郭天叙、妻弟张天佑和朱元璋统领。三人中朱元璋地位最低。这时他们已攻略和州，因为和州缺粮，乃渡江夺取太平，在这个过程中又兼并了巢湖水师的大部。七月，攻集庆失败。九月，郭天叙和张天佑再攻集庆。参与此役的还有不久前被擒伪降的"义军"元帅陈野先。朱元璋知道陈野先必定要再叛，却故意让他与郭天叙、张天佑一起行动。陈野先在集庆城下倒戈，向集庆元将擒献郭、张二帅。从此郭子兴部全归朱元璋指挥。

龙凤二年，朱元璋三攻集庆，下之，改名为应天府。他开始以应天为基地，遣兵四出，经略沿江以南各府州。这时候，在他的东面有以平江为中心的张士诚，西面有自高邮元师大溃之后东山再起的徐寿辉，这时他建都汉阳，重建天完政权，以倪文俊为丞相。朱元璋的正南，自太湖以西的浙西及皖东南一带则仍是元朝控制区。朱元璋势力的扩张，当然同时引起与三方的冲突，但在占领集庆后的近十年中，他的主要战略目标，是西面的天完政权。

这时天完政权内部连续发生了两次重大变故。先是倪文俊企图杀徐寿辉自立，未遂，被部将陈友谅追杀。1360年夏，陈友谅挟徐寿辉沿江而下，东攻朱元璋。天完军克太平，陈友谅在采石杀徐寿辉称帝，改国号为汉。次月，他又率舟师东趋应天。朱元璋用计以弱克强，命部下康茂才以陈友谅故友身份伪降陈友谅。陈友谅轻信康茂才，自以为有了内应，万无一失，结果被骗入伏击区，在龙湾大败而逃。朱元璋乘机把势力伸入江西。龙凤七年，陈友谅又遣军东攻，朱元璋亲征江州，败之。陈友谅奔武昌。此后不到一年，江西大部被朱元璋夺取。陈友谅疆土日蹙，人心涣散，遂决意倾其国力与朱元璋一决胜负。

龙凤九年四月，陈友谅乘朱元璋救小明王于安丰，率兵号称六十万，发特制铁甲大舰数百艘，载家属百官空国而来。汉军先围洪都。由于朱元璋事先已将城墙撤至赣江岸数十步外，汉军只得弃舟登陆进攻。洪都被围八十余日。七月，朱元璋率军20万增援。陈友谅欲以水战克敌，进入鄱阳湖，等待决战。

汉军船大人多。陈友谅联舟为阵，固以铁索。朱元璋的兵士乘小船，要仰起头才能看到对方。他封锁鄱阳湖出口，切断了陈友谅的饷源，用火攻延烧敌舰。两军会战近四十天。八月间，陈友谅粮尽力竭，企图强行突破湖口防线逃入长江，受到朱部阻击。陈友谅死于流矢，汉军最终全面溃败。陈友谅之子陈理逃回武昌。

龙凤九年对朱元璋极其关键。他出兵安丰，名义上是救援，实际上从此把小明王软禁了起来，但他差点为此而遗悔终生。当日群雄中论兵多地广居首位的陈友谅如果乘机顺流直下应天，朱元璋就可能丢失这个经营多年的根据地。幸亏陈友谅不攻应天而攻洪都，又幸而洪都苦守三月而不下，这才使朱元璋反而力克强敌，一举歼灭汉政权赖以立国的主力部队。

龙凤三年攻克徽州时，当地儒生朱升曾劝朱元璋“高筑墙，广积粮，缓称王”。朱元璋为此忍耐了六年多。现在他羽翼已经丰满，不需要再韬光养晦了。龙凤十年，他自立为吴王，建百官，以李善长、徐达为右、左相国，以“皇帝（指韩林儿）圣旨、吴王令旨”颁布教令。在他之前，已有张士诚先自立为吴王。所以民间称张士诚为“东吴”，朱元璋为“西吴”。下一步，就是西吴去攻灭东吴了。

至正十四年元军在高邮前线不战自溃后，张士诚立即伺机反扑，很快成为“北有淮海、南有浙西”的一方霸主。他占有的是当时中国最富庶的地区。民脂民膏，一方面被他们用来尽情享受，另一方面则用以与元廷交换高官贵爵。以江南财赋为钓饵，张士诚一再向元朝请求赐官，如不能逞其愿，就断漕运起兵相抗。反反复复，叛服无常。

由于原本就不想自得天下，因而也就不思进取。从至正十七年起，张士诚所据江阴、长兴等战略要地先后被朱元璋夺去。他的势力从此不得再向外进一步扩张。他似乎不太在意，趁朱元璋对付陈友谅之际，张士诚从元政府那里讨到一个“太尉”的头衔，安心做他的土皇帝。直到至正二十三年，也就是朱元璋与陈友谅会战鄱阳湖的那一年，他想要封“吴王”，元廷不允，这才重新反元，自封吴王，同时停止向大都发运漕粮。翌年，朱元璋也称吴王，并开始着手准备攻灭张士诚。

龙凤十一年八月，朱元璋以徐达、常遇春领兵20万，东攻张士诚。徐达等先取苏北、淮东诸城。次年五月，略地浙西，十一月围攻平江。朱军筑长围将平江包围，架三层木塔觇视城内，并于每层置弓弩火铳，又用“襄阳炮”轰击城墙。这时候，平江已变作一座孤城。张士诚被围，粮草日少，突围又不成。他的灭亡不过是时间问题。

龙凤十二年十二月，张士诚既然已成瓮中之鳖，朱元璋需要除却他最后的一块心病了：定鼎的形势越来越成熟，可是滁州的小明王、刘福通这一对君臣当如何处置？当初出援安丰前刘伯温提出的问题，现在再也无法回避。朱元璋终于下定了决心。

于是，他派心腹廖永忠到滁州，假意具舟楫迎小明王君臣去应天。船队在进入长江口的瓜步时，廖永忠将韩林儿和刘福通沉于江中。朱元璋公开宣布的消息，则是二人乘坐的船只在瓜步“遇风浪，掀舟没，刘太保（指刘福通）、小明王俱亡”。龙凤政权由于这个自然事故而自然消亡。因此朱元璋称明年为“吴元年”。这一年是丁未羊年。据说当时民间流传“但看羊儿年，便是吴家国”的谶言。假如不是后来的追加附会，那么它一定是早已安下此心的朱元璋指使人暗中散布的。洪武八年，廖永忠因“越制”被杀。朱元璋命他的十七子朱权在承旨编成的《通鉴博论》中写下“廖永忠沉韩林儿于瓜步。大明恶永忠之不义，后赐死”一句，把沉杀小明王的责任全部推到已无法自辩的廖永忠身上。

张士诚固守平江城长达十一个月。吴元年（1367 年）九月，城破。张士诚率卒巷战。最后没有人再肯为他卖命。他放火烧死家眷，自杀未遂，被俘获，送到应天。朱元璋与他讲话，他一语不肯吐露。丞相李善长来询问，被他大骂了一顿。朱元璋大怒，下令将他打“御仗”四十，乃死（一说命其自杀）。

削平陈友谅和张士诚以后，南方的其他割据势力都已难与朱元璋相抗。为了克定大业，北伐元政权遂提上议事日程。

在灭亡前的最后十多年里，元政权朝政的昏暗腐败达到无以复加的程度。只是因为中国版图阔大，除了中央政府以外，任何势力都很难有效地动员起全国性的行动，所以它得以如百足之虫，死而不僵，竟又拖了十几年的时日。

元顺帝可以说是中国历史上典型的“半世明君半世昏”的皇帝。脱脱罢相以后，他很快便不理朝政，整天陶醉在两件事情上。一是自己设计、打造的精致巧妙的“龙舟”“宫漏”，自己画图样做宫殿模型，一尺来高，门窗楹梁，一色俱全，做好了就叫工匠按式样仿造，京师中称他为“鲁班天子”。二是自从学会了权相哈麻引“西番僧”传授的“大喜乐”，就是把藏传佛教高僧“男女双修”的修炼方法（后在宗喀巴改革时被禁止）变成宣淫纵欲的游戏，与朝中十个亲信和众多打扮成“天魔”的宫女鬼混，以昼继夜，寻欢作乐。皇太子想夺位自立，顺帝也有自己的支持者，宫廷中分裂成两个党派。两派分别勾结在北方靠“义军”起家、为争夺地盘互相攻伐不已的军阀集团。朝中的党争和朝外的军阀混战结合在一起，把元朝政治搅得乌烟瘴气。

吴元年，朱元璋在派兵扫荡南方残余割据势力和元朝守军的同时，命徐达、常遇春率师25万北伐。朱元璋在发表的北伐檄文中称：“予本淮右布衣，因天下大乱，为众所推。率师渡江，居金陵形势之地，得长江天堑之险，今十有三年。”檄文称韩林儿为“妖人”，表明他已经同龙凤政权完全划清界限，因此想一笔勾销过去15年中他从红巾军的小兵变成龙凤政权的吴国公、吴王的那段历史。

从吴元年十月开始的北伐，基本上按朱元璋的预定部署渐次实施。主力渡淮北进，“先取山东，撤其屏蔽”。经三个多月的征战，朱军完全控制了山东局势。

到这一年年底，山东已大体平定。朱元璋决定正式称帝。他的左右，自然也早就在盼望做天朝将相了。因此，按规矩“劝进”三次，朱元璋于次年正月即皇帝位，改国号为明。这一年就是洪武元年（1368年）。

洪武元年三月，明军由山东“旋师河南，断其羽翼”。兵马分两路前进。一路经由归德趋许州，与此前派出的由襄阳东北进军的偏师会合，从南面包抄汴梁。另一路由郓城向西南行进，渡黄河而至陈桥，从北面进逼汴梁。汴梁不战而降。明师西进至洛水，在那里打败元军，洛阳降。明偏师驰克陕州，西扼潼关，切断关内军阀李思齐救援中原的孔道。不出两个月，河南全境略定。五月，朱元璋亲莅汴梁与诸将会商，最后确定进兵大都的具体方略。

七月，徐达领兵经卫辉、彰德、邯郸进至大运河中段的临清，毕会三军，率马步舟师沿运河北上。这时，元政权刚刚从内讧厮杀中回过神来，想调遣人马阻遏徐达，为时已经太晚。明军一路所向披靡。闰七月底，进至通州。元顺帝连夜逃往上都。据说他曾经写了一首蒙语诗歌哀吟大都的失守：

清晨登高眺望，烟霞飘渺。……

我哭也枉然，好比遗落营盘的红牛犊。

以各种技巧建立的八面白塔，

宣扬大国威仪以九室装饰的我的大都城，

宣扬四十万蒙古声威的四方四隅的大都城，

恰在宏扬佛法之际，

以我的名义而失去……

八月初，明军会师大都城外，“一鼓而克全城”。明政府改大都为北平。

洪武二年，明军出喜峰口，进逼上都。六月，顺帝奔应昌，翌年患痢疾死去。子爱猷识理达腊嗣位。不久他在明师追击下退至漠北。他取杜甫《北征诗》中“周汉获再兴，宣光果明哲”之句中“宣光”二字为年号，寓意将重建元朝天下，实际上不过以此自慰、自娱而已。他的政权，史称“北元”。他死于 1378 年（洪武十一年）。弟脱古思帖木儿继位，后不断南下与明军交战。

这时候，明军已相继击溃山西和陕西的扩廓帖木儿和李思齐。在漠南，还有辽东的木华黎后人纳哈出屯兵辽河北岸，号令该地区各支元军；更北部，则是盘踞大兴安岭东南山麓的元宗室辽王阿札失里；云南的梁王把匝剌瓦尔密和大理段氏也都奉北元正朔。明军先南后北，于洪武十五年平定云南，洪武二十年平灭纳哈出。明军乘势北进，“肃清沙漠”。脱古思帖木儿从呼伦贝尔地区西奔，明与北元之间的战争由此告一段落。二十三年，辽王阿札失里势单力薄，被迫降附明朝。漠南的元朝版图，于是全部归明朝所有。

· 楚汉之争，为什么流氓战胜了贵族？
· 为什么武则天尤其看重科举？
· 封建制、郡县制究竟有什么不同？
· 是贡献还是阻碍？

历史告诉你答案

【权力的游戏】

从秦汉到明清的权力更迭

【“神器”古代史】

博物馆文物让历史倒回重演

【史事挖掘机】

有哪些出了名的馊主意？
康乾盛世竟然不是盛世？

微信扫码，获取资源
还有读书笔记，一键记录你的读史心得